# 时尚终结

## 营销如何永久性改变服装业

【美】泰瑞·阿金斯(Teri Agins)◎著

陈文晖◎译

# THE END of FASHION

## How Marketing Changed the Clothing Business Forever

经济管理出版社
ECONOMY & MANAGEMENT PUBLISHING HOUSE

**图书在版编目（CIP）数据**

北京市版权局著作权合同登记：图字：01－2021－4772



时尚终结：营销如何永久性改变服装业/（美）泰瑞·阿金斯（Teri Agins）著；陈文晖译．—北京：经济管理出版社，2018.11
ISBN 978－7－5096－6208－3

Ⅰ.①时… Ⅱ.①泰… ②陈… Ⅲ.①服装—市场营销学 Ⅳ.①F768.3

中国版本图书馆 CIP 数据核字(2018)第 268697 号

组稿编辑：胡　茜
责任编辑：胡　茜
责任印制：黄章平
责任校对：王淑卿

出版发行：经济管理出版社
（北京市海淀区北蜂窝 8 号中雅大厦 A 座 11 层　100038）
网　　址：www. E－mp. com. cn
电　　话：（010）51915602
印　　刷．唐山昊达印刷有限公司
经　　销：新华书店
开　　本：720mm×1000mm/16
印　　张：14.75
字　　数：240 千字
版　　次：2021 年 10 月第 1 版　　2021 年 10 月第 1 次印刷
书　　号：ISBN 978－7－5096－6208－3
定　　价：68.00 元

# 本书赞誉

“《时尚终结》撕开了以营销为王的世界的真实面目，其中的‘皇帝’身着‘皇帝新衣’。”

——《名利场》（*Vanity Fair*）

“该书对从事该行业的人、该行业的参与者或服装本身来说都是一本有趣的读物。”

——《波士顿环球报》（*Boston Globe*）

“太棒了。阿金斯女士以一种博学多闻而生动活泼的风格描写了她在时尚界看到的惊人变化……她以传记式写作手法描述了时尚行业的结构变迁、这些变迁所引起的文化和经济层面的变化以及时装业在世纪之交所面临的挑战。”

——《纽约观察家》（*New York Observer*）

“泰瑞·阿金斯是时尚界及其各个方面中最具影响力和最受尊敬的记者之一。《时尚终结》是一本分水岭之作，它开创了一个新研究领域——时尚对人们意味着什么。这是一本具有里程碑意义的书，以新颖、有趣的方式揭示了时尚内部的复杂性。”

——《时尚》（*Vogue*）杂志主编　安德烈·莱昂·塔利

“《华尔街日报》（*The Wall Street Journal*）的泰瑞·阿金斯是一位集智慧、时髦、丰富的信息资源和时尚业经验于一身的作家。在《时尚终结》一书中，她将这一切都展现了出来。这本书不仅是“时尚达人”的必读之书，也是任何对在这个令人眼花缭乱的艺术、文化、娱乐和金融世界中究竟如何运作服装生意感兴趣的人的必读之作。”

——《贼巢》（*Den of Thieves*）和《血点》（*Blood Sport*）作者　詹姆斯·斯图尔特

“《时尚终结》一书中的见解非常精准，适合快速阅读。这是一本21世纪初最热门的商业书籍之一，也是我们这个行业每个人的必读之书。”

——妮可米勒有限公司（Nicole Miller Ltd.）首席执行官　巴德·康海姆

# 致 谢

当一场时装秀圆满结束时，时装设计师独自一人站在T台上鞠躬致谢，但其背后有一支强大的团队。与此类似，虽然只有该书作者的名字出现在书的封面上，但本书的成功出版与背后许许多多人的努力和支持是密不可分的。

非常感谢十年来对我在《华尔街日报》（*The Wall Street Journal*）的“时尚节拍”栏目报道中给予支持和帮助的设计师、零售商、宣传员、顾问和分析师们，尤其感谢那些最近三年参与我这本书研究和写作的人们，是他们给予我充分信任，并且敞开心扉与我分享他们的看法、观点和意愿，使我得以报道正确的时尚节拍。我希望我成功地以真实和公平的方式描述了他们的情况。

我想感谢我的经纪人——来自贝尔福德书店的乔尔·菲什曼（Joel Fishman），是他第一次找我写这本书。他既是一个了不起的宣传者，也是一个无微不至的导师。乔尔将我介绍给威廉·莫罗（William Morrow）、出版社的执行编辑保罗·布雷斯尼克（Paul Bresnic）和他的副编辑本·谢弗（Ben Schafer），他们对我的项目非常感兴趣并给予了不懈的支持。两位熟练的自由文字编辑查尔斯·弗劳尔斯（Charles Flowers）和艾德·沙纳汉（Ed Shanahan）帮我编辑整理了手稿。

过去15年来我一直在华尔街日报社工作，这里是我的职业之家。华尔街日报社聚集了美国最好的记者和编辑，他们在不断地挑战、鼓励和激励我。总编辑保罗·斯泰格尔（Paul Steiger）慷慨地给了我20个月假期让我专心写书，假期结束以后又让我回到了时尚节拍栏目。

很幸运，我与华尔街日报社许多人都建立了非常好的关系，包括目前供职于

《新闻周刊》（*Newsweek*）的约翰尼·罗伯茨（Johnnie Roberts）、亚历山德拉·兰伯特（Alexandra Peers）和韦德·兰伯特（Wade Lambert），他们在关键时刻均给我提出了重要的建议。资深作家吉格·安德斯（Geoge Anders）、杰弗里·切特伯格（Jeffrey Trachtenberg）和罗杰·洛温斯坦（Roger Lowenstein）与我分享了他们的经验。在我离开期间，记者温蒂·邦兹（Wendy Bounds）接手了我的工作，使《时尚节拍》栏目得以持续并生机勃勃。《华尔街日报》最有价值的研究人员布鲁斯·列维（Bruce Levy）发现并披露了他的宝贵研究成果，电脑专家菲尔·陈（Phil Chan）多次拯救了我遗失的文档。在报社里，值得我感谢的还有文字编辑布雷蒂·哈洛克（Bretty Hallock）以及编辑辛西娅·克罗斯恩（Cynthia Crossen）、艾伦·格雷厄姆（Ellen Graham）、大卫·桑福德（David Sanford）、卡罗琳·菲利普斯（Carolyn Phillips）、罗恩·奥尔索普（Ron Alsop）、迈克·米勒（Mike Miller）、劳拉·兰多（Laura Landro）和丹·赫茨伯格（Dan Hertzberg）。

简·贝伦森（Jane Berentson）是一位终身的超级时尚迷和大型图片编辑，他自愿帮助我筹划这本书并让我的工作步入正轨。资深时尚作家凯茜·霍林（Cathy Horyn）是世界上最无私的记者，与她十多年的友谊才配得上她的杰出才能。

通过和一些专家切磋学习，我自己的时尚直觉更加敏锐，这些专家包括卡洛琳·雷纳兹·米尔班克（Caroline Rennolds Milbank）、维姬·罗斯（Vicki Ross），以及大都会博物馆服装学院的查德·马丁（Richard Martin）、迪尔德丽·多诺霍（Deirdre Donohue）和史蒂芬·豪·塔纳（Stephane Houy－Towner）。我想念我的已故导师艾伦·米尔斯坦（Alan Millstein），他比其他人更了解第七大道的时尚方式。琼·克朗（Joan Kron）在1983年首先在《华尔街日报》上推出《时尚节拍》栏目，她联系上我并与熟练的抄录员安德里亚·米勒（Andrea Miller）和编辑埃德·山纳汉（Ed Shanahan）一起吸引我加入这个栏目。在巴黎，纺织品博物馆首席策展人帕梅拉·戈宾（Pamela Golbin）也给我提供了宝贵的资源。

好几位知名时尚记者与我分享了他们的精辟见解，包括伯纳丁·莫里斯（Bernadine Morris）、康斯坦斯·怀特（Constance White）、罗宾·吉夫汉（Robin Givhan）、玛丽·卢·路德（Mary Lou Luther）、露丝·拉·费瑞亚（Ruth La Feria）、克里斯蒂·弗尔（Christy Ferer）、伊丽莎白·斯奈德（Elizabeth Snead）、

安娜·温图尔（Anna Wintour）、已故的伊丽莎白·蒂尔伯里斯（Elizabeth Tilberis），以及费尔柴德出版公司（Fairchild Publications）《女装日报》（WWD）的帕特里克·麦卡锡（Patrick McCarthy），他准许我使用他们出版社的档案。

我的每一部纪实文学作品都得益于我所拥有的广泛的关键资源，我要感谢所有人，包括那些不愿透露姓名的人。个人资料管理公司允许我进行大量采访，被采访的人包括拉夫·劳伦（Ralph Lauren）、汤米·希尔费格（Tommy Hilfiger）、伊曼纽尔·温加罗（Emanuel Ungaro）、乔治·阿玛尼（Giorgio Armani）、卓然（Zoran）、马歇尔菲尔德（Marshall Field）公司的丹·斯柯达（Dan Skoda）、艾萨克·米兹拉希（Isaac Mizrahi）、约翰·艾登（John Idol）和罗伯特·格雷（Robert Gray）等，他们对我的许多问询都热心地一一作答。

我还从许多人那里得到了相关见解，这里不分次序，一一列出致谢：

纽约的巴德·康海姆（Bud Konheim）、乔尔·霍洛维茨（Joel Horowitz）、菲利普·米勒（Philip Miller）、维克多·利普科（Victor Lipko）、琼·霍恩（June Horne）、奥德丽·斯梅尔（Audrey Smaltz）、加里·格莱伯格（Gary Galleberg）、汉密尔顿·扫斯（Hamilton South）、马洛里·安德鲁斯（Mallory Andrews）、吉姆·芬格罗斯（Jim Fingeroth）、丹尼斯·沃克（Dennis Walker）、杰瑞·查森（Jerry Chazen）、瑞克·瑞克特（Rick Rector）、比尔·布拉斯（Bill Blass）、亨利·杰可（Henry Jacker）、乔西·埃斯基维尔（Josie Esquivel）、菲尔·兰德斯（Faye Landes）、迈克尔·托特（Michael Toth）、克里斯蒂·费雷尔（Christy Ferer）、卡尔·斯蒂德曼（Carl Steidmann）、多梅尼科·德·贝洛（Domenico De Sole）、玛丽·安惠顿（Maryanne Wheaton）、阿诺德·西蒙（Arnold Simon）、斯蒂芬·鲁佐（Stephen Ruzow）、阿诺德·阿伦森（Arnold Aronson）、艾伦·奎斯特姆（Allen Questrom）、特里·伦德格伦（Terry Lundgren）、凯瑟琳·费舍尔（Catherine Fisher）、迈克尔·费埃斯（Michael Sondag）、克雷格·瑞尼德（Craig Reynild）、西拉·周（Silas Chou）、劳伦斯·罗斯（Lawrence Stroll）、金·约翰逊·格罗斯（Kim Johnson Gross）、杰夫·斯通（Jeff Stone）、玛莎·纳尔逊（Martha Nelson）、林恩·怀亚特（Lynn Wyatt）、格蕾丝·米拉贝拉（Grace Mirabella）、迈克尔·克林顿（Michael Clinton）、汤姆·朱利安（Tom Julian）、特德·马洛（Ted Marlow）、迈克尔·格罗斯（Michael Gross）和哈尔·鲁宾斯坦

(Hal Rubenstein)。

巴黎的卡罗·瓦莱里奥（Carlo Valerio)、费罗西奥·费拉格莫（Ferrucio Ferragamo)、劳拉·温加罗（Laura Ungaro)、勒内·伊曼纽尔·温加罗（Rene Ungaro)、尼诺·塞蒂（Nino Cerruti)、拉尔夫·托莱达诺（Ralph Toledano)、卡尔·拉格菲尔德（Karl Lagerfeld)、迪迪埃·戈巴克（Didier Grumbach)、罗伯特·本苏桑－托雷斯（Robert Bensoussan－Torres)、伯纳德·阿尔诺（Bernard Arnault)、汤姆·卡姆（Tom Kamm)、埃米·巴雷特（Amy Barrett)、皮埃尔·菲利波·皮里（Pier Filipo Pieri)、雅克·巴巴多（Jacques Babando)、安德烈·利昂·塔利（Andre Leon Talley)、丹尼斯·杜波依斯（Debise Dubois)、罗伯特·福雷斯特（Robert Forrest）和雅克·穆克里埃（Jacques Mouclier)。

米兰的皮诺·布鲁森（Pino Brusone)、凯文·多伊尔（Kevin Doyle)、玛丽亚·斯塔拉尼（Maria Sturani)、罗西塔和泰·米索尼（Rosita and Tai Missoni)、阿尔多·平托（Aldo Pinto)、皮埃菲利普·皮耶里（Pierfilippo Pieri ）和路易吉·马拉莫提（Luigi Maramoti)。

芝加哥的莎朗·斯坦格涅斯（Sharon Stangenes)、吉纳维芙·巴克（Genevieve Buck)、多萝西·富勒（Dorothy Fuller)、休格·劳特（Sugar Rautbord)、德蕾莎·威尔兹（Teresa Wiltz)、朱迪·伯德（Judy Byrd)、霍默·斯利（Homer Sharp)、菲利斯·柯林斯（Phyllis Collins)、康妮·杰克逊（Connie Jackson)、格洛丽亚·培根（Gloria Bacon)、加里·维特金（Gary Witkin）和代顿哈德森公司(Dayton Hudson Corp.）的迈克尔·弗朗西斯（Michael Francis）以及明尼阿波利斯（Minneapolis）的格里·斯托克（Gerry Storch)。

洛杉矶的丽莎·班农（Lisa Bannon)、万达·麦克丹尼尔（Wanda McDaniel)、迈克尔·夏基（Michael Sharkey）和鲍勃·麦基（Bob Mackie)。

朋友就是那些真正分享我的痛苦，并通过电话和电子邮件使我精神振奋的人，我周围的一群人都是最棒的，包括温蒂·厄克特（Wendy Urquhart，提出了本书封面的主意)、盖伊·杨（Gay Young)、黛安·怀特（Diane White)、约翰·德怀尔（John Dwyer)、维罗妮卡·韦伯（Veronica Webb)、本杰明·博维克(Benjamin Borwick)、克里斯汀·贝茨（Christine Bates)、彼得·格瑞克（Peter Greenough)、塞特·史蒂文斯（Chunk Stevens)、凯文·梅里达（Kevin Merida)

以及我的妹妹吉妮·艾格斯（Genie Agins）、她的丈夫克里斯·诺姆斯（Chris Numes）和桃乐茜·威尔逊（Dorothy Wilson）姨妈。在我所成长的地方堪萨斯城，有我时尚的隔壁邻居贝特·杜利（Bette Dooley），是他教会我喜爱高端时尚。

最后，我想说我最大的幸运是有我的父母——吉恩（Gene）和菲利斯·阿金斯（Phyllis Agins），感谢他们无私的爱、引导以及奉献与牺牲精神，让我可以追求自己的梦想。

泰瑞·阿金斯（Teri Agins）

# 目　录

引　言　时尚界发生了什么 …… 1
第一章　巴黎：时尚的起点和终点 …… 15
第二章　伊曼纽尔·温加罗的新形象 …… 44
第三章　奔向古老的荣耀：拉尔夫·劳伦和汤米·希尔费格 …… 64
第四章　什么是真正的传奇：乔治·阿玛尼占领好莱坞 …… 101
第五章　给女士她想要的：新马歇尔菲尔德百货商店 …… 129
第六章　牛市冲击：唐纳·卡兰进军华尔街 …… 158
第七章　出其不意：卓然 …… 192
结　语 …… 213
作者说明 …… 221

# 引言 时尚界发生了什么

超级名模纳奥米·坎贝尔（Naomi Campbell）拥有着“杀手”身材、在T台上优美的步伐和每天1万美元的走台表演报酬。她因经常在工作中迟到而出名，在一场大型节目演出之前，不少设计师因为不确定她什么时候会到场，甚至不知道她会不会到场而陷入困境。但是当这位超级名模想到她的好友兼美国设计师中的宠儿艾萨克·米兹拉希（Isaac Mizrahi）时，她就不再那么傲慢。没有人可以像艾萨克在20世纪90年代那样在T台上闪闪发光。他那机智诙谐且高能量的时装秀始终是纽约时装系列的亮点。

1997年4月10日晚上，艾萨克的时装展在位于曼哈顿中心西街34号的麦迪逊广场花园附近举行。17点45分，离演出开始还有1个多小时，T台女主角出现在入口处，她戴着太阳镜，穿着500美元的莫罗·伯拉尼克（Manolo Blahnik）细高跟鞋和一件醒目的斑点大外套。这时候，艾萨克·米兹拉希身着一袭黑衣，从舞台的台阶上往下走，同时像乐队指挥那样挥舞着一盏骆驼灯。

“她来了！纳奥米！”艾萨克大声说道，他冲过去俯身亲吻她的脸颊。“太好啦，噢噢！哈哈！”他一边噢噢哈哈欢呼着，一边看着她地道的真材实料的豹皮围巾，显然，反毛皮时代已经结束了。纳奥米·坎贝尔所炫耀的是政客们不提倡的皮草，在她出生之前，豹子就一直是濒临灭绝而受保护的物种。

纳奥米先做了一个脚尖立地的旋转，然后摆动着身体打开她优质的复古外套，青铜缎面衬里上绣有著名的最初物主——安-玛格雷特（Ann-Margret）的名字。“我在洛杉矶一家经销商那里得到了它”，她用她那女孩般轻快的英国腔解释道。这时，《时尚》（*Vogue*）杂志的主要人物安德烈·莱昂·塔利（Andre

Leon Talley）突然冒了出来，他说："姑娘，这件外套很重要！"三人挤在一起闲聊着。后来艾萨克为了照顾在后台的模特克里斯汀·麦克门尼（Kristen McMenamy）和莎伦·哈洛（Shalom Harlow）等其他姑娘的感受，他让纳奥米赶快到后台去，在纳奥米离开时，她爱马仕手袋中的移动电话在"丁零零，丁零零"地响着。艾萨克挥舞着手臂，叽里咕噜地给后台的工作人员发着指示，当艾萨克转身时，烟灰掉在了地上，"我就是喜欢这个"，他自言自语地嘟囔着。

时尚快车道大屏快速掠过的一个小场景使艾萨克想起了《拉链拉下来》（*Unzipped*）。《拉链拉下来》是1995年拍摄的一个生动活泼的纪录片，该纪录片跟踪拍摄了艾萨克断断续续筹备他1994年秋季时装系列的几个月。在圣丹斯（Sundance）电影节上，《拉链拉下来》获得了观众奖，该片捕获了高端时尚界中所有夸张的、令人眼花缭乱和滑稽模仿的高级时装，热情洋溢的艾萨克将这些元素结合在一起，使其更加鲜活而有生机，这位艺人是如此有趣美妙，就像一盘无比可口但却无法做出的美味佳肴。

艾萨克出生于纽约布鲁克林（Brooklyn）犹太人区的富裕人家，与时尚息息相关的早年生活环境就决定了他的时尚生涯。他优雅的母亲穿的是美国著名设计师诺曼·诺莱尔（Norman Norell）和法国著名设计师伊夫·圣·罗兰（Yves Saint Laurent）设计的服装，他的父亲，一个童装制造商，在艾萨克还在上小学时就给他买了第一台缝纫机。

在15岁那年，艾萨克掀起了一场服饰风暴，他设计了一个名为"纽约"（IS New York）的服装系列，并卖给了一些朋友及几家附近的精品店。他机灵、顽皮、淘气而又滑稽、诙谐，他是20世纪70年代中学表演艺术舞台上的一颗明星，并特别客串了电影《我要高飞》（*Fame*）。艾萨克在纽约帕森斯设计学院（Parsons School of Design）完成时装设计学业后，在有美国时尚圣地之称的第七大道（Seventh Avenue）谋得了一份工作，在那里他曾先后给著名的服装设计师佩里·埃利斯（Perry Ellis）、杰弗里·班克斯（Jeffrey Banks）和卡尔文·克莱恩（Calvin Klein）当过助手。

艾萨克雄心勃勃并且与时俱进，他快速追踪并跟进时尚界的发展。25岁那年，他就已经准备好了自己做一番事业。他用父亲遗留下来的5万美元的信托基金作为投资，在纽约苏豪（SoHo）区市中心的一座砖墙阁楼中开了一家以自己名字命名的时装屋。1988 年 3 月，他举办了自己的首次时装秀，那是一场罕见的、让时尚编辑们兴奋不已且难以忘怀的大秀之一，时尚编辑们知道他们在见证一件大事的开始。

那年春天，布鲁明戴尔百货店（Bloomingdale's）迫不及待地将艾萨克的首秀服装系列陈列在第五十九街（Fifty - ninth Street）和莱克星顿大道（Lexington Avenue）的橱窗内，并请艾萨克到百货店亲自迎接顾客。最狂热的时尚潮人相信当时的宣传炒作并在艾萨克服装购买中大肆挥霍。后来，当布鲁明戴尔百货店时装总监卡尔·拉特滕斯坦（Kal Ruttenstein）回忆这件事时，他说："我们把艾萨克卖给了那些知道他在做什么的顾客。"

艾萨克当时所设计的时装系列都非常酷，属于一种高端时尚概念。受时尚界设计大师莱尔·麦卡德尔（Claire McCardell）和杰弗里·贝妮（Geoffrey Beene）的鼓舞和启发，并因为喜爱电视巨星玛丽·泰勒·摩尔（Mary Tyler Moore）的电视节目，艾萨克不仅在他的服装系列中汲取采纳了很多美国运动装的精巧设计，而且具有他自己巧夺天工的设计理念中的招数。

艾萨克是美国 20 世纪 90 年代脱颖而出的最多产的、最具创造力的创意人物，他推出了一个又一个令特艺集团（Technicolor）喜出望外的创意作品，包括宽松腰裤（paper - bag - waist pants）、短格子露肩连衣裙（a tartan kilt strapless dress）、皮草镶边派克大衣（fur - trimmed parkas）以及四四方方的箱形夹克（boxy jackets）。为了刺激推销他的时装秀，他用双关语来描述时装秀中使用的面料和颜色：如粗麻布系列（Burlapse）、梦幻小眼系列（Fantasy Eyelet）、罗恩·格林（Lorne Green）绿色系列和詹姆斯·布朗（James Brown）棕褐色系列。时尚编辑们非常喜欢他的作品，拍摄了一页又一页有关他的作品的图片，并授予他各种各样的荣誉。然而，零售买家对他的认可度却比较低，巴尼斯纽约精品店（Barneys New York）和芝加哥优提莫精品店（Ultimo）是为数不多的几家零售他的品牌服装的商店，他们那些时尚前卫的顾客们渴望的是最炙手可热的品牌。因而对于艾萨克这些高达 800 美元的夹克和 350 美元的裤子，这几家零售商每个季度最多只能脱手几个衣架的服装。艾萨克没有在内曼马库斯（Nelman Marcus）和萨克斯第五大道（Saks Fifth Avenue）这样的连锁店引起轰动，因为这些商店里广泛销售大量崭露头角的设计师设计的服装，他的时尚服装被那些设计师品牌所掩盖。

艾萨克丰富多彩而个性鲜明的特性让人觉得他光彩夺目而神秘。他头戴一条印度班丹纳花绸头巾，并用头巾包住他卷曲的黑发，看上去像个可爱的卡通人物。艾萨克是时尚界最有趣的“证券行情报价机”（Quotron），他会用像 Quotron 按钮那样轻松愉快的声音表述他的观点，就像 20 世纪 70 年代的一代传奇《时尚》（*Vogue*）杂志主编戴安娜·弗里兰（Diana Vreeland），她活泼俏皮的表述“粉色是印度的海军蓝”（pink is the navy blue of India）已进入时尚词典，用来描述人的着装颜色异常亮丽。被《女装日报》戏称为时尚界的奇迹男孩“Le Miz”，曾经这样描述一件肥胖的假皮草外套：“它看起来非常神圣。”艾萨克曾经这样向《女装日报》介绍他 1992 年春季服装系列：“该系列用的都是不可抗拒的面料，这是那种唯一可出售的服装系列。”

但是，美国时装设计师协会及其他时尚产业集团的成员并不怎么在乎市场上实际出售的商品，在艾萨克设计师生涯的头几年间，他们给艾萨克颁发了许多“最佳设计师”奖项。现在，艾萨克所需要的是可以将他的业务提升到下一个阶段的坚实的资本支持。在给一个潜在金融家的一封信中，他写道：“我一生所梦想的是创立一家像卡尔文·克莱恩（Calvin Klein）、阿玛尼（Armani）或伊夫·圣·洛朗（Yves Saint Laurent）那样的设计公司。”他的这一梦想在 1992 年变成了现实，当时香奈儿（Chanel）在法国巴黎的古老时尚殿堂出手相助，成为艾萨克的金融合作伙伴，香奈尔所拥有的行业专业知识可以帮助他。1982 年，香奈尔聘请了精巧而有独创性的设计师卡尔·拉格菲尔德（Karl Lagerfeld）作为香奈儿的时装设计师，在卡尔·拉格菲尔德的支持下，香奈尔的香水和配饰得到了有效管理和娴熟运用。在 20 世纪 80 年代，香奈儿通过拥有的行业专业知识成功实现了自身的复兴。1994 年，香奈儿准备在艾萨克的条框设计图案上赌一把，利用它来获取利润。他们在推出的“艾萨克”（Issace）系列服饰中采用了该条框设计图案。在该系列中，150 美元的连衣裙和 300 美元的夹克外套是商家的主要收入来源。

与此同时，“Le Miz”，即艾萨克，不断挖掘自身无尽的创造力，继续在高级时装台上扮演着传奇先生的角色。他在《拉链拉下来》中的古怪表现使他成为了一个明星。在迈克尔·杰·福克斯（Michael J. Fox）的喜剧片《爱情或金钱》

中，艾萨克饰演了一位时装设计师，他那自然而然的表演为他在电视和电影表演生涯中赢得了机会。另外，他还是电视游戏节目《名人危机》（*Celebrity Jeopardy*）中的活跃嘉宾，在那里他是赢家。

然而，虽然具有时尚个性的艾萨克本人在市场上很抢手，但他的服装的需求量却不大。到 1996 年，再也没有时尚达人对艾萨克的 T 台系列服装欢呼雀跃，因为古驰（Gucci）和普拉达（Prada）成为当下最受欢迎的时尚。同时，作为艾萨克未来筹码的 Isaac 系列并没有受到购物者们的青睐，购物者们变得非常精明，他们不再愿意花 150 美元购买一件名牌的棉质衬衣式或无腰线直筒连衣裙，转而钟情于购买贝贝（Bebe）和限量（The Limited）连锁店中同款但只需 49.99 美元的衣服。随着现实情况越来越难，艾萨克别无选择，只能在 1997 年底关闭他的艾萨克时装分部，这使他苦苦支撑经营的时装屋岌岌可危。

这就是时尚，这就是在时尚界的一种奇特成功方式：一位设计师本人可能会非常热门而被追捧，但他设计的服装系列产品却无人问津。艾萨克就是其中一个典型的例子，他本人从一开始就在时尚界被追捧，尽管他设计的服装的销售有些不温不火。时尚圈以外的人永远都不会明白其中的缘由，因为他们从报纸和杂志的时尚报道中所了解的时尚，仅局限于其风格，而无关乎其实质。

事实上，艾萨克的运动服装非常时尚，这应该是服装销售过程中有利于他的优势，然而，他老套的商业习惯，导致他的服装无法售出，他把自己看作专为超级名模和最酷时尚达人设计服装的现代时装设计师，而不是为普通女性。艾萨克平常不与普通大众接触，没有与他们建立关系并沟通，因此他无法了解普通大众的心理和需求，例如，一个零售商曾经请求他重新做他其中非常畅销的几个系列服装之一的宽松腰裤时，遭到艾萨克的拒绝，他不想重复已经做过的东西。他在后来回忆中说："我只是对它们感到厌倦。"

在《拉链拉下来》的最后一幕中，艾萨克所展示的是对他来说真正重要的东西，他站在曼哈顿一个报摊旁，正经历着时装秀后的焦虑症，当时《女装日报》为他的最新服装系列叫好，并为他拍了最后一个短片，在报道中称赞"这个男人有一双成功的手"，然后摄像机推进放大了在街上旋转着、弹跳着的艾萨克。然而，这个快乐的结局中缺少的是现实世界中最重要的东西，那就是对其商店销售状况的回顾。

艾萨克一直致力于设计高高在上的高级雪纺女式服饰，尚未认真思考过什么是在这个行业生存的底线。他是一位拒绝在第七大道服装商店销售他所设计的服装的艺人。"请注意，我只是为做精彩的时装系列展示和精美的服装而生，"他在 1997 年 7 月的一次访谈中说："这就是我所能做的。你知道，经过这么多年，我依然无法想象，无法想象我设计的服装如何可以让零售商销售。"

1998 年 10 月 1 日，艾萨克时装秀最终落下了帷幕，十年间的差评很少，但他的时装店的销售业绩很差，估计达到顶峰时期的 1996 年的销售额也不会超过 1500 万美元，而其利润为零。香奈儿的金主意识到艾萨克的时代已经过去，"砰"的一声关上了曾经在美国最受欢迎的小时装屋"That Could"。《纽约时报》(*New York Times*) 在其首页底部播放的艾萨克的纪录片《拉链拉下来》，看起来就像一个讣告。走出时尚界开始好莱坞的职业生涯，艾萨克表现得很乐观。为了给以后留条后路重返时尚界，他对《女装日报》记者这样说："我会永远热爱时尚，永远做一名时装设计师。"

没有比艾萨克更好的案例来展示说明在最近时尚界现实世界中发生的事情。这不仅是千禧年的结束，而且是我们所熟知的时尚的终结。

艾萨克是从流行时尚学校毕业的直系学生，这是一个理想的宣传激励体系，这里有《时尚》和《女装日报》时尚杂志的大量宣传做支持，有高级时装设计师以及富有客户，他们在一起决定了当时每个人的穿着方式。当艾萨克在 1987 年首次涉足时尚界的生意时，时尚界的旧秩序开始瓦解，当时的时尚市场已经开始发生变化，但是由于未能了解市场变化，艾萨克成为典型的时尚受害者。到了 20 世纪 90 年代初，零售、营销和女权主义引起的一系列现象开始永久性地改变时尚的方式。

时尚既具魅力但也浮夸，它与我们的生活息息相关而且是影响我们生活的一种强大的力量。在社会的各个层面，人们都非常在意自己的外表，因为外表会影响到他们的自尊心以及其他人与他们交往的方式。从古到今，各行各业的人士都努力地使自己的穿着打扮时髦气派，这是一个不争的事实。

然而，从时尚的定义可以得出，时尚是短暂而难以捉摸的，并且时尚的目标在不断变化。当有足够多的人在任何时候都愿意接受穿着一种服装风格时，该服装风格就会变成时尚。相反，当人们不再愿意穿着一种服装风格时，它就过时了，不再是时尚。传统上，时尚系统是通过计划性过时驱动而不断轮回反复，最常见的例子是裙长的上升和下降，以及男人裤子和领带的宽窄变化。每隔几年，其风格（裙子的长短，裤子和领带的宽窄）就会发生变化，人们就不得不去购物，重建衣柜以与时俱进。

在第二次世界大战之后迅速发展的美国消费社会中，服装制造商、设计师、零售商和他们的共生代理商以及时尚媒体是推动时尚“旋转门”的万能力量。他们一直负责创造新的时尚趋势，并引导人们购物直到它们退出时尚舞台，通过这种方式，他们在挖掘推动行业所提倡的新奇事物。这是在整个 20 世纪 80 年代盛行的一种状况，这一系统使人们达成了一个共识，从而让数百万顾客保持步调一致。也许这就是威廉·莎士比亚（William Shakespeare）笔下所预言的那样：“服装过时的多，穿破的少。”

但近年来，一些情况造成的革命性变革颠覆了旧的秩序，并从原有时尚界的生力军手中夺得了控制权。1987 年，设计师们错过了将短裙成功出售给女性顾客的时机，过了几个服装季节后，他们再次错误地沉浸在忧郁的“修道院”造型和其他流行一时的时尚中，给这个行业造成数百万美元的损失。到了 20 世纪 90 年代中期，时尚界的生力军已经失去了决定服装潮流的能力，其角色也逐渐翻转，成为受别人引导的群体。权力现在属于我们的顾客，是他们决定了我们想要穿什么，什么时候买，以及花多少钱购买。而现在，顾客在时尚消费方面更加精明和谨慎。

在时装界，四大趋势将时尚推向一个新的方向：

• 女性放弃了时尚。到了 20 世纪 80 年代，数以百万计的“婴儿潮”时期的职业女性走上工作岗位，其职业流动性的影响是巨大的，她们可能担任银行副总裁，可能是公司董事会成员，也可能是法律公司的合伙人等。女性的地位变得足够安全，完全可以忽略与她们生活无关的时装秀上便宜而俗艳的服装。女性开始像男性那样选择自己的制服，裙子、西装上衣和裤装让她们看上去既有权威，又优雅，而且精明、干练、有力量。

有关时尚的泡沫式的宣传再也不可能吸引大群跟随者。新闻界将艾萨克摇旗呐喊宣传了十多年，但在美国仍然有数百万女性不知道艾萨克，因为她们从来就没有想过要关注他。

1992年，位于纽约公园大道上庄严而令人尊敬的著名服饰沙龙玛莎（Martha）倒闭了，这是高端时尚界的一个关键时刻。玛莎·菲利普斯（Martha Phillips）是一个对服饰具有完美品位且精力充沛的企业家，她在20世纪30年代初就构建了一个时尚服装统治王朝，她是美国高端时尚的倡导者以及巴黎街头时尚的引领者之一。在将近六十年的时间里，那些优雅的女性经常光顾玛莎的粉红色服饰沙龙，在这里玛莎和她细心的工作人员花数小时的时间，将这些客户从头到脚打扮得光鲜亮丽、完美无瑕。在这个时代，富有的女性从穿着最好的时装品牌中实现了很多自我价值。

玛莎（Martha）是最近倒闭的很多服饰沙龙中的最后一个，在这之前已有大量服饰沙龙匆匆关门，它是继位于达拉斯（Dallas）的洛雷塔布卢姆（Loretta Blum）服饰沙龙，贝弗利希尔斯（Beverly Hills）的阿门·华迪（Amen Wardy）服饰沙龙和波斯顿（Boston）的萨拉弗雷德里克斯（Sara Fredericks）服饰沙龙先后倒闭几个月后关门的。玛莎·菲利普斯和她优雅精致的同行对所发生的事情无能为力，因为那些曾经在她们的衣橱上花费大量金钱的社交名媛们已经不再花费太多时间、金钱和精力去打扮自己了。公园大道（Park Avenue）风格的时尚设计师和装饰艺术家切西·雷纳（Chessy Rayner）曾经是巴黎时装秀的前排常客，她是其中一个从时装模特转变为时尚叛逆的时尚界人士。她在1992年回忆时说："今天，我的风格完全是简约型，不再有一丝浮华。"

当这些沙龙相继倒闭时，他们的许多供应商，也就是巴黎的时装屋的前景也甚为堪忧。在20世纪的大部分时间里，时尚的标准是由巴黎的设计师们制定的。第二次世界大战之后推出的长裙"新造型"服装、20世纪50年代的布袋形服装、60年代的"太空时代"系列以及80年代的褶子派对服饰（pouf）都来自他们的设计。这些服装设计造型非常受第七大道制造商的追捧和青睐，制造商们复制生产这些服装款式或进行适当的变化以适应大众市场的服装发展趋势。但到了20世纪90年代，大多数巴黎设计师们再也无法按照他们的思路来规划世界时尚的发展。时尚流行款式不再是从时装界向大众市场传播。相反，流行趋势从街头、从城市青少年中、从做流行音乐和反主流文化的群体中不断涌出，这些独创新颖而有活力的流行服装非常有感染力，吸引了很多人跟随。当巴黎时装设计师们发现被他们迷住的客户从时装的咒语中醒来并且成群结队地叛逃时被吓了一跳。就这样，法国时尚的堡垒轰然倒塌了。

• 人们不再盛装打扮。到 20 世纪 80 年代末，大多数美国人都喜欢牛仔裤、宽松的针织上衣和耐克鞋，这种穿着打扮甚至在办公室里也成为可接受的日常服饰。男性带头穿着非正式性的服装，他们拒绝在工作场所穿西装，而自从工业时代开始以来，西装一直就是男性权威的象征，也是在公司工作场所公认的制服。

从 20 世纪 80 年代开始，在美国蓬勃发展的高科技行业中，戴着眼镜的计算机高手打破了商业场所必须穿正规服装的模式。微软公司的创始人比尔·盖茨（Bill Gates）成为世界上最富有的人，并且成为互联网的化身和代名词。他穿着斜纹棉布裤和运动衬衫成功缔造了一个软件王国。

在美国比较传统的公司里，男性对时尚的反抗首先在匹兹堡爆发。1991 年秋季，位于匹兹堡的美国铝业公司（Alcoa）成为第一家批准着休闲服装办公的大公司，这一举动是在公司允许向美国联合基金会捐款的员工在为期两周的基金募捐宣传活动期间穿休闲服装之后发生的。公司发现这种休闲着装方式非常受欢迎，决定给员工自己选择上班着装的权利，从此他们的员工不必穿正装上班，甚至美铝公司的高管们也不再西装革履了。1992 年 3 月的一个工作日上午，美国铝业公司执行副总裁罗纳德·霍夫曼（Ronald Hoffman）身穿一件黄色 V 字领毛衣、一件露脖衬衫和休闲裤，在他位于第三十七层的套间办公室上班，霍夫曼在接受《华尔街日报》采访时表示："曾经有一段时间，一件白衬衫才能和你的智慧相配，但现在没有理由再这样做了。"

不久之后，美国很多公司每周至少有一天允许员工穿卡其裤和针织衬衫上班，后来这一天被称为"休闲星期五"。计算机巨头 IBM 的做法更甚，从 1995 年开始，他们每天都允许员工穿休闲装。世界上最大的服装制造商李维斯施特劳斯公司（Levi Strauss & Co.）在 20 世纪 90 年代初期以其宽松的 Dockers 休闲裤引领了一个潮流，并很快成为男装的流行服饰。他们花了不到五年的时间将 Dockers 打造成年销售额 10 亿美元的生意。

因为没有足够的西装买家，美国的许多高级男子服饰店和精品店都遭受了与玛莎服装沙龙同样的命运。恰里瓦里（Charivari）是 20 世纪 80 年代纽约一家以欧洲进口的考究而昂贵的奢侈品牌男装和女装而闻名的连锁店，他们计划安然度过休闲服装趋势。1991 年，恰里瓦里在其广告牌上写着：

“破洞牛仔裤，口袋T恤，返璞归真。

当这一切结束时请唤醒我们。

恰里瓦里。”

然而，没有人唤醒它，七年后，恰里瓦里停业倒闭。

的确，随着数百万美国人崇尚草率随意的穿着，喜欢佩带腰包，身着T恤、牛仔裤和笨重的运动鞋，似乎不仅是人们的服饰打扮不再考究，而且着衣品位也大幅下降。“我们是否成为了一个邋遢懒散的民族?”这是《新闻周刊》（*Newsweek*）的封面标题。1995年2月20日，一篇报道文章提供了大量证据表明人们不再通过穿衣打扮给别人留下深刻的好印象，其中包括一位波士顿的葬礼总监，他说一些家庭现在要求他们的亲人不穿外套和不系领带而被埋葬。

• 人们的时尚价值观发生了变化。以前许多人常常对“时尚”很崇拜，休闲角和西尔斯的普通服装与来自巴黎服装设计师以及恰里瓦里（Charivari）和玛莎（Martha）等精品店的真的时尚服装之间有着清晰的界限。然而，各种价格水平的时尚产品在广泛普及之前，这种鸿沟已经存在，如果在安·泰勒（Ann Taylor）、限量（The Limited）、盖璞（Gap）、香蕉共和国（Banana Republic）和J. Crew这样的高档商店出售一些漂亮的普通服装，这些服装实际上贬低了时尚只属于精英的概念。实际上，贴有设计师商标的服装开始看上去像是为了宰客。逐渐地，越来越多的人以成为讲价高手而荣耀自豪，即使在富裕的人群中也是如此。折扣店塔吉特（Target）获得意外成功。

就像来自新泽西州郊区31岁的兼职心理治疗师迪尔德丽·谢弗（Deirdre Shaffer）那样，许多人是在非常偶然的机会获得这个经验教训，即廉价服装也可以非常漂亮且受欢迎。1994年，迪尔德丽和她丈夫去参加他们当地乡村俱乐部的一场鸡尾酒会，她穿着安·泰勒（Ann Taylor）的黑色连衣裙和她刚刚从凯马特（Kmart）购买的12.99美元的黑色绒面革凉鞋。那天早些时候，迪尔德丽因为没有足够的时间光顾她经常买衣服的那些高档购物中心，当她在凯马特购买纸巾和牙膏时，就顺便买了一双凉鞋。那天晚上，迪尔德丽对她的廉价凉鞋感到非常满意。她后来回忆道：“那天晚上我的廉价鞋子获得的赞美比我昂贵的衣服更多。”当她告诉她的朋友们她的凉鞋是在凯马特购买的时，她的朋友们被震撼到了。

确实，眼见为实，谢弗（Shaffer）和数以百万计的人都已经意识到在廉价商品店也可以买到美观且质量好的商品，类似于《绿野仙踪》（*Wizard - of - Oz*）中奥兹精灵神奇的发现，许多著名品牌的商标背后实际上都是一些非常普通的商品。越来越多的精明购物者开始更加关注服装的纺织面料、工艺和价值等细节，而不是被商品的设计师商标而吸引。《顾客报告》（*Consumer Reports*）以其对厨房用具和汽车的评价而闻名，该杂志后来开始测试不同品牌服装的耐用性、纤维含量和耐磨性，帮助了数百万顾客，使顾客对各种品牌服装的质量有了更多了解。事实证明，老生常谈的“你得到你所付出的”并不永远正确。《顾客报告》在1994年进行的一项测试中得出一个结论，来自巴尼斯纽约精品店的340美元的人造丝绒线毛衣的质量只比凯马特（Kmart）的25美元腈纶绒线毛衣高出一点点。在1997年的另一次测试中，该杂志将其男子针织Polo衫的最高排名授予了Honors，该品牌的针织Polo衫在塔吉特（Target）的售价仅为7美元，但其质量远高于49美元的拉尔夫·劳伦（Polo Ralph Lauren）、44美元的汤米·希尔费格（Tommy Hilfiger）、42美元的诺帝卡（Nautica）和24美元的盖璞（Gap）。

市场营销分析师将顾客对最实用、最实惠的服装的认可接受形容为时尚的“商品化”。从20世纪80年代开始，越来越多的服装制造商将他们的大部分制造业从美国转移到在远东的低成本工厂，在那里他们能够以低成本的投入生产出更高质量的产品：漂亮的Polo衫和其他完美的服装对大多数人来说都是可以接受的，而不同品牌之间并不存在持续性差异。随着越来越多的人如果没有足够的理由不再打扮自己，也不可望时时刻刻装扮自己，他们会毫不犹豫地在任何可以获得最佳性价比的地方购买他们的衣服，就像迪尔德丽在凯马特所做的那样。

服装的商品化与20世纪90年代最流行的服装趋势相吻合：从“经典”到“简约”，再到“极简主义”。这并不令人意外。这样的主流样式对于设计师来说，在商业规模上更容易实现，因为它们的生产成本更低、更安全，在中国内地、中国香港、韩国、墨西哥等地的工厂中，误差幅度更小，而如今的服装大多都是在那里生产的。

此外，有整整一代40岁以下的人都不知道如何辨别衣服的质量。人们将出生于20世纪70年代的一代人称为X代人，这代人在高中时期没有穿过裙子和连裤袜，也没有很多好衣服或节日盛装。这些年轻人基本上不知道什么是精细剪裁和量身制作。只有小号、中号、大号和超大号尺寸，可以洗后吹干且无须熨烫的牛仔裤、T 恤衫和弹力织物，是这一代人几乎一生都在穿的衣服。她们的母亲和祖母们一代穿的都是有衬裙和束腰的衣服，洗后的衣服都要在精心熨烫之后才可着身，而这代年轻人已经养成了穿着舒适、宽松、无须打理的衣服的习惯。

• 顶级设计师停止了对时尚的赌博。艾萨克·米兹拉希（Isaac Mizrahi）错误地认为，有足够多的时尚行家仍然愿意相信他的服装品位。但是现在最畅销的设计师更加了解市场和需求。莉兹·克莱本（Liz Claiborne）、拉尔夫·劳伦（Polo Ralph Lauren）和汤米·希尔费格（Tommy Hilfiger）都是非常有名的时尚品牌，这些公司在服装、手袋、化妆品和家居用品等领域不断发展壮大，已经成长为具有数十亿美元的服装、手袋、化妆品和家居用品的帝国。这些时装公司也都是上市公司，它们必须为股东负责，保持稳定、可预期的增长。结果是大佬们根本就没钱去赌时尚。我们所知道的时尚需要一定程度的冒险和创造力，这是无法向华尔街大佬们解释的。尽管顶尖的设计师们用稀奇古怪、令人捧腹的服装来装饰他们的 T 台，但他们还是务实、以现实为基础的，他们销售的大部分商品可以被全球数以百万计的顾客接受，这也是华尔街大佬们的底线。

在许多顾客对稀奇古怪的时装的拒绝中，世界会变成卡其裤和 T 恤的海洋吗？巴黎高级定制时装以及艾萨克·米兹拉希（Isaac Mizrahi）和沙里瓦里（Charivari）等品牌是否会再次崛起？而且，时尚会像过去一样重要吗？

“事实上，女性对服装很感兴趣，但普通顾客对‘时尚界’并不感兴趣。”《时尚杂志》（*In Style*）的编辑玛莎·纳尔逊（Martha Nelson）评论道。女人们想要的是在现实生活中有吸引力的衣服，“而不是那种不可能走路和开车的东西，你知道，就是那种适合你生活的衣服”。

这就是为什么我们已经走到时尚尽头的原因。如今，设计师的创造力比以往任何时候都更能体现在市场营销上，而非实际的服装上。这种营销很复杂，充满了细微的变化和创新，需要比创造一件令人难以置信的舞会礼服还要多得多的计划以及数百万美元的广告投入。从某种意义上来说，时尚已经回归其根源：销售形象。形象是形式，营销是功能。

如今，一家时装公司必须建立一种能与足够多的人产生共鸣的形象——这种形象如此引人注目，以至于顾客将不得不购买设计师所提供的任何东西。顶级设计师利用其形象把自己变成了强大的品牌，也代表着一种态度和一种跨越多元文化的生活方式。如今，时尚“品牌化”已经成为时代的关键角色——在这个时代，没有多少新造型、新款式出现，商场里每家商店几乎都在兜售同样款式的衣服。这就是为什么设计师的标志变得如此流行的原因，对于每个设计师来说，标志是可以让他们在一些非常普通的服装上体现出与众不同特点的最简单方法。

卡尔文·克莱恩（Calvin Klein）通过数百万美元的广告宣传为自己树立了一个强大的品牌形象，并将他的CK标志应用于各种类别的服饰——6.50美元的棉短裤、1000美元的西装上衣和40美元的浴室毛巾以及许许多多更便宜的产品。

当然，形象是与内在特质如风格、质量和价格等结合在一起的，形象可以来源于任何方面，包括服装销售地点、广告、穿着其品牌服饰的名人等。盖璞（Gap）是如何销售一件12.50美元的口袋T恤，拉尔夫·劳伦（Ralph Lauren）是如何推出一款40加仑的墙面涂料，以及乔治·阿玛尼（Giorgio Armani）如何销售1500美元的西装，这些都是形象的体现。

这些设计师用无处不在的广告攻击美国公众，最典型的是在时尚杂志上所看到的。但是角色也反过来了。时尚杂志如《女装日报》《时尚》《时尚芭莎》和*GQ*以及其他杂志都失去了通过其编辑页面制造或打破时尚潮流的影响力，同样地，设计师的影响力也输给了顾客。如今，最强大的时尚品牌凭借其强大的广告宣传把信息直接传递给公众，而不是被编辑们主观影响：拉尔夫·劳伦（Ralph Lauren）在《时尚》杂志和《名利场》（*Vanity Fair*）杂志封面上刊登的10页广告插页，比在杂志的编辑版面上刊登他的服装的任何时尚广告都更引人注目。

这种销售时尚的生意总是让人困惑不已。现在，这个行业已经被分割成许多的细分市场，很多公司都在一季接一季地生产越来越多的、各个价格区间的商品。这个群体在时尚行业的影响力占据了上风，因为他们对零售业的黄金法则深信不疑：顾客才是上帝。

后面几章记录了近年来业内最知名的一些时尚服装公司，它们成功地实现了自身的追求，并且在追求中获得了利润和荣耀。以前来自巴黎高级定制时装工作室开始的时尚，现在是来自世界各地的设计师和零售商，并通过各种渠道传递给各个层面的大众。在如今这个高度紧张且竞争激烈的市场中，一个公司或品牌想要在时尚界生存下来，就必须不断地重塑自己，并具有足够的灵活性和资源来预测 21 世纪客户的需求和市场发展趋势，而不是操纵客户。这是唯一可以生存的办法，除此之外，别无他法。

# 第一章 巴黎：时尚的起点和终点

**现在人们对时尚普遍感到困惑，而我们将知道20年后巴黎的时尚是什么。**

卡尔·拉格菲尔德（Karl Lagerfeld），1998年4月24日

## 1

1987年10月19日的股市暴跌震惊了整个世界，数百万人思考着在经历了近十年的快速致富、奢侈阔绰和炫耀性消费后，他们的生活将不可避免地发生变化。就在股市暴跌发生几天后，纽约的金融区再次沸腾，但这次是在世界金融中心内举行盛大的庆祝活动，这是美国运通（American Express）、美林（Merrill Lynch）、道琼斯公司（Dow Jones and Co.）以及《华尔街日报》的新家。1987年10月28日晚，纽约的社会名流们前往市中心，向法国时尚界的风云人物克里斯蒂安·拉克鲁瓦（Christian Lacroix）致敬。

虽然时间不是很好，但场地非常完美。在这里可以俯瞰位于曼哈顿城低处的哈德逊河（Hudson River），远眺自由女神像。世界金融中心玻璃覆盖的公共庭院为时装秀表演舞台提供了一个迷人的背景，16棵棕榈树在大理石地板上拔地而起，高达45英尺，围绕着棕榈树摆放着数十个烛光餐桌。参加派对的人会很长一段时间都记得拉克鲁瓦（Lacroix）晚会，它的结尾是一场华丽的、夸张的、怪诞的烟火表演。这是一场夸张的时尚表演，反映了华尔街处于濒临崩溃的边缘。

对于时装界而言，拉克鲁瓦是第二次到来。他有着黝黑光滑的头发和天使般

的面孔，他是一个非凡的天才，在巴洛克风格方面有非凡才华。他来这里是为了拯救法国时尚界的顶级高级时装，其传奇人物包括伊夫·圣洛朗（Yves Saint Laurent）、休伯特·德·纪梵希（Hubert de Givenchy）和伊曼纽尔·温加罗（Emanuel Ungaro）。拉克鲁瓦最初是20世纪80年代早期作为帕特威（Patouin）的服装设计师在现场脱颖而出，当时高级时装界突然出现多年来的第一次回归风格，与郊区住宅价格相同的奢华的西装和派对礼服成为富有的阿拉伯女性、新贵的妻子和国际社会名流们的象征，他们乐于支持高级时装的最高贵的传统。“事实上，时尚需要拉克鲁瓦，需要一个新人来引领新一代的高级定制客户。”霍莉·布鲁巴赫（Holly Brubach）在《纽约客》杂志中写道。

布兰·特朗普（Blaine Trump）担任拉克鲁瓦（Lacroix）集团的主席，她是房地产大亨唐纳德·特朗普（Donald Trump）妻子的美丽金发小妹。她穿着一件精致的紫色织锦拉克鲁瓦（Lacroix）服饰，与当时流行的童话故事里的人物拉克鲁瓦一起走在T台上。为了呼应当时的童话主题，她的衣服领子是巨幅的纵向领线围巾领，裙子是有裙撑的蓬蓬裙和衬裙，配以充满活力的色彩，并饰以刺绣和珠宝饰物。模特们小心翼翼地将奇怪的头饰顶在头上，然后小心翼翼地走下T台。同时在拉克鲁瓦那个重要而奢华的夜晚，还有很多客人，他们的整个夜晚被熙熙攘攘的活动占据，但他们很愉快。坐在唐纳德·特朗普（Donald Trump）旁边的百万富翁格洛丽亚·冯·瑟恩（Gloria von Thurn）低声对唐纳德说：“你知道，你不能穿着这些衣服去卫生间。”

拉克鲁瓦站在T台上，给台下向他欢呼喝彩和献花的人鞠躬，没有人比拉克鲁瓦的法国捐助者伯纳德·阿尔诺（Bernard Arnault）感到自豪和骄傲，阿尔诺37岁，是一个冉冉升起的大亨。1984年，在投资银行瑞德集团（Lazard Freres）的帮助下，阿尔诺收购了破产的纺织集团Agache Willot，其最有价值的资产是克里斯汀·迪奥（Christian Dior）时装公司。几年后，他出资800万美元，为拉克鲁瓦（Lacroix）公司提供资金。在接下来的几年里，阿尔诺将成为奢侈品世界最活跃的掠夺者，通过一系列敌意收购和收购，酩悦·轩尼诗—路易威登（Moe Hennessy Louis Vuitton，LVMH）集团成为世界上最大的奢侈品品牌帝国。到1998年，每年80亿美元的路易威登已经积累了强大的阵容，包括轩尼诗白兰地、酩悦和Dom Perignon香槟，几家免税商店，以及其他时装公司：路易威登（Louis Vuitton）、赛琳（Celine）、纪梵希（Givenchy）、罗意威（Loewe）和高田贤三（Kenzo）。但拉克鲁瓦是阿尔诺的宠儿，是他白手起家创立的唯一一家企业。从一开始，阿尔诺就抱有很高的期望，尤其是在拉克鲁瓦因其标志性的褶子派对礼服而备受瞩目之后。他注定要成为下一个伊夫·圣罗兰（Yves Saint Laurent）。

但是，尽管拉克鲁瓦首次亮相就非常成功，但他最终还是拒绝上升为传奇人物。没有人预料到会有 4 万美元的 Lacroix 舞会礼服。布蒂文·拉克鲁瓦（Buteven Lacroix）最早的发烧友们受到了冷遇，并在时装设计师身上降温。美国商务部长罗伯特·莫斯巴彻（Robert Mosbacher）的红发妻子乔吉特·莫斯巴彻（Georgette Mosbacher）承认，她觉得被迫购买了一件 Lacroix 的连衣裙，但她从未穿过这件衣服，最终捐赠给了一家博物馆。同样地，拉克鲁瓦的产品也有一些奇特的吸引人眼球的东西，但在销售上却失败了。当拉克鲁瓦于 1994 年推出他的第一款签名香水"生命之光"（C'est La Vie）时，再次证明他无法在这个行业持续下去。尽管卡尔文·克莱恩（Calvin Klein）的市场营销规模为 4000 万美元，但它的销售情况却非常糟糕，以至于拉克鲁瓦（Lacroix）不得不将香水从市场上下架。

在开业的头 5 年里，拉克鲁瓦的时装公司亏损了 3700 万美元。1997 年，当时 46 岁的拉克鲁瓦举行了 10 周年开业庆典，他几乎对所有董事总经理职位都进行了检查处理，但利润仍然难以实现。

这个毫无歉意的、认真的设计师发誓决不屈服于商业压力。他在 1997 年 7 月的时装表演节目中写道："我相信我没有向任何体制屈服。一种拉克鲁瓦式的风格已经诞生，即使它不吸引所有人。那个光着脚、没有珠宝的女人，穿着破旧的衣服，创造出一种只能满足最悲观的幽灵般的愿景，但我不在其中……"

伯纳德·阿尔诺（Bernard Arnault）并没有那么悲观，他只是对这位不可能成为法国时装之王的时装设计师感到失望。到 20 世纪 90 年代末，阿尔诺将不得不面对赤裸裸的现实：拉克鲁瓦是时尚的终结。

《纽约时报》前首席时尚记者伯纳丁·莫里斯（Bernadine Morris）承认，就是在多年以后，她仍然对拉克鲁瓦（Lacroix）时刻感到很兴奋。"当我写（我的评论）时，我当时就相信了。当你看到一个非同寻常的服装系列时，它确实会让你兴奋起来。我们不知道的是股市崩盘的后果。而现在，十年后再看拉克鲁瓦那个阶段，时装的消亡是不可挽回的，在一场时装秀上看起来非常令人兴奋的精心设计的服装，对现代生活是没有好处的。”

## 2

在过去的十年中，拉克鲁瓦的遭遇反映了所有与巴黎时尚有关的问题。正如牧场主喜欢在得克萨斯州说的那样：大大的帽子，却没有牛，即干打雷不下雨。在整个20世纪80年代，巴黎时尚品牌拥有许多光鲜元素——高级女装设计师，著名成衣设计师，以及大量闪烁其徽标的香水、手袋和小饰物。

但在法国时尚界的大背景之下，高端服装是一个没落的行业，过时并且没有群众基础，饱受傲慢和拒绝的折磨。20世纪80年代，高级定制时装出现反弹的乐观报道被过分夸大了，因为这些时装屋仍旧损失数百万美元。除了少数例外，法国名牌服装设计师的服装或者过于做作，或者拘谨而因循守旧，或者太怪异。亚洲零售商独立买家维姬·罗斯（Vicki Ross）说：“这是同样的十个老男人在做他们已经做过的无聊的重复工作，就像那些太紧、太昂贵的小短裙。”

20世纪90年代，法国的时尚状况岌岌可危，但巴黎依然是世界时尚之都。可以肯定的是，光明之城（City of Light）是世界上最引人注目的舞台，在那里，国际媒体和成群结队的时尚团体在每个季节都聚集在一起，为设计师们时装秀出谋划策。但是，法国时装并没有过去那样好卖，他们已经被意大利和美国的时尚品牌抢去风头。然而，法国人自以为是地认为，如果不是因为时尚的高商业化，巴黎永远是高端时尚的守护者。但现实情况是，到了20世纪90年代中期，发明了高级时装并制定时尚标准超过100年的法国设计师们设计的服装现在已经无可救药地过时了。

就像年份香槟一样，法国悠久的高级定制服装历史让法国人成为了美好生活的鉴赏家。毫无疑问，凡尔赛和庞帕德夫人的故乡将成为高级时装和时尚的发源地。1966年，玛丽莲·本德（Marilyn Bender）在她的流行时尚文化研究（*The Beautiful People*）报告中指出：“在这个世界上，没有其他任何一个地方如此重视优雅，而且得到这么多的人才、熟练的工匠和乐于合作的客户的支持。”

时装业始于19世纪，是当时刺激法国经济增长的一种手段。1858年，君主拿破仑三世召见了一位在巴黎执业的、富有革新精神的英国裁缝师查尔斯·弗雷德里克·沃斯（Charles Frederick Worth），为他即将成为世界上第一个时装模特的妻子——皇后欧姬·尼（Empress Eugenie）打造一个华丽的衣橱。后部支撑裙（bustle dress）的发明者沃斯（Worth）为欧姬·尼设计了所有正式的官方宫廷服装，他将皇家徽章加到他的标签上，这也是时尚历史上第一个设计师标签。因此，沃斯被誉为第一位巴黎时装设计师，也是奥地利、意大利和俄罗斯加冕的首选裁缝，这推动了欧洲对法国的时尚、珠宝和其他服饰的需求。

法国的时尚是为那些自视清高的人以及高贵典雅的女士们而服务的，这些女士的生活主要围绕着她们的衣橱，巴黎的绅士们开玩笑地说：“美丽无言。”到20世纪20年代，时装业成为了法国第二大出口产品，雇用了数千名工人，并为全球的时装建立起了质量和风格的基准。

“这里的时尚体系是贵族传统的再现，在这种传统中，高级定制时装代表贵族机构，”巴黎时尚产业研究生院的经济学家帕斯卡尔·莫兰德（Pascal Morand）说：“穿上高级时装店出售的奢侈品，让人们觉得自己属于精英阶层。”在法国人看来，创意来自产品；但是对于意大利人和美国人来说，创意涉及企业的各个方面。

## 3

在20世纪的大部分时间里，高级时装是法国经济的一个重要组成部分，它给许许多多织布厂带来了大笔的业务，工匠们也为其提供羽毛、纽扣、刺绣等。为了刺激该行业的发展，法国政府也伸出了援助之手，给企业和执业人员提供补贴，并在大力推动了高端时装发展的贸易集团——巴黎高级时装协会（Chambre Syndicale de la Couture Parisienne）旗下筹划创建行业企业。

只要法国时装销售火爆，它就没有多少动力让法国服装行业的大众市场工业化。这是法国和美国的主要区别，在20世纪之交，美国的商业服装开始在美国蓬勃发展的百货公司，如纽约的梅西（R. H. Macy）、芝加哥的马歇尔菲尔德（Marshall Field）和费城的约翰瓦纳梅克（John Wanamaker）等新兴百货公司的带动下发展起来。法国没有这样的零售业热潮，因此手工缝制的服装和裁缝业继续蓬勃发展。

即使当时在法国各地都出现了百货商店，时装设计师们也不太可能会受到启发而让这些百货商店销售他们的高级定制时装。“他们都是势利小人。”巴黎记者格里·德兰斯基（Gerry Dryansky）断言。她在20世纪60年代报道了《女装日报》的时装屋：“可可（Coco）发誓她永远不会做成衣，因为她并不想让每个人都穿她设计的服装。”时装设计师的抱负并没有那么高。他们很富有，生活得也很好，但他们从来没有想过要建立庞大的企业。他们的势利大于他们的贪婪。

尽管高级时装设计师不愿意降低身价为普通女性设计服装，但还是以一种迂回的方式做到了这一点，他们向美国的零售商和制造商开放了他们的精英沙龙，这些零售商和制造商每年去巴黎一两次，以获得一些好点子。这些商业客户获准进入法国时装展示厅，他们要为在那里举行的时装表演支付一种称为“谨慎”的费用或订购其中的一件或两件时装，通常比私人顾客支付的价格高出一个档次。

那些曾经参加过时装节目演出的人都知道节目的规则。演出方给每人分发一个节目单并带有一支金色铅笔，嘉宾们只能做一些简单的笔记。新闻媒体的人们必须同意不会在节目发布之前做任何报道，包括传播照片或草图，直到一个月后节目正式发布后才可以报道。

为了进一步保障排他性经营方式，服装设计师错开交付私人客户和商业客户的订单：私人客户首先收到他们的订单，比奥尔巴赫（Ohrbach's）和马歇尔菲尔兹（Marshall Field）商店提前大约一个月。在那些日子里，第七大道上的所有人都在屏息等待着这些高级定制时装样品在美国海岸登陆。1965年8月24日的《女装日报》报道：“装载第一批巴黎高级定制时装模型的法国航空公司051航班将于周三晚上8点抵达肯尼迪机场。”

这种简陋粗糙的原始保护主义，最多不过就是个君子协议，总是容易泄密。在20世纪50年代的一场时装秀上，克里斯汀·迪奥（Christian Dior）从后台跑出来，没收了一名女子记满草图的笔记本。然而大多数的抄袭者并没有被发现。“在看完香奈儿或克里斯汀迪奥的时装秀后，我跑到最近的路边咖啡店，根据记忆开始素描勾勒出那个时装系列的设计。”设计师香农罗杰斯（Shannon Rodgers）说。他当时在纽约的许多服饰公司工作过。他的图纸在位于印第安纳波利斯（L. S. Ayres）的“法式房间”中出售，价格合理。

迪奥是第一批提供批量生产零售系列产品的时装设计师之一，还与山寨艺术家打过一场败仗。早在1957年，迪奥的行动就不够快，在他的高级定制时装客户得到他们的原创作品之前，迪奥的小裙子就挂在梅西百货的货架上。等待迪奥零售系列产品出货的零售商转而采用舆论来引导客户购买，请求女性耐心等待，他们使用这样的广告：“最好的办法就是等待，只有耐心等待才可以买到完美的服装。”

时装设计师并不需要说服法国女人了解精致工艺的优点，因为这个国家的女性对定制服装情有独钟。事实上，直到20世纪50年代末，大多数法国中产阶级妇女仍在穿着当地裁缝缝制的衣服，其中许多人都穿着盗版的高级定制时装。大多数法国家庭或公寓都设有一个内衣间，一个与闺房分开的打理衣服的小房间，在这里女裁缝们在工作时还可以打电话。

就这样，中产阶级的法国女人养成了穿着得体且有创意的服装的习惯，她们梦想着能穿更好更高档的衣服，并且最终穿上顶级的高级定制时装。20世纪70年代，技术工人的成本急剧上升，迫使时装设计师们不断提高价格，许多法国女性偶尔会为了一套简单的高级定制服装而恣意挥霍。

给巴黎的时装设计师们或时尚摇旗呐喊铺路的是时装媒体的成员们，他们是设计师们梦寐以求的最好的免费公关人员。20世纪70年代末之前，当设计师品牌以百万美元的广告预算而家喻户晓时，时装公司依靠的是能力强大的编辑，如《时尚芭莎》的卡梅尔·斯诺（Carmel Snow）、《时尚》的戴安娜·弗里兰（Diana Vreeland）和《纽约先驱报》（*New York Herald*）的尤金妮娅·谢波德（Eugenia Sheppard），这些狂热的时尚爱好者充分发挥了他们作为大众品位的仲裁者的权威作用和无所不能的点石成金的能力。时尚界的女人们都非常爱交际，为了获得她们的青睐，时装屋的老板们经常用酒宴款待她们，并通过打折或免费的促销方式吸引这些女人购买他们的服装。

卡梅尔·斯诺（Carmel Snow）曾举着手发誓要尽她的力量使在第二次世界大战期间关门停业的法国时装屋（French Couture Houses）再次崛起。她说："我不愿意承认戴高乐将军（General de Gaulle）可以让巴黎永久性地衰落……因为时尚是法国第二大产业，我觉得我个人对联盟事业的贡献可以帮助这个行业复兴。"事实上，是斯诺，在她那让人目瞪口呆对迪奥重要的1947年服装系列的描述中创造了"新造型"这个词，这是一款长及脚踝的裙子，这种裙子让每个女人衣橱里的短裙都过时了。

时尚记者们总是以不知疲倦的吹捧而闻名遐迩，时尚作家们通常会在评论中对他们的设计师朋友进行不切实际的宣传吹捧（如"他多年来的最佳时装系列"），而且很少有负面的报道。

詹姆斯·布雷迪（James Brady）同时是20世纪60年代的《女装日报》和70年代的《时尚芭莎》的出版人，他说："那些时装记者普遍都做得不好。"根据布雷迪的说法："主流报纸每年会派记者去巴黎两次，以获得合格的时装评论。他们在那里和设计师们共进午餐。但我真不知道他们曾经做过什么真实严肃的报道。《时尚》杂志从未在时尚界做过真实严肃的报道。普通读者基本都不清楚时尚界真正发生了什么。当时的女士们被时尚潮流所吸引，除了时尚潮流，她们对任何东西都不感兴趣。"

通过对时尚进行歪曲报道而展示其编辑能力的是无所不能的《女装日报》杂志社。20世纪60年代，在约翰·比·费尔柴德（John B. Fairchild）的领导下，《女装日报》成为了一个充满活力的社会纪事杂志，变成了一种强大的社会和商业力量。约翰·比·费尔柴德是费尔柴德出版社（Fairchild Publications）的继承人，曾在普林斯顿受过教育。他在1955年成为《时尚杂志》巴黎办事处主管时，年仅27岁，通过他的策划管理，这个曾经在服装行业冷清而低劣的杂志变成了人们八卦的必读之作，其读者主要是女服装设计师和社会名流，这些八卦作品令读者对高端时装念念不忘，欲罢不能。

费尔柴德在20世纪60年代成为《女装日报》的编辑和出版人。他总是很有礼貌地发表演讲，竭尽全力吸引招揽时尚界有趣而美妙的报道文章，并且在设计师之间造成互相竞争，与此同时他会轻松地避开杰弗里·比恩（Geoffrey Beene）

和波林·特里格（Pauline Trigère）等那些不认同他的设计师。勇敢的费尔柴德先生每年都会评出一个年度“流行落伍”（IN and OUT）名单和逗乐的年度“时尚受害者”，他将年度“时尚受害者”授予那些敢于穿最糟糕的时装的女士们，这些举措使他在时尚界非常有影响力。

费尔柴德在他1989年的传记《时尚野蛮人》（*Chic Savage*）中写道：“真正的问题是，在时尚界讲真话几乎是违法的，任何一个在这个行业做生意的人都知道讲真话实话将会使生意非常艰难。设计师们在媒体上花大力气和代价不择手段地夸大自己的时尚概念。媒体也同样有罪，他们吞下了鱼饵后就吐出了大量的头条新闻。极端的妄自尊大在我们这个行业令人震惊。

20世纪60年代，尽管时尚界被媒体描绘和宣传成一个充满魅力的领域，然而高级定制时装界的第一个细微裂缝已经开始出现。持续上升的劳动力成本不断地侵蚀着利润，而在1961年，法国政府停止向那些不同意在它们的服装系列中使用至少90%的法国纺织品的时装设计师提供补贴。

但撇开经济学不谈，巴黎时装业正在伦敦上演，这里是迷你裙的发源地。迷你裙的影响是巨大的。除了它裸露性感的大腿外，迷你裙代表了女性价值观的改变，因为它使稳重保守的女性服装标准变得过时，戴着帽子和手套的时代已经过去了。“在20世纪50年代有一个有趣的现象，那就是女人并不在乎看起来是不是年轻。”卡尔·拉格菲尔德（Karl Lagerfeld）回忆道。一个18岁的女孩想把自己打扮成一个穿着貂皮大衣戴着珠宝的女人，因为那是时尚。性感和青春型的时尚是在20世纪60年代与迷你裙和法国女星碧姬·芭杜（Brigitte Bardot）一起出现的。

发生在20世纪60年代的时尚觉醒是围绕着购物的乐趣展开的，起始于所谓的“精品神秘感”。玛丽莲·本德（Marilyn Bender）在1966年指出：“从那以后，大多数趾高气扬的高端时尚领跑者都希望让别人知道他们的衣服来自低价的小商店……在精品店购买的衣服就像修改了护照上的生日，让人觉得很年轻。它证明了一个女人是赶时髦的人。”

20世纪60年代，这种精品模式迅速蔓延至法国，在那里，伊曼纽尔·恩加罗（Emanuel Ungaro）和伊夫·圣·罗兰（Yves Saint Laurent）等时装设计师推出了自己店铺的成衣系列。然而，这种多元化的趋势也造成一种无法摆脱的困窘，即随着越来越多的富有女性迷上了精品店里更实惠的连衣裙，她们开始对购买昂贵的高级定制服装失去兴趣。

当法国时装设计师们创造精品服装系列时，他们发现，要想弥补服装上日益增加的损失，最简单的办法就是授权经营，这为他们的生意提供了收入来源和发展壮大的机会。服装授权经营之父是克里斯汀·迪奥（Christian Dior），他在1948年与纽约一家袜子公司签约，该公司生产他的克里斯汀·迪奥尼龙长袜。迪奥拒绝了一笔一次性支付1万美元授权费的生意，并坚持按照销售额的百分比来收取费用的合作模式，后来这种合作模式成为了行业标准。

在服装授权经营模式中，设计师从生产和销售商品的外部制造商那里收取专利使用费——占批发数量的3%～8%。授权许可方式使设计师能够快速且方便地在手袋、珠宝、鞋子、床单以及衣服上加上迪奥的商标。数以百万计的美国女性从未见过巴黎高级时装工作室的内部，但在她们的衣橱里塞满了与出自这些工作室的服装同等而物美价廉的名牌商品，这些商品都有高级时尚的血统。

1957年在迪奥（Dior）去世后很久，迪奥公司持续不断地利用他的商标的魅力而挣了很多钱。20世纪80年代末，该品牌的授权经营店已达到了200多家，当时的授权费用很高。“从1983年到1989年，不知道为什么，我们的授权经营店以每年20%到25%的幅度增加。”当时在迪奥工作的玛丽·福尼尔（Marie Fornier）说。这是个非常棒的销售模式，当时亚洲国家刚刚对外开放，而其传统设计师品牌没有太大竞争力，所以，为什么不授权更多经营店呢？我们甚至还向Aris Isotoner鞋业公司许可迪奥拖鞋。

但是更多授权经营店并不意味着更多优雅和时尚，其结果是市场上充斥着各种伪劣产品。随着迪奥的品牌不再体现优雅和时尚，迪奥近30年的时装设计师马克·博汉（Marc Bohan）越来越不喜欢这个品牌。20世纪80年代末的一天，博汉（Bohan）和阿尔诺（Arnault）去纽约的布鲁明戴尔百货商店（Bloomingdale's）举办一个活动，当波汉看到“所有带着迪奥（Dior）名字的‘可怕’的行李箱”时被惊呆了。

科洛米·尼古拉斯（Colombe Nicholas）在20世纪80年代曾经管理迪奥美国

分部，并在巴黎总部的要求下签下了许多授权经营店。他承认，尽管阿尔诺可以为迪奥的流行香水如迪奥斯西莫（Diorissimo）和迪奥时尚宝贝婴儿服装而自豪，但迪奥的商标却遭到了“不一致”的影响。因为被授权许可方所感兴趣的是赚钱而不是迪奥商标本身，质量控制变得非常艰难，

例如，一家授权经营店拒绝制造与马克·博汉（Marc Bohan）设计的时装相配合的商品。据尼古拉斯说，博汉的“成衣系列”在美国从未畅销过，因为这些服装太贵、太正式、太法国化，毫无生活化可言，不是可以在生活中穿着的服装。博汉喜欢预置衣服的时尚风格，例如，他会说绿色是这个季节的颜色。但是一半的被许可商会说：“在美国你不能送一件绿外套。所以，不管博汉对错，他们都倾向于忽视他。”

但授权许可店所追求的是利润，他们采用任何必要的手段来保护他们的利润。无论销售额或利润水平怎样，他们都要给迪奥支付最低特许使用费。因此，他们最感兴趣的是提高销售额，如在质量上抄近路，用一块帆布做一个手袋，这样手袋就可以以更低的价格零售，从而更容易向百货商店出售。大多数高级时装设计师禁止他们的被许可人把他们的商品卖给像 Loehmann’s 这样的折扣店。但是，法国的时装公司在监管方面是很松懈的，如果不注意监管，被许可商店会悄悄地将商品运送到任何其他他们喜欢的商店。

在服装许可方面，尼古拉斯说：“平衡维护品牌形象和赚钱是很困难的。挑战在于如何面对被许可方，告诉他们无论价格有什么限制，都应该保证质量水平。但是，当你坐在与你做 1 亿美元生意的被许可人对面时，这是一个困难的处境。他们告诉你：“你根本不知道你在说什么。”

授权许可热潮使这个世界充斥着设计师的商品，但这些商品很难做到其享有声望的商标原有的质量，包括涤纶围巾和印有黄铜标志的手包。进一步伤害神秘的魅力的是在纽约等大城市的大街上大量兜售的非法假冒 T 恤和手包。到了 20 世纪 80 年代末，美国人尤其青睐这些仿制商品，不再被大多数法国设计师品牌所吸引。

毫无疑问，皮尔·卡丹（Pierre Cardin）将时尚品牌的授权许可用到了极致。到 20 世纪 80 年代末，卡丹已经在全球范围内签署了令人震惊的 800 个许可证，

包括服装、化妆品、巧克力、家居用品和家用电器等。卡丹在百万富翁中赚了一大笔钱，他把自己的名字卖了很多次，他的草书签名本身就是一种有价值的商品。世界上总有一家制造商准备在吹风机、闹钟、浴盆和煎锅上打上“皮尔·卡丹”标签。“我的名字比我自己更重要。”卡丹曾经说过。

皮尔·卡丹成为法国人极其喜爱的时装设计师，他是一个因疯狂营销而被市场吞噬的艺术家。卡丹的镀金证书可追溯到1947年，当时他是迪奥的顶级助理，并以迪奥最畅销的“酒吧”套装（一件合身的白色夹克，配上一条黑色的裙子）的作者而闻名。卡丹在男装方面也是一名先驱者，是他那个时代的乔治·阿玛尼（Giorgio Armani）。1961年，穿着华丽的绅士们喜欢萨维尔街（Savile Row）裁缝店四四方方的宽松西装，卡丹华丽的爱德华式裁剪（Edwardian-cut）套装打破了这种模式，很快，从甲壳虫乐队（Beatles）到雷克斯·哈里森（Rex Harrison）的每个人都在穿这种带有高袖孔和收身腰围的套装。

卡丹是意大利一个工薪阶层移民的儿子，总是对高级定制的贵族式的自命不凡不屑一顾。1949年，在他27岁的时候，开设了自己的高级时装屋，迫不及待地开始向大众销售。8年后，他进入日本市场，在东京举办了他的第一个时装秀。在尼克松总统之后，卡丹在20世纪70年代初征服了中国的服装市场，在那里，正在等待卡丹抵达的粉丝的尖叫让人误以为他是法国总统。“卡丹是一个非常优秀的推销员，他最开始就是一个推销员。”亨利·伯格曼（Henri Berghauer）说。亨利·伯格曼在20世纪50年代管理着卡丹公司的业务。卡丹很早就意识到，他想成为一个品牌，而不是一个设计师。他想成为雷诺（Renault）。

卡丹的财富之路是用94个国家的授权许可合同铺成的，这个胆大无畏的设计师如此快速、随意而疯狂地授权许可他的产品，以至于他无法跟进他所授权的所有产品。他这种随意的方式最终将他送上了法庭，当时他被迫支付60万美元以了结一场关于皮尔·卡丹打火机的纠纷，那次纠纷是他错误地将打火机授权给两个不同的当事人而造成的。

1981年，卡丹花了2000万美元买下了传奇的巴黎马克西姆（Maxim）餐厅，在他把它变成一个授权机器的过程中，他损失了数百万美元。尽管如此，卡丹仍然很富有，是法国最富有的人之一，他在1987年的净资产估计超过3亿美元。根据他的传记作者理查德·莫雷斯（Richard Morais）的说法，1991年，该公司的产品销售额达到了约10亿美元。莫雷斯总结道："卡丹的财富是建立在快速变化的媒体的基础上的，在他有生之年，媒体已经把世界缩小到一个容易进入的市场。"

20世纪90年代，这位古怪的大亨仍然在不断地通过授权许可扩大它的市场，他在巴黎经营着遍布世界各地的生意王国。1997年1月，他在位于美国驻巴黎大使馆对面的皮尔·卡丹空间（Espace Cardin）剧场录制了一场电视采访。他身穿一套单调的灰色西装，显得苍白、瘦削，但棱角分明，他假装对20世纪90年代法国时装公司的困境漠不关心："我不明白他们在做什么，这没有意义，"他耸耸肩说："不管怎样，我已经做到了。"

当这位70多岁的老人说这些话时，他将头自高自大地歪向一边，但他并没有夸张。事实上，巴黎的设计师们正在争先恐后地走上他20年前开创的道路。"当时人们认为皮尔·卡丹在这个市场的销售行为太过粗野，但每个人最终都想售出自己的产品"，伯格豪尔（Berghauer）说："你看看这些大型时装品牌的遭遇。他们不再出售高级时装，他们在卖T恤、牛仔裤和内衣。"

卡丹是法国时尚界最为丰富多彩的、谜一般存在的设计师，他自成一体。继他之后，高级时装之王伊夫·圣·罗兰（Yves Saint Laurent）扛起了法国时尚大旗，为法国时尚摇旗呐喊。1957年迪奥（Dior）突然去世后，迪奥这位能干的学徒、21岁的圣·罗兰（Saint Laurent）就开始设计迪奥系列产品，而且没有失过手。圣·罗兰性格脆弱而内向，1962年，他与他精明而坚韧的商业伙伴皮尔·贝尔热（Pierre Berge）一起创立了自己的时装公司。

20多年来，圣·罗兰一直被尊为法国时尚界最前卫的现代女装设计师，他是香奈儿的精魂。圣·罗兰不但是一位成功的时装设计师，而且通过他旗下的里夫·戈什（Rive Gauche）精品连锁店而成为一个成功的零售商，在那里，他推出了狩猎旅行套装、无尾礼服和双排扣水手装。

但圣·罗兰的高级时装也无法抵挡授权许可销售方式的诱惑，他授权许可200多个商家经销他的产品，包括圣罗兰（YSL）香烟。1984年，贝尔热认为授权许可在时尚界被过度使用，他对《华尔街日报》说："名字就像一支香烟，你抽得越多，剩下的就越少。"很自然地，他避免讨论一些平庸的圣·罗兰标签的雨伞、围巾和手袋，更不用说卷烟了，所有这些都拖累了商标。

圣·罗兰在销售香水方面取得了令人瞩目的成功，使他的名望得以持续的时间比卡丹和迪奥长。在卡尔文·克莱恩（Calvin Klein）领导香水市场前的好几年，圣·罗兰（Saint Laurent）就已经在他1978年推出的香水Opium中取得了轰动。这是一种辛辣的东方香味，与它颇具争议的名字一样具有异国情调。Opium在纽约的首次亮相便引起了轰动：在停泊在纽约东河（East River）的名叫北京（Peking）的中国平底帆船上，圣·罗兰举办了一场豪华庆典。Opium香水成为法国知名品牌香水之一，一直畅销了十多年。

法国香水的精华来自法国南部格拉塞地区的奇异花卉，曾被世界各地的女性所珍爱。第二次世界大战结束后，成千上万的美国军人从法国购买了香奈儿5号香水送给母亲和心爱的人。多年来，香水一直是时装设计师们用来提升品牌形象的极好附属产品，其传奇经典产品包括Lanvin品牌的浪凡琶音（Arpege）香水、Jean Patou品牌的喜悦（Joy）香水以及Nina Ricci品牌的比翼双飞（L'Air du Temps）香水。但在大多数情况下，香水副业尽管有利可图，但它令时装设计师们分心，从而偏离了时尚主线。

《女装日报》编辑总监帕特里克·麦卡锡（Patrick McCarthy）说："香水生意是法国时装史上最糟糕的事情。"香水出现以后，法国人就不再操心服装销售了。如果你有一款比较成功的香水，你就可以做你想做的任何事情。设计师可以告诉商店，"我并没有改变我剪裁裙子的方式，我只是在做我想做的事情"，"在服装上损失的钱会从那个小小的香水许可证里挣回来"。

"这就是为什么像乔治·阿玛尼（Giorgio Armani）这样的人能够进入这个市场，改变世界各地的男人和女人的着装方式，并占据商店的所有空间，"麦卡锡说："与此同时，人们仍然在购买法国香水，但没人再买他们的衣服。"

尽管如此，圣·罗兰和贝尔热通过他们的时装公司还是赚到了大笔的钱，1989年，该时装公司在巴黎证券交易所上市时价值5亿美元。在接下来的几年里，圣·罗兰本人的健康状况明显恶化，这是30多年来一直神经衰弱和患有抑郁症的结果。20世纪90年代早期，他摇摇晃晃、浑身发抖地在T台行走，让人看到了他岌岌可危的未来。

1993年，化妆品巨头赛诺菲（Elf Sanofi）以6.5亿美元的价格买下了圣·

罗兰时装公司，让贝尔热和圣·罗兰继续负责高级定制服装的运营，并签订了数年的雇用合同。但是，赛诺菲明确表示，它的长期重点是其依然活跃的YSL香水和化妆品，而不是服装。赛诺菲的首席执行官琼·弗朗索瓦·德布雷克（Jean Francois Debreq）告诉《名利场》（*Vanity Fair*）："如果他死了，我想我会赚更多的钱，因为那样我就会停止（时装）系列。"他表示，公司的高级定制时装部分当时每年亏损540万美元。

授权许可销售模式就是服装行业的一种鸦片剂，它既促进了法国的服装行业，同时也阻碍了它们的长期发展。通过将商标转让给被许可方，法国设计师避开了严酷而琐碎的大规模生产、国际零售和市场营销。因此，当授权许可泡沫最终破灭时，时装公司很难找到一种新的令人兴奋的方式来重振它们的品牌。

20世纪80年代，当法国人热衷于通过授权许可销售他们的产品时，意大利的时尚产业稳步前行并步入正轨，并在米兰站稳了脚跟，在靠近科莫湖（Lake Como）地区建立了一些重要的纺织厂和为了促进本土人才发展的工厂，如乔治·阿玛尼（Giorgio Armani）、詹弗兰科·费雷（Gianfranco Ferre）、克里琪亚（Krizia）以及珍妮（Genny）。曾经与法国的服装、鞋类和纺织行业有过竞争也有过合作的意大利服装生产商"制定了一项营销计划，旨在增加意大利的出口量，目标是在美国、意大利时尚产业中占据一定的份额"，米兰管理咨询师阿曼多·布兰基尼（Armando Branchini）曾这样断言。

《女装日报》的约翰·费尔柴尔德（John Fairchild）在1989年的文章中写道："从某种意义上说，意大利人赢得了时尚之战。"他指出法国设计师伊曼纽尔·温加罗（Emanuel Ungaro）、克里斯汀·迪奥（Christian Dior）、克里斯蒂安·拉克鲁瓦（Christian Lacroix）、索尼娅·瑞基尔（Sonia Rykiel）、克劳德·蒙塔纳（Claude Montana）和琼·保罗·高提埃（Jean Paul Gaultier）都在意大利制造了他们的大部分服装。"意大利对服装行业的垄断甚至更加完整，因为除了衣服之外，意大利人还负责设计和生产世界上最漂亮的布料。"

法国人对20世纪80年代意大利人在服装行业的崛起并不是太在意，因为在中东和美国新一代的粉丝正在为高级定制的服装而感到兴奋。高级定制的复兴与20世纪70年代的石油输出国组织欧佩克（OPEC）的石油卡特尔相关，当时富有的阿拉伯妇女开始把用石油换取的美元带到巴黎疯狂购物。中东女性喜欢奢华的高级定制礼服，她们大量购买高级服装，且为年轻的女儿们购买在婚礼上的高级服装。1984 年，虽然阿拉伯女性只占了大约 15% 的客户，但当年由 23 位巴黎官方服装设计师出售的 2400 万美元服装中的一半以上都由她们购买。1991 年 1 月，海湾战争爆发后，中东地区的高级时装销售大幅下降。具有讽刺意味的是，大多数为阿拉伯世界量身定做的高级定制服装都已走向死胡同，但从未被拍照，也从未在公众场合穿过。和伊斯兰国家的习俗一样，女性在紧闭的门后穿着她们的高级定制服装，而且只在其他女人的陪伴下穿。

20 世纪 80 年代初，美国名媛也加入了阿拉伯女士们的行列，开始大量购买巴黎高级时装，美国里根总统时代慈善舞会成员伊万娜·特朗普（Ivana Trump）、安·盖蒂（Ann Getty）和林恩·怀亚特（Lynn wyattr）搭乘协和飞机（Concorde）前往巴黎参加高级时装表演。众所周知，在他们去巴黎的每次旅行中，每个人都会购置 10 万美元以上的巴黎高级定制服装。

在 20 世纪 80 年代，升温的高级时装潮流提升了法国时尚，巴黎设计师克劳德·蒙塔纳（Claude Montana）、琼·保罗·高缇耶（Jean Paul Gaultier）、索尼亚·里基尔（Sonia Rykiel）和蒂埃里·穆勒（Thierry Mugler）的时装事业都在蓬勃发展。

设计师的繁荣正如火如荼地进行着，而且引发了一种新型的竞争：在 T 台上的战争。早在 20 世纪 60 年代，皮尔·卡丹（Pierre Cardin）第一次开始用古怪的服装来填充他的 T 台，当时他巧妙地意识到，一幅可以轰动一时的 T 台图片的价值胜过千言万语的宣传报道。

在国际时尚圈，不管是女性还是男性设计师，他们每年都会在巴黎、米兰、纽约和伦敦举办两场时装秀。到 20 世纪 90 年代初，全球的时装秀数量惊人：大约有 1500 个大型的时装秀。电视摄像也加入了这个行列，为 CNN 和艾尔莎·克伦施（Elsa Klensch）的时尚新闻节目拍摄了 T 台镜头，高级时装变成了高娱乐性的节目。一如既往地，时尚界最响亮的声音总是来自巴黎，一些前卫的日本创新服装设计师如伊西·米亚克（Issey Miyake）、山本耀司（Yohji Yamamoto）、肯佐（Kenzo）和雷·卡瓦塔博（Rei Kawakubo）等也加入了当地的阵容。

这些时装秀节目是每天 1 万美元报酬的超级时装模特们的生活写照，她们每个人都试着用半裸的服装、奇怪的发型和化妆以及花哨的舞台表演来超越对方。琼·保罗·高提耶（Jean Paul Gaultier）被前卫的时尚迷们狂热崇拜，他是巴黎时装界惊世骇俗的顶尖设计师，只是偶尔被蒂埃里·穆格勒（Thierry Mugler）超越。1994 年，蒂埃里·穆格勒的秋季时装系列通过电视进行了现场直播，这是一个科幻奇观系列的创作，类似于动画片《杰森一家》（*Jetsons*）。在音乐大结局部分邀请了明星模特帕蒂·赫斯特（Patty Hearst）和灵魂歌手詹姆斯·布朗（James Brown）。据报道，那次时装秀的成本是 300 万美元。

穆勒（Mugler）可以负担得起这样的奢侈表演，这部分费用由护肤品公司娇韵诗（Clarins）来承担，娇韵诗是他的产品持牌人并渴望得到宣传机会。只要节目可以引起轰动，娇韵诗愿意承担这部分费用。时尚杂志似乎无法从巴黎的时装表演中得到足够多狂野而疯狂的图片。

法国的服装设计师被时装表演大肆张扬的宣传所分心，从而在 20 世纪 80 年代末在服装行业开始发生的转变中没有跟上发展而落伍。当时高端时装的销售停滞不前，美国零售商开始寻找销售名牌服装的新方法。他们推出了一款名为“桥”（bridge）系列的服装在市场销售，这是一种副线品牌的产品，它仍然是带有设计师品牌的服装，但价格至少比高端定制时装低 30%。例如，与设计师设计的 700 美元或更高价格的一线品牌的夹克相比，副线品牌夹克的价格在 350 美元到 650 美元。副线品牌使美国百货公司能够在不销售最昂贵商品的情况下，在设计师品牌中产生大量的销量。1996 年，唐纳·卡兰（Donna Karan）的 DKNY、安妮·克莱恩（Anne Klein）和埃伦·特蕾西（Ellen Tracy）等品牌在所有女装销售额中占了约 47 亿美元，也就是 12% 的市场份额，而其价格在大多数百货商店都是最高价格。顶级设计师品牌的零售销售额大约只有 10 亿美元，仅可以在萨克斯第五大道（Saks Fifth Avenue）、诺德斯特龙（Nordstrom）、内曼马库斯（Neiman Marcus）和巴尼斯纽约（Barneys New York）的精选地段以及设计师自己的精品店才能买到。

法国时装供应商习惯在独立的精品店销售他们的产品，而不是美国的大型连锁店。大多数法国时装公司并没有掌握副线品牌的概念。很多的法国设计师都在法国或意大利使用高成本的工厂生产他们的服装，而不是将更多的生产转移到成本低廉的远东地区。因此，法国设计师品牌的市场价格很高，这将法国服装锁在美国百货公司之外，从而使世界的主要服装市场陷入困境。

还有一个基本问题即衣服的外观。零售商们一致认为，很多法国设计师曾经做过一些糟糕的时尚宣传。即使在穆勒（Mugler）、蒙大拿（Montana）和高提尔（Gaultier）最终推出所谓的二线品牌的时候，这些款式对于大多数女性而言仍然太前卫，而且对美国人来说太过紧身。

“20 世纪 80 年代，穆勒和蒙大拿的服装性感而热烈，但现在女性想要的是更现代、不太有攻击性的东西。”埃尔德·哈迪达（Armand Hadida）说。对于琼·保罗·高缇耶（Jean Paul Gaultier）异想天开的设计，哈迪达认为很可笑。“高缇耶所做的是戏剧系列的时装秀，其舞台表演效果不错，但如果想售出，肯定没人想买……这是一个笑话。”

越来越多富裕的美国女性对副线品牌服装越来越感兴趣，而越来越多的人忽略高级时装秀中快速推出的不适合的服装。巴黎时装秀仍旧是媒体的盛事，挤满了买家、媒体和各种时尚团体。这是时尚潮人的世界，身穿一袭黑衣的女人，在无动于衷的人海中穿梭。时尚潮人们每年两次聚集在这种奢华而价格高昂的时装秀中，以一种热烈而华丽的方式来报道这一节目，从而增强彼此的重要性。

报道这些节目的美国报纸，包括《纽约时报》、《华盛顿邮报》（*Washington Post*）、《洛杉矶时报》（*Los Angeles Times*）和《达拉斯晨报》（*Dallas Morning News*）都陷入了困境。它们在报纸上那些永远不会再被看到的时装秀上的服装进行评论，判断其是否会成为一种潮流，而它们的读者却认为那些衣服很荒谬可笑。因此，时尚界的作家们竭力将时尚描绘成一种高雅的艺术形式，并且在时装秀中努力寻找与公众相关的主题，以便可以精确地预测即将流行的服装趋势，寄希望于这种趋势的服装将会很快出现在百货商店的货架上。但是，当读者看到了这些图片并且阅读了相关的内容，他们就会知道高级时装越来越多的只是一系列的宣传噱头。

1995 年，《今日美国》（*USA Today*）根据它的时尚编辑伊丽莎白·斯奈德（Elizabeth Snead）的建议，停止报道欧洲和纽约的时装秀。伊丽莎白说：“我不能再这样继续下去了，在时尚新闻中报道那些其再也不可能成为时尚的节目是没有任何意义的。”伊丽莎白从纽约转移到洛杉矶，她开始捕捉报道在电影明星和名人身上出现的时尚，这使她成为20世纪90年代的新时尚偶像。

而零售买家还在参加各种时装秀节目以期发现他们认为可能流行的服装，但他们寻找的是那些可以在他们的实体店售出的衣服，而不是时尚编辑认为的前沿。“我们并不受我们所读内容的影响。”内曼·马库斯（Neiman Marcus）的时装总监琼·卡瑟（Joan Kaner）说。内曼·马库斯是美国以经营奢侈品为主的连锁高端百货商店，这家总部位于达拉斯的百货商店在观看一场时装秀之前，在一个展厅里购买了多达70%的服装系列，其中大部分选择都是设计师们认为其风格过于平淡无奇而无法在T台上展示的服装。

1995年，法国开始面临影响时尚和当地其他行业的黯淡萧条的经济气候，顾客消费下降，失业率高达12%，被高估的法郎正在损害法国增加从汽车到服装的消费产品出口的能力。此外，法国产品的形象在美国人心目中也遭到了重创，许多高雅精致的法国产品遭受非议。老练的纽约人不再选择法国人自视为经典的法国美食，而更清淡、更健康、更有创意的意大利食品成为许多人的首选。法国的香槟和葡萄酒仍然很好，但更多的内行开始青睐来自加利福尼亚、意大利和西班牙的优质葡萄酒。在母亲节，男性更倾向于给母亲或妻子购买美国雅诗兰黛（Este'e Lauder）护肤品，而不是法国的让·帕图高级服装。法国产品的魅力已经无法延续。

有一个标志性的事件可以说明法国即将面临的冲击。1995年5月，法国著名的时政类新闻周刊《巴黎竞赛画报》（*Paris Match*）封面刊登了一幅法国总统雅克·希拉克（Jacques Chirac）就任第一天的照片，照片中他身穿一件领尖有纽扣的牛津布衬衫，衬衣上面有美国拉尔夫·劳伦（Ralph Lauren）品牌的马球（Poloo－pony）标志（劳伦在纽约的官员给希拉克写了一封感谢信，并送了一箱衬衫）。

法国产品的魅力再也无法继续延续。法国时尚需要重新定位、更新，并且最重要的是要面向新一代成熟的顾客销售。“当你回顾20世纪50年代和60年代，巴黎的设计师们有能力创造一种人人都想拥有的时尚外观。”纽约零售业经济学家卡尔·斯泰特曼（Carl Steidtmann）说。法国人觉得他们不需要向顾客推销，因为他们的品牌非常强大。但现在焦点已经从设计上转移，如果你有足够的钱并且擅长营销，你就可以创造一个强大的品牌。

世界上最强大的市场营销公司的时尚服装，如盖璞（Gap）、卡尔文·克莱恩（Calvin Klein）和拉尔夫·劳伦（Ralph Lauren），在法国连锁百货公司拉法叶（Galeries Lafayette，也叫老佛爷）这样的巴黎各地的百货商店出售，都开始赢得巴黎顾客的青睐。1995 年，卡尔文·克莱因明目张胆地将其性感内衣广告投放到全城各处的广告牌上，并将他的零售旗舰店开设在位于巴黎的蒙田大道（swank Avenue montaigne）克里斯汀·迪奥（Christian Dior）商店的对面，这条街是巴黎最好的购物街。克莱因的成功并不是来自创造真正的时尚，有些人对其做法并不认同，1997 年，布蒂埃里·穆勒（Thierry Mugler）的常务董事迪迪埃·格伦奇（Didier Grumbach）这样说："以一件漂亮的绣花连衣裙而不是内衣来出名是更好的选择。"

到了 20 世纪 90 年代中期，意大利时尚界的三大巨头乔治·阿玛尼（Giorgio Armani）、普拉达（Prada）和古驰（Gucci）并驾齐驱，像一排排强白炽溢光灯（klieg）的光芒让米兰在时尚界闪耀发光。法国人一贯都是沙文主义者，在历史上可以看出法国时尚界忽视了意大利人。法国的主流群体的想法是这样的：通过继续发扬法国人传统的聪明才智，就可以让他们在时尚界的地位得以延续。法国尚布尔联合贸易集团（Chambre Syndicale Trade Group）将巴黎的时装秀搬到了如白俄罗斯，以及中国的北京、上海和布达佩斯的 T 台上，在那里，当地人仍然被经典的法国品牌所吸引并且有了机会自由选购。

就像阿尔诺（Arnault）的路易威登（LVMH）集团在 20 世纪 90 年代收购创建于 50 年代的纪梵希（Givenchy）时装品牌一样，法国的其他时尚业投资者也热衷于复兴 20 世纪 40 年代和 50 年代巴尔曼（Balmain）和巴伦西亚加（balenciaga）这样最具传奇色彩的服装品牌，而不是从一个无名设计师开始白手起家。"在法国，时尚被认为是一种民族遗产，"经济学家莫兰德（Morand）说："你甚至不会质疑传统的时装品牌是否过时，这就是为什么会有一些金融界人士会愿意购买那些不再有任何意义的品牌，因为不管这些品牌是否仍然活跃，他们已经与法国的历史和地位紧密相关。"

但不管是否有效，复兴一个早已被遗忘的时装品牌与推出一个新的时装品牌并无二致，两种情况都需要投入数以百万计的营销和广告宣传才有可能让公众意识到其品牌的存在。但是，重型广告并不是法国人擅长的方式，至少在时尚界是如此。设计师们一直都信奉他们在时尚媒体上获得的免费插头。受来自第七大道最受欢迎的一个设计师的启发和鼓舞，巴尔曼时装公司开始注重于公众宣传以获得越来越多的公众关注，1995 年，巴尔曼时装公司雇用了来自美国的奥斯卡·德拉伦塔（Oscar de la Renta）作为设计师。虽然巴尔曼确实从德拉伦塔的美国社交名流客户那里吸引了更多的业务和生意，但巴尔曼商标和它的伊沃尔（Ivoire）香水仍然默默无闻。

尽管他们吹嘘自己的优势，那些因饱受批评而倍感困扰的法国时装品牌对自己的未来变得敏感和偏执。也许这就是为什么某些设计师突然痴迷于阻止仿冒品，这是时尚界最古老的游戏。仿冒品一直为无数的时装戏剧提供了素材，不管是否可以从中赚到钱，作为原创者或第一个获得下一个大创意的设计师都可以从中为自己赢得声誉并得到同行的赞许。具有讽刺意味的是，世界各地的设计师们都不再通过盯着巴黎以获得他们最好的创意，最成功的时装品牌都是实用主义者，他们从现在、过去或街头的时尚孩子那里获取相关的潮流信息和灵感，让任何设计师都不可能拥有某一种风格的所有权。无论如何，发生于 20 世纪 90 年代末的时尚终结，让人们对创意和新颖的争论变得无关紧要。

尽管如此，尚布尔集团的高层却决定对盗版的仿制品采取强硬手段，他们对数百名自由摄影师和摄像师进行了调整，法国设计师指责这些摄影师和摄像师将时尚照片泄露给外国竞争者。1995 年，尚布尔集团制定了一项规定，告知参加巴黎时装秀的摄影师们，他们只能在报纸杂志上发布有关时装秀的新闻信息照片，不能将任何信息放到互联网上。然后，尚布尔集团推出了一种与 20 世纪 30 年代服饰相关的复古风格，正式照片的发布日期是时装秀结束三个月后的一个日期。这在今天这样的媒体时代是不可能实现的？“确实没有在网上发布。”尚布尔集团主席雅克·穆克里埃（Jacques Mouclier）发誓说。雅克声称，“法国检察官”对第一视点（First View）网站提出了指控，因为该网站在时装秀举行期间在网上发布了时尚秀的照片。他在 1997 年宣称：“我们想抓一个典型进行处理，以杀鸡儆猴。”但是第一视点说，除了收到来自雅克的几封恐吓信之外，什么都没有发生。

## 时尚终结：营销如何永久性改变服装业

1994 年，伊夫 · 圣 · 罗兰（Yves Saint Laurent）和拉尔夫 · 劳伦（Ralph Lauren）之间因无袖燕尾礼服而爆发了一场战争。圣 · 罗兰在法国一家法庭指控劳伦价值 1000 美元的礼服与圣 · 罗兰 15000 美元的高级定制服装简直一模一样（具有讽刺意味的是，尽管并不广为人知，但圣 · 罗兰本人也是一名剽窃者。1985 年，法国一家法庭判定他抄袭了一件被认为是法国时装设计师雅克 · 埃斯特尔（Jacques Esterel）的斗牛士夹克，并被处以罚款）。无袖燕尾礼服已经在市场上亮相很多年，但这并不能阻止一位法国法官断定劳伦是有罪的，并处以 41.1 万美元的罚款。为了进一步羞辱美国人，法官命令劳伦在 10 份出版物上刊登法庭判决结果。

法官玛德琳 · 科泰尔（Madelaine Cotelle）不是一名律师，而是一个时尚专家。他在巴黎郊区拥有两家精品店。在诉讼过程中，现场模特穿着两种版本的燕尾服，在法庭上让法官进行鉴定。在审判过程中，玛德琳法官对劳伦的最终命运并不感到惊讶。“我对时尚有所了解，”玛德琳法官说：“很明显，这两件衣服有不同之处。圣 · 罗兰的服装是由不同的面料制成的，而且有口袋，与劳伦的服装不同。劳伦服装的纽扣不是金色的，而圣 · 罗兰的纽扣是。圣 · 罗兰的礼服也有更宽的翻领，我必须说它更漂亮，但当然，这不会影响我的决定。”

与圣 · 罗兰一起的贝尔热沾沾自喜，因为他预期他们可以在法庭上取得胜利。他告诉《女装日报》，劳伦服装的剪裁和缝制都是仿造圣 · 罗兰的燕尾服。雅克法官裁定他过早地发表诽谤劳伦的言论，罚了贝尔热 93000 美元。愤怒的贝尔热后来称，圣 · 罗兰的胜利对我们的同行设计师来说是一个伟大的胜利。这是一个明确的警告，即所谓的设计师，尤其是来自美国的设计师，无法摆脱真正的时尚创造者的原创想法（此案最终和解，双方都支付了较低的罚金，拉尔夫 · 劳伦也没有被迫刊登广告宣传这一决定。）

法国时装界越来越不了解包括法国在内的现代女性对服装的要求，现代女性所追求的是实用的时尚解决方案，而不是仅根据服装标签判别品牌的声望。1994 年，总部位于巴黎的国际市场研究公司 Faces International 调查了 300 名欧洲女性对时尚的态度和想法。法国受访者的想法和美国女性是一样的，她们都认为“梦想的时尚”应该是“价格实惠的设计师品牌”，而不是时装秀上的时装。在问题

“当你试图踏入时尚界的时候，你会模仿谁或什么事?”的答案中，只有2%的人回答“杂志上的模特”，而70%的人说：“不模仿任何人或事，我只是想最大化自己。”

## 4

任何有关法国时尚持久力的讨论都要提到香奈儿（Chanel）。在设计师卡尔·拉格菲尔德（Karl Lagerfeld）的帮助下，香奈儿在20世纪80年代经历了一次引人注目的大变革。1982年，卡尔·拉格菲尔德开始着手创作香奈儿的时装系列作品。10年以后，香奈儿不但持续生存下去，而且非常畅销和成功，它比1971年去世的可可·香奈儿健在时更受欢迎。到20世纪90年代中期，香奈儿帝国拥有41家精品店，其每年在服装、化妆品和配饰方面的收入约高达10亿美元，可是它从没有授权任何一个许可方出售其品牌的服装。

虽然拉格菲尔德得到了很多好评，但事实是香奈儿的复兴是由于其当时所处的环境所决定的。在拉格菲尔德之前，香奈儿就已经是一个久负盛名的品牌，虽然有点走下坡路，但并没有像迪奥那样因许多许可销售商的仿冒产品而使其品牌形象受到损害。另外，香奈儿还从可可·香奈儿（Coco Chanel）创造的一些经久不衰的营销商标，如粗花呢套装、山茶花、互锁双C、手袋以及著名的黑色露跟女鞋中受益，获得了不少优势。

尤其要提的是香奈儿5号香水，这是有史以来最受欢迎的设计师香水。1974年，当阿兰·韦特海默（Alain Wertheimer）接管了香奈儿帝国后，他便开始巧妙地在电视广告中大力宣传这款著名的香水，如其中有一个是玛丽莲·梦露（Marilyn Monroe）的影像广告，影像中玛丽莲·梦露中拿着一瓶巨大的香奈儿5号香水。

与此同时，拉格菲尔德忙着对香奈儿的粗花呢套装做改装修饰，将它们打造成为象征高管女性地位的服装。这位出生于德国的设计师是高端时尚界经验最丰富的，他的典型装束是白头发的马尾辫、太阳墨镜以及黑色的山本耀司（Yohji Yamamoto）西装。20世纪70年代以来，拉格菲尔德为巴黎的克洛伊（Chloe）

和罗马的芬迪（Fendi）以及他自己的同名系列服装设计了时装秀。香奈儿也从与拉格菲尔德的亲密友谊中得到了很多灵感，她是时尚界最具影响力的人物之一，《时尚》杂志的编辑安娜·温图尔（Anna Wintour）经常穿着香奈儿的套装、戴着超大尺寸的香奈儿太阳镜。“拉格菲尔德是个了不起的设计师，他拥有一切，”资深时装记者伯纳丁·莫里斯（Bernadine Morris）说：“他知道如何推销、如何吸引媒体，他可以用五种语言来做这些事情。”

拉格菲尔德承认，他在一个合适的时机加入了香奈儿。20 世纪 80 年代初，当时他集中精力对香奈儿进行一些实质性的改造而非纯粹的炒作来提升香奈儿的形象。他说：“当我加入香奈儿时，所有的媒体素材都不存在，我是通过销售的产品改造公司形象，除此之外，我没有也不必进行离谱的炒作。”

拉格菲尔德大部分时间都在巴黎左岸的一处富丽堂皇的 18 世纪庄园里居住，但他认为自己是一名外国人，一个法国时装界的局外人。他不满法国人一直在抱怨过去，因为在法国人抱怨的时候，世界上其他地方的时尚不断向前发展。

拉格菲尔德认为，世界各地的顾客“不会再对巴黎的声望印象深刻”。意大利人是非常聪明的营销人员，美国人通过捕捉了解当代人的消费需求，正在制作现代而吸睛的服装和产品……你不会想到法国香水，你会想到欧洲人也在购买卡尔文·克莱恩（Calvin Klein）。

对香奈儿（Chanel）品牌的发展既嫉妒又赞赏的是路易威登（LVMH）集团时尚帝国的董事长伯纳德·阿尔诺（Bernard Arnault）。阿尔诺花了 13 年时间来建造路易威登集团，他喜欢用强硬的管理和销售手段。凡是目睹过阿尔诺是如何镇定自若地从一个公司夺得其所有的另一个公司的人，都会自然而然地想知道，他是否能引领他的高管们了解掌握高度紧张的高端时尚界的微妙之处。阿尔诺被认为是一个特立独行的人，他的蒸汽压路机式专横行事风格让法国人极其反感。“在他天使般的外表背后潜伏着的是一个专制经营者。”阿尔诺的传记作家纳迪奇·弗雷斯蒂尔（Nadege Forestier）和纳扎宁·拉维（Nazanine Ravai）在 1992 年的《奢华品位》（*Taste of Luxury*）中写道：“他喜欢在公司里增加紧张感。他的管理信条变成了美国式的管理。他并不担心个人魅力，对他来说重要的是效率。”

1949 年，阿尔诺出生在法国北部的一个富裕家庭，他曾在巴黎综合理工学院（E'cole Polytechnique）主修数学，这所著名的法国大学培育了多个企业巨头和政府部长。阿尔诺在美国待了三年，在佛罗里达发展他的家族房地产生意，然后在 1983 年回到法国，1984 年由克里斯汀·迪奥入手，他开始着手建立路易威登集团。

和阿尔诺关系密切的人都认为他最初的策略是想将迪奥重塑为香奈儿的翻版。在 20 世纪 80 年代负责迪奥美国业务的科洛姆·尼古拉斯（Colombe Nicholas）回忆道："当他看到香奈儿（Chanel）的时候，总是有些嫉妒，因为香奈儿在没有许可销售商和二线产品的情况下保持着其品牌的纯净，阿尔诺也对自己说，'迪奥（Dior）就是一个好名字，我要让它再次变得纯净。'"

阿尔诺身材瘦长高挑、白皮肤、眉毛色深而浓密，他低调、冷漠而神秘。他时常坐在时尚秀的前排，面无表情，沉默不语，他的随身保镖就坐在附近。他的第二任妻子海琳（Helene）是一名钢琴演奏家，他从未公开宣称自己是一名时尚专家。他承认他之所以痴迷于收集那么多世界顶级奢侈品牌，与他对金钱的热爱是相吻合的。阿尔诺曾经说过："我和奢侈品之间的关系是非常理性的。这是唯一可能实现奢侈品利润率的领域。"

阿尔诺在经营迪奥的同时，还卖力地做他的一个宠物项目——拉克鲁瓦（Lacroix），但他最终选择了迪奥，将自己的信仰放在了迪奥身上。迪奥拥有一个蓬勃发展的香水和化妆品业务，他取消了迪奥的大部分许可销售店，并努力对迪奥重新定位，为该品牌带来收入和知名度，使其像香奈儿一样高档。

从 1994 年开始，设计师手袋突然变得非常流行，迪奥（Dior）幸运地从一款奶油色的 Lady Dior 手袋中受益，这是一款用奶油色的羊皮绗缝的盒状手袋，并以其悬挂在双提把柄上的镀金字母 D-I-O-R 而闻名。该款手袋售价 1200 美元，是售价为 960 美元的香奈儿（Chanel）绗缝手袋的昂贵版本，不同之处是戴安娜王妃用的是 Lady Dior 手袋，所以也称为戴妃包。1995 年，法国第一夫人贝尔纳黛特·希拉克（Bernadette Chirac）送给戴安娜王妃一个迪奥手袋，狗仔队发现该手袋成了戴安娜王妃的随身携带物品，没过多久，戴妃包就非常流行，零售商货架上的戴妃包经常会被一抢而空。1997 年有 10 万多个戴妃包被售出。

阿尔诺雇用了一些美国人，通过美国人对市场的敏感，利用大众媒体宣传其品牌。他招募了一些时尚媒体的宠儿为路易威登集团进行品牌设计。来自伦敦的约翰·加利亚诺（John Galliano）加入了迪奥，亚历山大·麦昆（Alexander McQueen）则加入了纪梵希（Givenchy）。阿尔诺为路易威登集团旗下的其他皮具品牌聘请了3名美国人，为路易威登（Louis Vuitton）皮具聘请了马克·雅可布斯（Marc Jacobs），为赛琳（Celine）皮具聘请了迈克·科尔斯（Michael Kors），为罗意威（Loewe）皮具聘请了纳西索·罗德里格斯（Narciso Rodriguez）。这些人既没有高级定制设计的经历，也没有自己成功经营的时尚生意。但不管他们在设计方面的才能如何，他们具有创造大量新闻舆论的潜力。事实上，在罗德里格斯的案例中，罗德里格斯将自己的名字写在了一件连衣裙上。罗德里格斯是切瑞蒂1881（Cerruti 1881）服装品牌的一名助理，在1996年卡洛琳·贝塞特（Carolyn Bessette）与小约翰·肯尼迪（John F. Kennedy Jr.）结婚时，罗德里格斯为卡洛琳·贝塞特设计制作的一款婚礼上所穿的婚纱，他的这款婚纱作品被媒体大量拍照。"麦昆和加里亚诺是我们这个时代最伟大的两位创造者，"阿尔诺告诉《巴黎竞赛》杂志："我之所以选择他们，原因很简单，因为天才不分国籍。"

时尚界同行非常敬畏阿尔诺进行的大规模重组。《女装日报》的麦卡锡在1997年12月观察到："这是一项巨大的投资，看起来很吸引人。你每十次尝试一次，你就有一次成功。谁知道加利亚诺是否会重振迪奥？这是人们长期以来最大的赌注。"

加利亚诺在纪梵希待了一年，他在那里有一个良好的开端，后被阿尔诺调到迪奥任职。著名画家萨尔瓦多·达利（Salvador Dal）曾为加利亚诺画过一幅漫画，漫画中的他留着瘦削的小胡子和交替波浪状发辫。加里亚诺以其引人注目的斜裁晚礼服而闻名于世，他举办过许多戏剧性的时装表演，其中包括1998年举办的一场以印第安公主波卡洪塔斯（Pocohontas）为主题的高级定制时装表演，该时装表演以一列移动的火车结尾。有传言说迪奥工作室的工匠们鄙视加利亚诺，零售商们私下承认他的衣服并没有卖出去。

至于麦昆，一个出租车司机的胖乎乎的儿子，一名伦敦设计师，他以低跨暴露的超低腰裤（bumster pants）设计而闻名于世。粗鲁无礼的麦昆喜欢震惊法国人，如他告诉《世界报》："手工制作的高级定制刺绣看起来像呕吐物。"他对他的许多批评者置以不屑一顾的"去你妈的"。在媒体批评他的第一个古怪的设计作品时，麦昆抨击道："人们不会在一夜之间得到美好的东西，我确认我在做正确的事情，我并不希望每个人都能理解我……我做我做的事，你或者接受，或者离开。"阿尔诺显然是认可他的，1997 年 10 月，他与麦昆签订了一份为期三年的合同。

尽管时尚媒体不至于抹杀麦昆的设计，但其他的业界人士却对其不屑一顾。拉格菲尔德认为麦昆的设计"粗鲁而庸俗"，纽约零售顾问戴维·沃尔夫（David Wolfe）则表示："伯纳德·阿尔诺（Bernard Arnault）聘请麦昆做纪梵希（Givenchy）是一个糟糕的想法，它违背了所有能想到的常识和营销理念。如果所有的宣传都是好的宣传，那么这是可行的，但如果真的发生了，我会很惊讶。"

如果阿尔诺从拉克鲁瓦那里学到点什么，他就会知道时装表演只能让加里亚诺和麦昆走那么远。科伦坡·尼古拉斯（Colombe Nicholas）质疑道："时装的新闻价值是什么？如果你有一个强大的服装配饰业务，你的品牌就会成功。加利亚诺得到了很多媒体的关注，但是 20 岁的人会买他设计的服装吗？我不这么认为，我不明白这将导致什么结果。"

阿尔诺几乎不用担心每年有 10 亿美元销售额的路易威登皮具公司，没有哪个年轻的土耳其设计师可以毁掉路易威登。然而，他相信路易威登（LV）的时装系列会为路易威登带来一些好的影响，就像汤姆·福特（Tom Ford）在 20 世纪 90 年代为古驰（Gucci）所做的那样。这就是为什么阿尔诺选择了纽约设计师马克·雅可布斯（Marc Jacobs），马克在 1989 年在派瑞·艾力斯（Perry Ellis）服装公司工作时，把市中心的垃圾摇滚风格搬上了时装秀的 T 台。

雅可布斯（Jacobs）是一个可爱的、烟不离口的人，同时也是时尚编辑们的宠儿。雅可布斯是一个为路易威登工作的高级设计师，他的设计迎合了保守的中产阶级的品位。1997 年，在路易威登的头几个月里，雅各布斯尝试了一种他喜爱的经过烫煮的缠结羊绒，这种羊绒适合任何年龄的人，很漂亮，就是有点凌乱。雅各布斯给阿尔诺制作交付了几条羊绒围巾样本，阿尔诺将这些样本送给他的朋友，但他的朋友们并不喜欢。尽管如此，阿尔诺还是认可雅各布斯的才华，他告诉《纽约客》的记者佐伊·海勒（Zoe Heller）："雅各布斯将会给路易威登带来时尚前卫的设计，这将会丰富路易威登的传统产品。这是一个简单的想法。"

# 时尚终结：营销如何永久性改变服装业

1998年发生了一件令人震惊的事情，那就是亚洲金融危机，巴黎没有人准备好迎接亚洲的崩溃。法国奢侈品牌最具活力的市场突然遭受货币经济危机的影响，这种危机彻底冻结了顾客对时尚品牌的支出。曾经就像收集小装饰品那样收集香奈儿手袋的日本超级顾客也受到了影响。新加坡、中国香港和泰国的许多设计师服装商店都关门停业。经济学家预测，亚洲危机将持续一段时间，至少到2000年才会开始复苏。每个人都知道，一旦危机平息下来，亚洲人将以清醒的新消费思维方式重新回到市场，正如美国人在1987年股市崩盘后从奢华排场转向实用时所做的那样。在危机发生时，日本顾客养成了从盖璞（Gap）购买简单、价格合理的运动服装的习惯，该服装品牌于1998年在日本开设了10家分店。

1998年的亚洲流感对奢侈品行业造成了严重冲击，当时路易威登（LVMH）的盈利下降了29%，其免税商店部门受日元走弱和日本海外旅游者减少的沉重打击，其运营亏损3700万美元。

与此同时，法国高级时装和奢侈品品牌的保护者、曾被称为“羊绒之狼”的伯纳德·阿尔诺（Bernard Arnault）却在1999年走了一次令人震惊的弯路。阿尔诺并不是仅雇用更多的英国和美国设计师来实现路易威登在法国的计划，而是积极地购买美国和意大利的时尚品牌，并将它们变成自己的品牌。

1999年3月，在迪奥第五大道的展示厅接受采访时，阿尔诺解释了自己新的跨国战略。“这不是一个国家的问题，而是一个品牌的力量和它在全球范围内发展的能力的问题。在当今世界，时尚是非常不同的，相互联系是非常重要的。”

同年，路易威登斥资15亿美元收购了古驰集团（Gucci Group）34%的股份，后者是总部位于佛罗伦萨的皮革制品和时尚品牌，是当时最热门、最赚钱的时尚品牌之一。阿尔诺狡黠地解释说他对古驰的兴趣是一种建立伙伴关系的友好尝试。不过，他并没有发起对古驰的正式竞购，而是偷偷买下那些古驰股票，被认为是一种“悄悄收购”。这一做法激怒了古驰的首席执行官多梅尼科·德·贝洛（Domenico De Sole），后者开始为摆脱路易威登（LVMH）而展开一场肮脏的斗争。

1999年收购古驰没有让阿尔诺足够忙碌，阿尔诺在同年3月向另一位意大利设计师乔治·阿玛尼（Giorgio Armani）提出了他的建议，目的是让其与路易威登建立某种形式的“合作关系”，以便使阿玛尼与意大利最好的一些工厂建立联系。阿尔诺高度称赞了乔治·阿玛尼，他说：“乔治·阿玛尼是出色的设计师和我非常敬佩的商人，他是一个不可思议的天才，在世界范围内非常成功。我没有看到任何其他品牌能与阿玛尼相比，他有许多不同的产品，而产品之间又互相分离。阿玛尼是独一无二的典范。”

阿尔诺也为他迄今为止最为出色的雇用而感到自豪，那就是聘用迈克·科尔斯（Michael Kors）。迈克在一年多一点的时间里就完成了加利亚诺（Galliano）、麦昆（McQueen）无法做成的事情，更不用说拉克鲁瓦。在迈克的带领下，Céline 开始从美国商店吸引大量的零售业务。阿尔诺对迈克非常满意，事实上，在 1999 年 3 月，路易威登买下了迈克在纽约当时还在继续经营的普通时尚企业 50% 的股份。

与痴迷艺术的拉克鲁瓦不同，“迈克·科尔斯对商业成功非常感兴趣，”阿尔诺说：“他去赛琳商店和顾客交流。销售是作为设计师的一个原因。时尚不是纯粹的艺术，它是一种产品创作，目标是让尽可能多的客户穿戴其产品。”

1999 年 3 月，路易威登集团收购了更多的美国公司，其中包括纽约一家时尚的护肤水疗品牌“Bliss”70% 的股份，而奇怪的是，该公司持有 Gant 25% 的股份，Gant 是一家不为人知的在百货公司销售其男式运动衫的实体店。

重组后的路易威登聘用了更多的美国人，另外还有几个意大利人，这预示着法国时尚的终结。

# 第二章 伊曼纽尔·温加罗的新形象

**尽管我对女性进行了30年的研究，但我一直无法回答的一个问题是："一个女人想要什么?"**

西格蒙德·弗洛伊德（Sigmund Freud）

（发布在伊曼纽尔·温加罗（Emanuel Ungaro）工作室里贴出的弗洛伊德的照片下方）

## 1

1996年7月8日上午，在巴黎国际酒店（Paris Intercontinental Hotel）举行的高级定制时装秀大约1小时前，伊曼纽尔·温加罗（Emanuel Ungaro）心情平和，他没有注意到幕后那些模特、化妆师和发型师像笨警探基斯东·柯普（Keystone Kops）那样四处乱窜所造成的骚动。

在31年的时间里，经过无数次的演练，温加罗已经可以近乎完美地举办时装秀。他穿着黑色的高领毛衣，将毛衣塞进黑色的裤子里，慢慢溜达着走过挂满他为之工作了近4个月的精美作品的架子。温加罗身材矮小而结实，脸上留有短须，浓密灰白的头发，粗睫毛，蓝眼睛。他62岁，性感而漂亮。他是一个迷人的时髦人物，他喜欢亲吻时尚物品并对其进行富于激情的比喻，时尚就像他的女主人。他曾说："当我将我的鼻子埋入一件织物时，我的同事总是会取笑我，我爱抚它、闻它、听它。我可以用很多方式和织物进行对话。"

离后台有一段距离，温加罗找到一个安静的地方坐下来，闭上眼睛冥想，就像他一直依赖在 T 台时装秀开始之前所做的那样，但这时他比平常想的更多。就在几天前，他宣布他已经把他的时装店卖给了萨尔瓦多·菲拉格慕（Salvatore Ferragamo）水疗馆，这是菲拉格慕（Ferragamo）家族旗下位于佛罗伦萨的鞋履和时尚帝国。

菲拉格慕对温加罗时装店的收购并没有敌意。实际上，这更像是两家公司的联姻，而且这两家公司的联姻相当巧妙。菲拉格慕的营销和国际零售经验增强了温加罗制作精美服装方面的能力。

尽管高级定制时装不可避免地会带来亏损，但菲拉格慕还是尊重温加罗的传统遗产，承诺保留其高级定制时装，并尽可能加强这一方面的力量。菲拉格慕认为，高级时装是一种宝贵的遗产，可以同时提升温加罗和菲拉格慕商标的声望，并可以让温加罗在未来的岁月里快乐地工作。

然而，当温加罗谈到一个大型营销时，他仍然是一个老派设计师，有很多东西需要学习更新。如今，手袋已成为市场上最热门的设计师饰品。但对于温加罗来说，手袋并不是成千上万种产品中一个独立的单品。他设计了一个手袋来装饰一件特别的衣服。在 1996 年 7 月的一个采访中他告诉《女装日报》："不论从客观还是感性的角度，出售我白手起家组建的时装屋的决定非常艰难，这一决定花了我很长时间。我没有也不想改变时装屋。"

但变化是不可避免的。在时装表演开始之前，温加罗考虑了很多种可能性，他也在考虑他的新合作伙伴菲拉格慕（Ferragamo）家族，他们将要观赏接管温加罗时装屋后的第一个温加罗服装表演。

伊曼纽尔·温加罗是 20 世纪 60 年代顶尖高级时装设计师圈子里骄傲的一员，这个圈子的其他设计师包括安德烈·库雷格斯（Andre Courreges）、伊夫·圣·洛朗（Yves Saint Laurent）、帕科·拉贝尼（Paco Rabanne）等。1965 年，温加罗的设计时装突然出现在时装舞台上，他的时装产品主要是活泼的小短裙，而不是长裙。《女装日报》给他起了个绰号叫"恐怖分子"和"新高级时装猫"，认为他是时尚界的叛逆者。

20 世纪 80 年代中期，温加罗成为高级定制时装界最优秀的设计师之一。他的品牌服装成为当时国际社会名流最炙手可热而追捧的东西，如休斯敦的林恩·怀亚特（Lynn Wyatt）抢购了他一款紧身的丝绸裙装，该裙装上有层层印花和图案，像一个万花筒。格雷斯·米拉贝拉（Grace Mirabella）是1971～1989年《时尚》杂志主编，也是温加罗在时尚媒体上最热心的赞助商。她曾经回忆说："温加罗的服装有一种明确而专注的风格，他所设计的那些夹克令人难忘，你知道你在看什么。"

温加罗确实成功了，但是他的服装的销售量并没有达到让自己成为家喻户晓的关键人物的程度。1995年，温加罗有19家商店，只有3家在美国，曾经流行的一款香水Diva已经失败并且几乎被遗忘。温加罗公司1995年的销售收入是2.8亿美元，这些收入几乎全部来自25家特许经营公司缴纳的品牌使用费，其中许多经营者在日本。时装设计是温加罗最喜欢做的事情，然而他每年只卖出大约300套服装，亏损约300万美元。

温加罗是一个骄傲的完美主义者，随着在1996年将其服装公司卖给菲拉格慕（Ferragamo SpA）集团，他加入迪奥（Dior）、纪梵希（Givenchy）和伊夫·圣·罗兰（Yves Saint Laurent）的行列，成为最后一批出售的时装公司之一。迪奥和纪梵希是伯纳德·阿尔诺（Bernard Arnault）所拥有的路易威登集团旗下的奢侈品集团；伊夫·圣·罗兰是制药巨头赛诺菲（Elf Sanofi）财团旗下的一个部门。"这些公司都拥有巨大的金融力量，"温加罗说："在这种情况下，我自己无法与其竞争抗衡。"

在目睹了他的同行休伯特·德·纪梵希（Hubert de Givenchy）因被路易威登集团收购而失去自己的品牌和身份后，温加罗下决心决不失去一直以来标志其时装高贵而浪漫的法式商标形象。

1996年7月，温加罗的时装秀在巴黎最豪华的场地之一——洲际酒店的沙龙帝国举行。该沙龙是一个巴洛克风格的舞厅，天花板上装饰有壁画，于1878年由巴黎歌剧院（Paris Opera House）的设计师查尔斯·加尼尔（Charles Garnier）设计。这场时装秀是时装界历史上的一个传世之作，演出场地与温加罗的服装设计和所选择的背景音乐完美地契合，其中包括他最喜欢的艺术家之一——玛丽亚·卡拉斯（Maria Callas）的咏叹调。

该沙龙就像一个豪华的剧院，斑驳的镜像墙壁映照着无尽的T台，将房间平分为两部分。高端时尚界众多社会名流、私人客户、时尚编辑和其他国际嘉宾纷纷涌入，形成了一个支持法语、英语、意大利语和日语等多国语言的时尚交流环境。他们坐在提前安排好的T台两侧的一排排镀金椅子上，每个座位上都有一张写着书法的名片，上面有一个紫红色缎带，这是温加罗服装的标志性颜色。头顶明亮的舞台灯光和香水的味道碰撞交融，令人窒息，脸上闪亮的女模特们展成扇形尽情地进行着时装表演。

时尚界的狗仔队们在门口徘徊，拍下了时装秀上有可能成为服装趋势的高级时装，那些有社交X光（Social Xrays）之称的人已经60多岁了，其中包括帕克大街（Park Avenue）的社交名媛南·肯普纳（Nan Kempner）和在20世纪80年代经营着自己高级时装屋的杰奎琳·德·里贝斯（Jacqueline de Ribes）。

法国女演员安努克·艾美（Anouk Aimee）步入时装秀时，欢迎她的是一束束闪烁的镁光灯。艾美在20世纪80年代与温加罗有过一段很长的恋情，她为温加罗的Diva香水提供了灵感，并且帮助他进行了市场推广。虽然他们不再是一对情侣，但仍然是朋友，她总是出现在他的时装秀中。这位62岁的女演员在她轮廓分明的颧骨上戴着一副巨大的太阳镜，和30多年前主演《一个男人和一个女人》（*A Man and a Woman*）时一样迷人。

来自佛罗伦萨的三名菲拉格慕家族成员也参加了这场演出，但并没有出现在人们的视野中，温加罗有胆识的公关人员皮埃尔·菲利波·皮里（Pier Filipo Pieri）把他们藏在酒店的咖啡店里，为了让这出戏更有戏剧性，他制定了1个小小的计划，即在灯光要熄灭的前几分钟，让菲拉格慕家族成员走进拥挤的沙龙。

就在灯光熄灭之际，摄影师们看到了3名菲拉格慕家族成员。第一个现身的是现年68岁的女主人万达·菲拉格慕（Wanda Ferragamo）。她身材矮胖，身着一件清爽的夏装，有着波浪般的淡红色头发。她低调谦逊的行事风格掩盖了她的真实身份，在她丈夫塞尔瓦托（Salvatore）去世后的35年里，她是家族公司的掌舵人，带领公司在国际市场上一直处于突出地位。

紧随其后的是她管理着菲拉格慕家族公司在美国的生意的儿子马西莫（Massimo）及其妻子奇娅拉（Chiara），然后是她50岁的长子、继承人费鲁齐奥（Ferrucio），费鲁齐奥的右腿因踢足球受伤而打上了石膏，他拄着拐杖，设法使自己更加引人注目。

收购温加罗是费鲁西奥的主意。投资顾问先将双方召集在一起，然后费鲁西奥和温加罗进行了约9个月的秘密谈判。在这段时间里，温加罗和费鲁西奥用代号“玫瑰”（Rosa）进行沟通，玫瑰是温加罗在其广告中经常使用的花。

很容易理解为什么温加罗和菲拉格慕家族一拍即合，他们有很多共同点。温加罗的父母是意大利人，他和一个意大利人结婚，他的首席执行官卡罗·瓦莱里奥（Carlo Valerio）也是意大利人。费鲁西奥和温加罗在谈判时用意大利语互相交谈，他们对待业务有着相似的认真而保守的态度和想法，即都致力于提高服装的品质和高端时尚的魅力。费鲁西奥买下了温加罗公司估值约为4000万美元的控股权，并且让温加罗持有少数股权。双方签订了雇用合同，从而使温加罗在2002年成为了一名服装设计师。

时装表演伴随着玛丽亚·卡拉斯震撼心灵的女高音在沙龙帝国上演。菲拉格慕家族的三位成员认真观看着时装秀，惊叹于现在属于他们的商标旗下的54套女装。出现在T台上的模特身着温加罗金色刺绣装饰夹克衫和飘逸的流苏丝绸长裤，晚礼服高贵而华丽，饰有手工花边和精致的珠饰，时装秀以一件华丽的珍珠镶嵌婚纱结束。

时装表演结束后，人们站起身来热烈鼓掌，掌声响彻整个沙龙。温加罗非常愉快，脸上泛着红光，微笑着走上T台鞠躬致谢，并在中途停下来将手伸向看起来开心但有些矜持的菲拉格慕的三位成员。在演出结束后，菲拉格慕成员们与温加罗一起在后台喝香槟庆祝，并向祝福者们及其他客户问候致意。

几个小时后，菲拉格慕家族的三位成员与温加罗会面，在温加罗位于蒙田大道2号的工作室的会议室举行他们第一次联合董事会会议。不过当时他们并没有太多的事情讨论，菲拉格慕家族还没有准备好采取任何实质性行动，他们刚刚在波士顿聘请了贝恩管理顾问对温加罗时装屋进行了广泛的考察研究。所以温加罗不得不等一等，他现在所能做的就是去兜风、继续冥想。

伊曼纽尔·温加罗于1933年出生在法国南部的艾克斯普罗旺斯。他的父亲科西莫·温加罗（Cosimo Ungaro）和母亲孔切塔·温加罗（Concetta Ungaro）都是意大利人，为了逃避墨索里尼的法西斯政权，他们在20世纪20年代移居法国。父亲科西莫是个裁缝，在艾克斯开了一个裁缝店。科西莫和孔切塔有六个孩子，老大欧亨尼奥（Eugenio）在15岁时开始打理父亲的店铺；老二伊曼纽尔（Emanuel）在五岁时就会使用辛格缝纫机，并很快开始制作男装。伊曼纽尔后来回忆道："艾克斯裁缝店是一个严肃而快乐的工作场所，父亲除了指导我们的工作，还经常哼唱普契尼（Rossini）的歌剧《波西米亚人》（*La Boheme*），他的嗓音非常适合唱普契尼的歌剧，抒情的咏叹调时常回荡在工作间，给我们带来了无限的快乐。"

伊曼纽尔继承了他父亲对歌剧的热情。但他的雄心壮志远不止于艾克斯。他在十几岁的时候就树立了自己的雄心壮志，梦想成为世界上最优秀的女性时装设计师。1957年，23岁的伊曼纽尔来到巴黎，定居在以艺术家、知识分子和音乐家而闻名的蒙帕尔纳斯地区。第二年，伊曼纽尔获得了他职业生涯中的一个巨大突破，在安德烈·库雷热（Andre Courreges）的推荐下，他被聘为传奇服装设计师克里斯托巴·巴伦西亚加（Cristobal Balenciaga）的助手，安德烈当时是克里斯托巴尔的一个助手。巴伦西亚加是受苦受难的艺术家的原型。在接下来的六年中，伊曼纽尔在这位服装设计大师的指导下辛勤耕耘，取得了巨大的成就。伊曼纽尔曾写道："我能试图描述的是我与他的接触所带来的情感影响，那种真实而强烈的感觉，是与知识、严谨、力量和高尚联系在一起的。"

即使是在巴黎的高级时装联盟中，巴伦西亚加也高踞榜首。可可·香奈儿（Coco Chanel）曾经宣称："巴伦西亚加是一个真正的名副其实的时装设计师，只有他能够剪裁布料、组装创作和手工缝制时装，其他人充其量只是时尚设计师。巴伦西亚加最初在他的家乡西班牙成名，1935年他在巴塞罗那开了他的第一家高级定制服装店。两年后，他在巴黎的乔治五世大街（Avenue Georges V）又开了一家工作室，30多年来，这家工作室吸引了世界上最优雅、最挑剔的客户，如格洛丽亚·吉尼斯（Gloria Guinness）和贝莉·佩利（Babe Paley）。

巴伦西亚加在巴黎和西班牙的两个服装工作室规模并不大但生意兴隆，他在那里默默地辛勤工作，因为他不允许在办公室里讲话。当巴伦西亚加设计发明了衬衫、麻袋裙（Sack Dress）等几款著名风格的服装时，他成为自己服装强有力的推销员，女士们疯狂地追随他，因为他设计的服装可以让女士们圆润、成熟的形象显得更加妩媚动人。巴伦西亚加引领了当时的服装潮流，买家纷纷效仿他设计制作的服装，如贝弗利·赖斯（Beverly Rice）。20 世纪 60 年代，赖斯在印第安纳波利斯的艾尔斯（L. S. Ayres）百货公司管理经营一家法国服装屋，当时在艾尔斯举办了一场别致的午宴“巴黎呼唤”，当地的女士们通过跨大西洋的连接听着赖斯的声音，从而了解着时装 T 台最新消息。她回忆说：“巴伦西亚加改变异地沟通的方式，这就是新闻。”

巴伦西亚加的神秘感因他的不可接近和对其他时尚漠不关心而进一步增强。这位隐遁的大师在 T 台上不鞠躬也不接受采访。除了香水，他拒绝推出其他零售系列产品，拒绝特许经营。他认为时尚的未来是在零售领域，而不是时装。1968 年，巴伦西亚加突然关闭了他的高级时装工作室，并于 4 年后去世。

伊曼纽尔·温加罗在巴伦西亚加的悉心教导下，熟悉并掌握了巴伦西亚加方式，成为他的首席助理。安德烈·库雷热（Andre Courreges）于 1961 年离开巴伦西亚加并开设自己的服装屋。伊曼纽尔几年后也离开了巴伦西亚加，并花了几个月的时间帮助库雷热，以感谢他的推荐之恩。

1965 年，伊曼纽尔·温加罗终于完全准备好独自前行。他凑了几千美元，和他的合伙人兼女友索尼娅·纳普（Sonia Knapp）在巴黎右岸的麦克马宏大道（Avenue Macmahon）租了一个小型工作室，一起开设了一家服装公司。索尼娅是一个面料艺术家，为了筹集资金，她以她的蓝色保时捷作为抵押，为公司筹集了 3 个月的租金。伊曼纽尔的小公司的工作人员包括三个裁缝和索尼娅，索尼娅为公司设计服装面料并充当公司的时装模特。伊曼纽尔身兼多职，除了公司的管理者，他同时是时装设计师、记账员、送货员和门卫，下班后还打扫清理所有针脚和织物碎片。

当时，安德烈·库雷热凭借他 1964 年未来派的“空间”系列——白色迷你裙配白色短靴——成为巴黎最热门的服装设计师。在安德烈一举成名之后，时尚界焦急地等待着另一位有前途的巴伦西亚加门徒的亮相。在伊曼纽尔 1965 年 7 月的时装秀开始的前几天，《女装日报》这样报道：“每个人心中都有一个名字，那就是伊曼纽尔·温加罗。巴黎需要一股新的力量。媒体需要一个新的吸引力，伊曼纽尔·温加罗来了。”伊曼纽尔的时装秀非常成功，他没有让人失望。

伊曼纽尔的服装系列包括 20 件双面羊毛面料的淡粉色小礼服和外套，这些服装都让巴伦西亚加倍感自豪。伊曼纽尔成为巴黎时装设计界的新宠，吸引了很多有影响力的客户，包括玛丽·海伦·德·罗斯柴尔德（Marie Helene de Rothschild）和杰奎琳·肯尼迪（Jacqueline Kennedy）。《时尚》杂志也开始与伊曼纽尔合作，在其时尚传播中突出表现伊曼纽尔的创新特色。

在自营他受欢迎的流行时装的同时，伊曼纽尔于1967年签署了他的第一个特许商，授权高级成衣制造商GFT集团生产旗下服装，以打造一个名为Parallele的精品系列。总部位于意大利都灵的GFT集团创始于1865年，是意大利军队制服的制造商。19世纪50年代缝纫机发明后，服装行业迎来了商业制衣时代，军服成为第一波大批量生产的服装之一。一个世纪之后，伊曼纽尔在GFT的工厂内部采用他的高级服装专业技术引领该公司向服装多元化发展。温加罗回忆："GFT集团的主管说，'这里是一个有200个工人的成衣制造工厂，我们立刻着手做这件事'。我每周在都灵待3天，指导他们如何制作服装。我是一名先锋，我为其他人包括乔治·阿玛尼（Giorgio Armani）和华伦天奴（Valentino）铺平了道路，他们后来也成为GFT集团的持牌人。"

20世纪70年代，GFT集团在伊曼纽尔弟弟勒内（Rene）的指导下，也开始涉足伊曼纽尔男装生产。勒内也是一位服装设计师，但他并不打算打造自己的品牌，宁愿选择他另一位兄弟欧金尼奥（Eugenio）的精美手工剪裁，欧金尼奥位于艾克斯的父亲的裁缝店里制作伊曼纽尔的所有西装。

尽管温加罗是服装行业的先驱者，但他仍然坚守巴黎世家（Balenciaga）的信条。"他做到了自己想要的最好。"一开始就担任温加罗高级定制沙龙总监的凯瑟琳丽·德·利穆尔（Catherine de Limur）说："温加罗设计服装就像作家写一本书，他不是一个商业人士，而是个女装设计师。"因此温加罗在他的设计中并没有不考虑客户的反馈，他解释说："研究结果只能说明女性在过去喜欢什么，而我只着眼于未来，我甚至不记得我上次的服装系列了。"

## 2

温加罗工作室位于蒙田大道（Avenue Montaigne）一座大楼的二层，阳光从一面墙的窗户射进房间，温加罗脖子上系着一根绳子，绳子上挂着一个米色小袋，小袋里面装着一堆大头针和一把小剪刀。他的服装设计创意均源自巴黎世家（Balenciaga），即便是他平常工作时所穿的短实验服，裁剪也非常讲究，其袖口是一个不同寻常的和服袖口。

按照从巴黎世家所学到的设计理念，在设计过程中，温加罗首先使用布料进行设计，然后再绘草图，这几乎与所有其他设计师的创作方式正好相反。在构想出自己的“梦想”或概念后，温加罗便开始用薄纱或平纹细布进行剪裁。他有一个现场模特，他用数百个大头针来固定每个接缝、进行打褶和折边。那双光滑、厚实的手灵活而敏捷，在处理袖口时格外小心。“袖子是我自己缝的，我喜欢袖子，对袖子充满热情。”温加罗喃喃地说。

几个星期过去了，工作室的走廊上放着一长排衣服，每件衣服上都插满了大头针，立在那里一动不动，随时准备好在温加罗选择的任何面料中焕发活力。卢浮宫时装博物馆（Musee de la Mode et du Textile）的策展人帕梅拉·戈尔宾（Pamela Golbin）这样评价温加罗：“一切都是从面料演变而来的，因此设计师与面料的关系将决定服装效果。如果你选择雪纺或羊毛这两种完全不相关的面料，两者的效果将会不同。巴黎世家和温加罗使用面料而不是使用技术人员的设计草图来决定要设计制作的服装。”

在长达 12 小时的时间里，在一个单独的地方，独自一个人一边进行服装的设计、剪裁和固定，一边听着贝多芬和瓦格纳的室内背景音乐，这对温家罗而言一点也不足为奇。设计的过程令他振奋，但他总是叹息“充满了痛苦”。

多年来，温家罗的私人客户在收到高级定制服装之前和之后都曾受到煎熬。完美的时尚需要耐心，在服装完成之前，每个客户必须至少去温加罗工作室三次进行试衣。温加罗两个主要的服装制作室在设计室下面一层，穿着白大褂的裁缝们在那里制作服装。他有 30 个裁缝，其中 16 个裁缝专门做裙装和长袍，14 个裁缝做燕尾服和西装。在服装制作过程中，他们使用熨斗和缝纫机，但只用缝纫机缝合每件衣服的主要缝口，其他所有的工作包括纽扣孔、拉链、褶皱和折边，都是手工缝制完成的。

果不其然！完美的确是神圣的：一件精致的衣服，不仅外观漂亮，里面也漂亮。高级定制服装通常用手工刺绣或珠饰来点缀，这些工作被外包给巴黎周边数量越来越少的工匠。一件简单的日间裙装礼服要花几个星期才能完成，一件绣花长袍则需要几个月的时间。这种手工制作的高成本推高了高级定制服装的价格。在20世纪90年代，最精美华丽的珠饰和刺绣礼服的价格在1.5万~15万美元。

高级定制服一直是温加罗工作室的名片，温加罗认为离开了他自己，他的高级定制工作室就无法生存，因为他的助手们能力不够，让他感到困惑的是他们的素描很好，但不会缝纫。他说："我试图教导年轻人，要想做我现在做的事情，必须每天工作12小时。但他们不会这样做，他们没有耐心反复试穿。这里有一个年轻人很有品位，但是他无法控制褶皱的结构。或许，他需要有一个好助理可以告诉他如何去做，这非常复杂。"

在活跃而时髦的20世纪80年代之后，温加罗准备涉足国际市场，对他而言，当时比制造高级定制时装更棘手更复杂的事情是如何可以让高级定制服装继续在市场上生存。

"忙碌的日子即将开始，时装趋于女性化，温家罗引领潮流。"1988年4月，《新闻周刊》刊登了一幅索马里模特伊曼身穿温家罗设计的波点恰恰连衣裙的封面照。《新闻周刊》的詹妮特·科南特（Jennet Conant）写道："23年来，他不断完善真丝织物配方和诱人的搭配风格，现今他的褶皱连衣裙已成为当年的热门商品。"

20世纪80年代温家罗的时装事业发展得非常好。他最忠实的客户之一林恩·怀亚特（Lynn Wyatt）说："温家罗崇拜女人，这就是为什么我觉得穿着任何一件温加罗礼服都很有女人味、很浪漫的原因。"活泼娇小的林恩·怀亚特是休斯敦石油大亨奥斯卡·怀亚特（Oscar Wyatt）的妻子，1988年参加威尼斯沃尔皮伯爵的舞会时，她身着温家罗的黄黑格子长礼服惊艳亮相。

这些著名的时尚品牌和新潮打扮人士都很崇拜和喜欢温加罗，但这位工作狂、隐居的时装设计师却不喜欢与他们交往。结婚前，温加罗租了一套单间公寓，开着一辆破旧的奥斯汀迷你莫里斯（Austin Mini Morris）轿车，在巴黎过着放荡不羁的生活。他有歌剧和交响乐的季票，他最喜欢的是在他的家乡普罗旺斯艾克斯的一所乡间别墅，用意大利巴洛克风格的家具和他所收藏的廉价古董做装饰。

《女装日报》评论温家罗"很吝啬"，这并不足为奇，温家罗1986年的年薪高达50万美元，但他每天在办公室跑来跑去关灯。“我在这所房子里拥有完全的自由，”他说：“我没有财务压力，并不是为了挣钱而工作，我只是在做自己喜欢的高级时装。”

尽管时装使温家罗商标的信誉得以提升，并且各大时尚杂志每年大约有1000页的篇幅宣传温家罗时装，但是温家罗并不太广为人知，温家罗在时尚服装系列的宣传费用从未超过100万美元，而其他服装设计师花费数千万美元通过香水特许经营的方式进行品牌宣传。直到20世纪90年代，温家罗才真正在美国走红。温家罗的商业成功并非来自时装或类似的事情，而是凭借他的一个低档次的品牌伊曼纽尔（Emanuel）。伊曼纽尔是一个“桥”式（副线）女装系列，包括一件价值475美元的丝绸运动夹克和一条价值250美元的裤子，但这个系列并非他本人设计。

伊曼纽尔服装系列于1991年推出，该系列服装使温家罗超越了法国其他所有时装品牌，成为各大美国百货公司最畅销的法国服装品牌。20世纪90年代末，其批发销售额超过1.5亿美元。

伊曼纽尔是一个“特许经营者最了解的产品”的品牌故事。眼看着售价2000美元的套装的销量稳步下滑，特许经营者GFT为美国百货公司设计了一棵新的摇钱树，名为“伊曼纽尔·温加罗的伊曼纽尔”。伊曼纽尔从最初几季对温加罗鲜亮印花和浪漫风格的字面诠释，变成了一个精心剪裁、色调中性的套装、夹克和背心系列。伊曼纽尔分部的创始总裁毛拉·德·维舍尔（Maura De Visscher）说：“我们有一个充满生气和活力的法国服装设计师，这是我们的传统，但我们必须制造一些可以在美国销售的服装，温加罗信任我们，并授予了我们做出正确决定的许可。”

尽管温加罗并没有亲自参与伊曼纽尔系列服装的设计制造工作，但他为该系列服装而感到非常自豪。温加罗是一个注重在精神上有奖赏回报的人，而不追求丰厚的特许费收入。其实很多美国女人都知道伊曼纽尔系列服装，但是她们并不知道伊曼纽尔是谁，这一定让温加罗很难堪。女演员凯拉·塞奇威克（Kyra Sedgwick）1997年受聘于GFT，并在伊曼纽尔的广告中亮相，她说：“我知道这个品牌系列的服装，但对设计师不是很熟悉。”在她成为伊曼纽尔系列服装的海报广告女郎之前，这位大眼金发女演员曾说过她衣柜里的“大多新潮服装是从二手商店里淘的”。

凭借伊曼纽尔系列服装所带来的稳定收入和声望，温加罗为自己规划了一个家庭，并以此来庆祝自己从商 20 年。1990 年，56 岁的温加罗与人脉广泛的劳拉·法法尼（Laura Fafani）结婚。劳拉是一位 30 岁的离异者，她的前夫是罗马，其父亲是意大利 3 家国有电视台的总导演。温加罗和劳拉在第一次见面时就很投缘，当时是在一次商务午餐上，劳拉是 GFT 的公关人员。《名利场》杂志刊登了这对新婚夫妇在婚礼当天的照片，作家本·布兰特利（Ben Brantley）在他的报道中这样说：当温加罗结婚的消息传出时，“巴黎人的心都碎了”，因为时尚界最炙手可热的一个异性的长期单身生活要结束了。温加罗声称自己会设计制作服装，并对深不可测的女人有一种偏执的忠诚。他说：“我为那些我想抱在怀里的女人设计衣服。我一生中被为数不多的几个女人所吸引过，劳拉是其中一个，相对而言我更着迷于她而非她着迷于我。”温加罗夫妇有一个女儿，他们给她起名科西玛，是根据温加罗父亲的想法而起名的。

苗条、漂亮、充满活力的劳拉·温加罗（Laura Ungaro）成为了丈夫的市场传媒总监，同时也成为了温加罗创作的源泉。劳拉将自己的时尚感赋予了温加罗的社交名流形象。她在一件 T 恤和一条紧身裤外面套上温加罗精致的刺绣夹克，这种搭配看上去既时尚又年轻。她自己有一套传递时尚的方式，不经意间就可以将时尚信息传递给她的伴侣。她回忆起那些早晨，当自己穿的不是温加罗设计的服装的情景，她说：“我喜欢和他玩小游戏，我可能会请他帮我拉上拉链。当然，他当时可能一句话也没说，但我后来发现，他一直在向他的助手打听我的衣服。”

劳拉曾与现年 46 岁、经验丰富的米兰高管卡洛·瓦莱里奥（Carlo Valerio）共事。1993 年，温加罗聘请卡洛为第一任管理总监。聘请卡洛是温加罗迈向现代化的第一步。卡洛·瓦莱里奥教授喜欢蓝色的牛津布衬衫和毛衣背心，他拥有核工程学位，曾在意大利大型面料生产商拉蒂（Ratti）担任高管。他着手为温加罗制定重组计划，并最终将其出售给了菲拉格慕家族集团（Ferragamos）。

温加罗是菲拉格慕家族集团多元化计划中首批在外面收购的公司之一，该计划旨在为 19 名年轻的菲拉格慕新一代成员提供未来职位，这些年轻人即将成年，有望加入这个家族帝国。和温加罗一样，制鞋商萨尔瓦多·菲拉格慕（Salvatore

Ferragamo）的故事也充满了雄心壮志和远大梦想。1898 年萨尔瓦多出生于意大利南部小镇波尼多（Bonito）的那不勒斯（Neapolitan）村，家境贫困，家中共有 14 个兄弟姐妹，他排行第 11。他第一次制作鞋子时只有 9 岁，是用帆布和纸板专为他妹妹的第一次圣餐而制作的一双白鞋。16 岁时萨尔瓦多前往美国鞋业之都波士顿学习批量生产的知识，当时萨尔瓦多已经是一个熟练的鞋匠。

但是，当萨尔瓦多·菲拉格慕看到在工厂制造鞋子需要权衡取舍时，他感到很沮丧。那些大批量生产的美国鞋子“笨重、笨拙、粗糙，脚趾像土豆，铅制鞋后跟”，这与他手工做出来的鞋子相去甚远。

于是，他前往西海岸，在加州圣巴巴拉市（Santa Barbara）开了一家为电影行业提供鞋子的手工鞋店。萨尔瓦多因给电影演员提供新颖舒适的鞋子而出名。他的私人客户包括银幕传奇人物道格拉斯·费尔班克斯（Douglas Fairbanks）、玛丽·皮克福德（Mary Pickford）、葛丽泰·嘉宝（Greta Garbo）和依靠这位意大利鞋匠来解决其平底脚问题的约翰·巴里摩（John Barrymore）。萨尔瓦多在南加州大学（University of Southern California）攻读解剖学，在那里他学到了有关足部的所有知识，也因此研究设计出了非常合脚的鞋子。

1927 年，当萨尔瓦多回到意大利时，他接到了萨克斯第五大道精品百货店（Saks Fifth Avenue）和马歇尔菲尔德百货（Marshall Fields）的零售订单，他渴望生意可以快速增长。在佛罗伦萨总部周围数十家制鞋承包商的帮助下，他的公司开始扩张。后来，他娶了家乡市长的女儿旺达·米莱蒂（Wanda Miletti）。萨尔瓦多在他 57 年的职业生涯中创造了大约 2 万种风格的手工鞋，其中包括他获得专利的软木楔跟，这是他在“二战”皮革短缺时期发明的。后来，在 20 世纪 50 年代，他发明制作了第一双细高跟鞋，是用鳄鱼皮为玛丽莲·梦露（Marilyn Monroe）制作的一双鞋子。

1960 年，萨尔瓦多因病去世，享年 62 岁。他去世后，他的遗孀旺达来掌管他的生意。在孩子们的帮助下，旺达延续了丈夫的梦想，把菲拉格慕打造成一个全方位全系列的时尚品牌，通过添加围巾、男士丝绸领带、毛衣和其他运动装，可以将男人和女人们从头到脚打扮得漂漂亮亮。虽然这些系列成就了菲拉格慕帝国的辉煌，然而它们都相当古板，无法与萨尔瓦多在鞋类领域的创新相媲美。

这就是为什么许多时尚业内人士在得知菲拉格慕与温加罗的合作关系时，都得出了同样的结论：菲拉格慕服装帝国在高端时尚领域没有任何历史记录，在其时装系列如此保守的情况下，怎么可能通过对温加罗服装系列的精心策划而改头换面。在服饰领域，菲拉格慕的畅销产品包括男士丝绸领带和一件带有金标纽扣的开襟羊毛衫，这也是该品牌十多年来的老款式。

普拉达（Prada）和古驰（Gucci）在销售它们的核心皮革产品的同时也销售时尚潮服，与普拉达和古驰不同的是，菲拉格慕从未成为服装界的一支生力军。然而菲拉格慕并不是没有尝试过，美国设计师卡尔文·克莱恩（Calvin Klein）前任助理史蒂文·斯洛维克（Steven Slowick）1989 年受聘于菲拉格慕集团博物馆设计女装系列时，还不到 20 岁。史蒂文向费鲁西奥（Ferrucio）的姐姐焦万娜·菲拉格慕（Giovanna Ferragamo）汇报工作，他在时装秀上对菲拉格慕系列的保守形象稍稍做了改变，但是专卖店里的商品和广告似乎都没有反映出他的新风格。1990 年，他的第一个秋季服装系列包括大量闪亮织物的迷你裙和皮革服饰，有一种 20 世纪 60 年代安迪·沃霍尔（Andy Warhol）的风格。他回忆道："对他们来说，这太前卫了，但对媒体来说，这并不疯狂。那场时装秀结束后，焦万娜告诉了我她家人的想法：'对我们而言这个系列太激进了，我们得低调一点。'"

史蒂文于 1996 年离开菲拉格慕，在巴黎开了一家自己的时装店。他非常喜欢在菲拉格慕一年的工作岁月，但也夹杂着一些复杂的感受。"他们是伟大的人，非常严肃，但他们不是时尚人士，"1997 年 7 月，他在巴黎左岸自己朴素的工作室里回忆道："他们对时尚的看法非常保守，非常非常保守。我个人的观点是，你必须有点与众不同。通常你很难做出一款非常经典的、既可以卖给 20 岁的人又可以卖给 80 岁的人的产品，然而爱马仕（Hermes）做到了。你必须要有一个自己的品牌形象。我告诉菲拉格慕，'你必须改变这个品牌形象，因为它很糟糕，人们认为你是个老婆子。'一想到菲拉格慕，我就会想起我的祖母。"

"在兼顾家庭和公司的架构下，我尽了最大的努力把工作做好。在我看来这更像是说：'好吧，我们不想失去老客户，我们也不想使他们惶惑而不确定到底想要什么，我们想让他们更时髦。'但在某些情况下，你必须朝一个方向走近一点，或向另一个方向走得更多一点。我对自己说：'要有耐心——你知道家族企业就是这样的。'但其他时候，我的美国业务部门会站出来抱怨：'哦，为什么你们就不能更快地做出改变呢？'"

此外，菲拉格慕集团对温加罗的战略非常谨慎，追求所谓的“恰到好处”的结果是：什么事情都要求不能太快，也不能太慢，要刚刚好。但是契机在时尚界很重要，需要趁热打铁。菲拉格慕集团并没有想尽快在温加罗实现大的飞跃，而是在外面聘请顾问研究他们的处境。一年后发表的《贝恩评论》(*Bain Review*) 没有包含任何重大手脚。唯一的新营销手段是在 1997 年 10 月的时装秀上，当时一位穿着碎花连衣裙的模特活力四射地弹跳着走上 T 台，抚弄着一瓶巨大的蒂花之花（Fleur de Diva）香水，这是由菲拉格慕和意大利珠宝商宝格丽（Bulgari）合资推出的一款新香水。但是菲拉格慕集团对蒂花之花香水的推广营销少得可怜，这款香水甚至没有在温加罗的主要市场——美国进行广告宣传。

当时，温加罗的名字还挂在门上，瓦莱里奥（Valerio）是董事总经理，但实际上的首席执行官是费鲁西奥·菲拉格慕（Ferrucio Ferragamo）。费鲁西奥是一位拘谨有条理而又时常简洁的微观管理者，他表现得似乎比实际上更了解高级时装。1997 年夏天的一天，费鲁西奥从佛罗伦萨乘了好几班早班飞机，于早上 9：30到达温加罗的工作室，准备与温加罗和瓦莱里奥开一整天的董事会。温加罗总是讨厌这些冗长的会议，因为这些会议让他无法专注于工作室的工作，不过想着他必须参与到自己服装公司未来的规划中去，他还是一直坚持到会议结束。费鲁西奥意识到温加罗的注意力持续时间很短，所以他会避开利润率和市场份额等比较枯燥的细枝末节。费鲁西奥说：“我们知道他有点无聊，所以我们尽量让会议变得有趣。”

但在会议期间，卡罗·瓦莱里奥（Carlo Valerio）却局促不安，因为费鲁西奥实际上已经把他排挤出局。在菲拉格慕收购温加罗之后，费鲁西奥派了他的一名会计师去巴黎工作，完全绕过了瓦莱里奥。

与此同时，在纽约，为伊曼纽尔制作了第一个广告的时尚广告神通彼得·阿诺尔（Peter Arnell）注意到了菲拉格慕为温加罗制定的宏伟计划，他觉得自己可能是时候现身并找机会参与其中了。但当他 1997 年夏天在巴黎给瓦莱里奥打电话时，瓦莱里奥承认他自己也不知道发生了什么，他说“决策过程突然变得非常缓慢”。

瓦莱里奥一直希望着手推出温加罗精品店，同时逐步淘汰一些特许经营店。但费鲁西奥的计划是立即切断大部分特许经营店，尤其是日本的特许经营店。他们的50家招牌精品店中，除了3家店外其余都归菲拉格慕所有。菲拉格慕的所有商品都是通过精挑细选的承包商网络在意大利生产，并通过佛罗伦萨的一个中央配送中心进行严格控制。瓦莱里奥担心，如果温加罗取消这么多特许经营店，公司不仅会失去很多特许经营费，还会失去在零售市场的知名度。瓦莱里奥倾向于缓慢地逐步淘汰特许经营店，同时在其他方面推广温加罗服装。

但很明显，菲拉格慕在这场角力中占了上风，瓦莱里奥很快就被菲拉格慕委任的总经理取代。瓦莱里奥平静地辞了职，他已经完成了为温加罗寻找财务伙伴的目标。虽然温加罗没有阻止瓦莱里奥的离开，但他的同事私下里说他很沮丧，他最终还是辞职不再经营自己的公司。

菲拉格慕尽快对公司进行了清理。费鲁西奥解释说，第一个被淘汰的品牌是意大利产的温加罗浴室瓷砖。菲拉格慕说“该产品既不能给公司带来利润，也无法提供公司的形象”。不出所料，菲拉格慕集团很快就全面接管了温加罗的鞋和皮具生产，并取消了温加罗在欧洲的特许经营商。

下一个要解决的是20个日本特许经营服装店，这些服装店在1995年占温加罗公司年收入的44%左右，约1亿美元。费拉格慕有充分的理由停止大多数日本特许经营商，温加罗的亚洲业务给公司形象带来了巨大损伤。多年来，温加罗一直允许东京零售业巨头、其主要的日本特许经营商高岛由纪夫（Takashimaya）通过调整温加罗服装的外观以广泛吸引日本消费者。然而高岛由纪夫既是特许经营商又是零售商，两者之间存在利益冲突，高岛由纪夫公司没有动力将温加罗公司的商品卖给与自己商店竞争的日本零售商。因此，日本大多数人都将温加罗视为高岛服装公司的品牌。事实上，温加罗时装都带有“日本制造”的标签，所以当日本游客访问巴黎或伦敦时，他们不愿意购买他们认为在国内就可以买到的温加罗时装。

费鲁西奥的战略是将温加罗的所有产品都转移到法国或意大利，除了一个仅通过高岛服装公司在日本销售的女性品牌Solo Donna外。

最初，费鲁西奥认为日本是最大的问题地区，但在1997年，温加罗在美国最重要的特许经销商伊曼纽尔受到了意想不到的打击。美国的百货商店里积压了来自戴娜·布奇曼（Dana Buchman）、DKNY、埃伦·特雷西（Ellen Tracy）和伊曼纽尔的“桥”（副线）设计师商品，这些商品的销售当时已大不如前，但伊曼纽尔的高管们并没有预料到放缓的零售业，仍然不断生产这类服装，并在最糟糕的季节将商品不断地运送到百货公司，由于商品卖不出去，大量伊曼纽尔商品被摆在了降价区，从而使伊曼纽尔无法达到百货公司的利润要求，迫使公司支付高额折扣费，即“降价费”。原计划伊曼纽尔每年的服装销售额约为 1.5 亿美元，但 1997 年的实际销售额不到一半，1998 年下降 1/3，大约 1 亿美元。低于预期的实际销售额最终导致温加罗特许经营费大量减少。

就在 1998 年初伊曼纽尔危机出现之前，费鲁西奥聘请了一名代替瓦莱里奥的人。经过一番漫长的寻找，他做出了一个令人难以置信的选择，即选择了沉默寡言、说话温和的蒂埃里·安德烈塔（Thierry Andretta）。蒂埃里当时 41 岁，曾担任意大利外套制造商贝尔夫集团（Belfe Group）的董事总经理，乔治·阿玛尼（Giorgio Armani）是该公司的最大特许营销商。蒂埃里并不是大家所期望的那种刻板而固执的人，他说，当来自亿康先达（Egon Zendher）国际咨询公司的猎头将温加罗的那个职位描述为一个“困难的机会”时，他最初感到很惊讶。

秃顶而被晒得黝黑的蒂埃里看上去更像是广告创意总监，而不是高级时装大亨。他喜欢身着阿玛尼（Armani）的运动夹克搭配香蕉共和国（Banana Republic）的休闲裤。温加罗在巴黎对蒂埃里进行了五次面试，在面试过程中，他们谈到了温加罗服装公司的历史，以及温加罗的导师巴黎世家（Balenciaga）。“我喜欢温加罗的历史，”蒂埃里说：“我们就营销进行了很多探讨。我看到公司具有很大的潜力，尤其是在男装方面。”

蒂埃里·安德烈塔知道谁是温加罗公司最大的竞争对手，即他自己最喜欢的阿玛尼。“阿玛尼是世界上最好的服装公司，”蒂埃里说：“它们有一个不断演变的服装系列。温加罗公司具有创造力。这两个公司很难进行比较，因为它们是时装行业的两个不同领域。阿玛尼的设计更简单，注重服装的细节设计变化，而温加罗每季都会推出很多新产品。”

1998 年 4 月，蒂埃里·安德烈塔搬进了瓦莱里奥在公司的旧办公室，开始忙于执行费鲁西奥吩咐的事情，签约新的眼镜和牛仔服装的特许经营商，大都是一些意大利公司。菲拉格慕接管公司已经将近两年，但并没有对温加罗品牌的服装进行大力推广，因此温家罗服装在过去的两年中没有发生什么重大的变化。除了狗仔队拍摄到一些《时尚》杂志的美国版主编安娜·温图尔（Anna Wintour）、女演员伊丽莎白·赫利（Elizabeth Hurley）和莎朗·斯通（Sharon Stone）身着温加罗服装的照片外，没有发生过任何轰动的事情。1998 年，温加罗非但没有开设新店，反而关闭了亚洲经济危机受创最严重的曼谷、新加坡和雅加达的商店。与此相反，凯文克莱恩（Calvin Klein）、迪奥、古驰和普拉达推出了新的精品店，到处都是它们的广告。

与此同时，老板的妻子劳拉·温加罗（Laura Ungaro）尽了最大的努力试图使公司重整旗鼓，她快速聘请了 5 支不同的团队对温加罗服装进行营销推广，这促使蒂埃里让她也加入其中。劳拉总是直言不讳，焦急不安，不停阻止事情进展的费鲁西奥令她非常苦恼。一天下午，她在温加罗巴黎工作室的走廊大声而毫无顾忌地说："费鲁西奥太理性、太冷静，做事情总是比我慢。我给了他前进的动力应该是件好事，可他总是要不停地考虑……"

劳拉认为费鲁西奥仍处于学习阶段。她说："皮革制品、高级时装和高级成衣的营销方式是不同的。在时尚界你不能总是不慌不忙地做事情。自从他加入我们后，普拉达和古驰在很短的时间里进步很大，而我们没有任何变化。费鲁西奥花了很长时间学习如何管理营销，现在我们终于开始向前边进。"

劳拉有一个梦想："钱，钱，钱。我有一个计划，我们需要钱，有钱我们就可以迅猛地发展！"她揉着手指大声嚷着："我觉得现在是伊曼纽尔·温加罗的最佳时机，就是现在。公司需要在关键产品、精品店和广告宣传方面大力投资，因为时尚人士普遍认为温加罗了解时尚，顺应市场的需求。"

当劳拉唠唠叨叨地说个不停的时候，她的丈夫温加罗像往常一样躲在楼上的画室里，正在全神贯注地研制新的时装。温加罗的感冒刚刚好转，看起来有些疲倦，当他再次被问到"费拉格慕花了这么长时间在干什么"的问题时，变得暴躁起来：

"菲拉格慕家族的人非常聪明而且善于思考，他们不会做那样的事。"温加罗说。同时他打着响指想制造点效果："他们必须确保一切顺利，因此他们需要花时间去进行思考和核查。我仍然是董事长，菲拉格慕家族是公司的一部分，我们一起做所有的决定，我们完全兼容互补。我对这个服装公司的未来十分乐观，我并没有被高级时装吓倒，我的思想也没有僵化。许多服装公司已不再卖服装，而我们仍在销售服装，每年销售 200 万件。我希望这是一个年轻的服装公司，一个到处都是项目和能源，并有很多年轻人的公司。”

温加罗现在专注于改进手袋和鞋子，这是他生意中最薄弱的部分。“很难找到配饰的特征，我们必须找到一个优雅而又易于识别的特征标志。我们目前正在制作一个手提包，我不知道什么时候能做好。这是一个梦想，一旦梦想实现，那就太棒了。”

但是温加罗需要的不仅是一个梦想，而劳拉需要的也不仅是钱。除了需要菲拉格慕尚未在温加罗服装公司投入的数百万资金之外，公司还迫切需要一个灵活完美的计划以及一些运气。菲拉格慕慢条斯理的方式策略旨在规避犯下代价高昂的错误，但行动太慢也会导致错失良机，另外还有一些不可避免、不可预见的困难和挫折——伊曼纽尔的挫折和亚洲金融危机。

然而，令人费解的是温加罗时装公司并没有保留自己的公司名，温加罗在1998年9月的《时尚》杂志上刊登了一页广告就此事进行了说明。温加罗是匿名的，而且越来越匿名。

温加罗坚韧而富有反省精神，以他的性格他一定为此事在自我反省：将公司卖给菲拉格慕家族是个错误吗？显然，在鞋类和皮革制品领域，这种合作关系是一个不错的选择，但现在很明显，在组织策划扭转局势方面，菲拉格慕与他格格不入。

费鲁西奥·菲拉格慕总是不慌不忙，导致温加罗几乎无法利用自己所拥有的著名时装遗产来维持自己的品牌声誉。然而这位意大利老板并没有为他坚持的缓慢方式而道歉。1999年4月，费鲁西奥在接受采访时表示：“我们不能强行改变局势。”他对停止了18家温加罗特许经营商后而失去品牌知名度和销量感到惋惜，但他发誓，下一步将对温加罗现存的精品店进行改造，进一步拓展到男装领域，并在2000年推出一款男女皆宜的温加罗香水，这些策略都将在适当的时候结出硕果。费鲁西奥预测，3~5年后，温加罗品牌将重回正轨。

费鲁西奥在采取任何代价高昂的行动之前，都会寻求专业人士的帮助。他聘请了高盛公司（Goldman Sachs & Co.）的纽约投资银行家协助进行与温加罗长期在特许营销上的GFT谈判，以期达成一笔更好的交易。

与此同时，世界各地的时尚业界人士都确信温加罗时装公司已经陷入困境，并已逐渐淡出人们的视线。费鲁西奥似乎并不担心："我们是为了感到骄傲而这么做还是在做正确的事来复兴品牌？我们不想浪费钱。"

"可能温加罗渴望得到更多关注，但我告诉他，我会在适当的时候加大投资。"

因此，从短期来看，温加罗的服装公司仍将会步履蹒跚地继续经营，但菲拉格慕集团不会竭力为这位30多年前曾陶醉在巴黎世家美景中的时装设计师树立一个更加引人注目和突出的形象。在费卢西奥·菲拉格慕提出解决方案之前，温加罗服装公司很可能会像法国其他一些品牌一样，保持一个停滞不前、日渐式微的品牌。

对于蒂埃里·安德烈塔来说，这份最初被认为是"困难的机会"的工作不值得干很长时间。他从温加罗辞职是为了追随路威酩轩（LVMH）这个资金雄厚、发展迅速的公司。从表面上看，蒂埃里跳槽去经营一家公司，他正朝着成为新千年弄潮儿的方向发展。1999年3月，蒂埃里成为赛琳（Celine）公司的董事总经理，该公司的设计师迈克·高仕（Michael Kors）是路威酩轩（LVMH）集团董事长贝尔纳·阿尔诺（Bernard Arnault）的宠儿。

# 第三章 奔向古老的荣耀：拉尔夫·劳伦和汤米·希尔费格

我不认为汤米·希尔费格（Tommy Hilfiger）是一个可以让我尊敬的设计师，他没有提出过一个新观点，所做的所有事情都是从我这里获得灵感。

拉尔夫·劳伦（Ralph Lauren），1997年4月

## 1

1998年7月，拉尔夫·劳伦拿下了美国国旗的制作设计，设计费用非常棒，是1300万美元。

直到女裁缝贝特西·罗斯（Betsy Ross）在18世纪把星星和条纹首次缝在一起时，也没有任何一个美国人会把它们和旗帜联系在一起。对于美国时尚界第一位亿万富翁拉尔夫·劳伦来说，这是一个甜蜜的时刻，他因此能够回馈给了他这么多机会的国家。这位设计师的拉尔夫·劳伦（Polo Ralph Lauren）公司捐赠了数百万美元来重塑这面具有185年之久的星光闪闪的旗帜——即使破烂不堪，却依然高高悬挂在史密森尼国家博物馆。正是这面旗帜在后来激发了国歌作家弗朗西斯·斯科特（Francis Scott Key）。随着劳伦的大笔一挥，这位“星条旗运动衫”和“Betsy”咖啡杯的营销者，已经将自己迅速带入了美国伟大的赞助人联盟。

更让人倍感欣慰的是，在这之前劳伦本已经更胜汤米·希尔费格一筹。但让劳伦无法忘却的事实是，作为他的竞争对手和20世纪90年代最时髦的设计师，

汤米曾抢走了他的象征，就是美国的旗帜，并且在他的广告中挥舞着它，这更加有效地支持了汤米的"红白蓝"商标。盖璞（Gap）也在自己的旗舰运动衫上把拉尔夫（Ralph）去掉了。但是在 20 世纪 90 年代，拿走了劳伦大部分创意的还是汤米。所以拉尔夫有一个愿望就是从汤米那里重新拿回这面国旗的设计。就在 1998 年，出现了这个一生只此一次的机会。在当年 1 月的国情咨文中，克林顿总统发出公开呼吁征集捐助者来拯救美国的历史瑰宝。劳伦听说了这个演讲，并采取了行动。

1998 年 7 月 13 日，劳伦在展现其才华的正式仪式上，打量着身着他旗下紫色标签（Purple Label）细条纹套装的政治领袖，站在克林顿总统和希拉里·克林顿旁边的国家博物馆的舞台上，表示效忠于这面国旗，他设计的旗帜。总统的这段话让这位设计师心花怒放，克林顿在演讲中说："要知道，我们大多数人，或许不是大多数人，但是我们很多人，包括希拉里和我，都有这些很棒的 Polo 运动衫，上面绘有美国国旗。"

为了消除"这面星条旗（Old Glory）会出售给出价最高的人"的疑虑，Polo 组织承诺不会将此转让契约增值到其公共关系的财源中。"我们确信这是一个慈善礼物，而不是一份营销礼物。"史密森尼协会（国家博物馆）的发言人迈克尔·海曼（Michael Heyman）如是说。

但媒体迅速将这些点连接起来。《华盛顿时报》刊登了一幅美国佛罗里达州社论漫画，美国国旗的角落里有一个 Polo 标志。《纽约时报》专栏作家弗兰克·里奇（Frank Rich）指出："拉尔夫·劳伦 Polo 门店的顾客们理应便宜地买到它的货，就像他在华盛顿得到的便宜一样……这种巨大的宣传要是在公开市场上需要的花费远不至此，即使给你个'批发价'也不止。"

具有讽刺意味的是，与此同时，国会正在考虑制定一部法律来捍卫美国国旗的神圣性，该法律禁止其在近年来市场上出现的绘画和其他商品装饰图案中使用。如果被强制执行，这样的法律将使劳伦处于既是救世主又是亵渎者的危险境地。劳伦"冒着被人抛入监狱并以国旗 Logo 对其进行全身磨砂"，里奇勇敢地补充说："这是美国正义吗？汤米·希尔费格在保存国旗上一毛不拔，而他自己的红白蓝色标志虽不是复制但却窃取了国旗元素，还一文不付。"

事实上，汤米一直是通过模仿劳伦的风格而成长起来的，他本人也是时尚界最猖狂的篡位者。30 多年来，劳伦精心地选择了这个支柱——Polo 衬衫，英国乡村风格，甚至是常春藤联盟（Ivy League）的里昂比恩（LL Bean）——传播这种风格并带有自己的血统，并附庸风雅，吸引了数百万人。

没有拉尔夫·劳伦（Ralph Lauren），就没有汤米·希尔费格（Tommy Hilfiger）公司，它的所有意图和目的都是 Polo Ralph Lauren 的克隆。在劳伦之后大约 17 年开业，汤米模仿劳伦的商业模式到完美的地步，聘请了一些 Polo 高管和原员工帮助实现他的辉煌成功。汤米一直能够快速学习，甚至是一个创新者。他是敢于认同城区街头风格这种纯粹的大熔炉美国（Melting - pot America）风格的第一位设计师。这一举措得到相当优厚的回报。对于劳伦和希尔费格来说，最有效的营销工具正是美国国旗（Old Glory）事件，也是他们对美国时尚重新定义的显著标志。

到了 20 世纪 90 年代末，时尚已经到了这个阶段：一场关于市场营销的拉锯战。在巴黎，伯纳德·阿尔诺（Bernard Arnault）的路易威登帝国正忙得不可开交，试图在追逐古驰、阿玛尼以及其他看起来很有前途的时尚美国商标的同时，重振法国经典品牌。与此同时，最后一位伟大的服装设计师伊曼纽尔·温加罗（Emanuel Ungaro）犹如被困在一艘行驶缓慢的船上，试图营销规划而顺利进入即将到来的千禧年。但在大西洋的另一边，拉尔·夫劳伦和汤米·希尔费格都已经是活证——时尚终结已经到来。

劳伦和汤米两个人都因为“过时”而俘虏了数百万顾客的心灵，还有金钱。作为名义上的设计师，他们既没有在巴黎当过学徒，也没有在学校或其他地方学过时尚。可以这么说，他们既没去画素描，也没亲自去缝制，他们几乎没搞设计。他们的衣服不是很有独创性的。尽管如此，他们却领先于时尚曲线，就因为很大程度上他们忽略了时尚。他们每个人都坚持植根经典之作：卡其裤（khakis）、休闲西装（blazers）、衬衫（shirts）和运动衫（sweaters），他们每季都用新颜色和面料再循环，在这里和那里添加一些新的细节，所有这些都巧妙地与吸引眼球、引人共鸣的图片一起打包出现。他们是营销的“顶级设计师”。

拉尔夫和汤米，就像大明星麦当娜。因为他们是时尚界的大师，在时尚领域快速领先于所有其他人。拉尔夫·劳伦（Polo Ralph Lauren）成立于 1967 年，在

1999 年 4 月结束的财政年度销售额达 17 亿美元，换算成零售额则超过 50 亿美元。Polo 除了为男性、女性和儿童生产服装，还为床单、毛巾、家具、化妆品、瓷器、水晶设计装帧，甚至提供设计师颜料，如牛仔布、绒面革的色调，以及多达 32 种白色渐变色调。同样，在截至 1999 年 3 月的财政年度里，汤米·希尔费格的销售额也达到了 17 亿美元，折算零售额接近 40 亿美元。汤米注定要很快赶超 Polo，因为他才刚刚从只做男装和化妆品，开始多样化到女装、家居装饰等。脚踏实地的汤米已经击败对手劳伦，早五年在纽约证券交易所上市，而且他的股票一直高于其他服装股。汤米的股票在 1998 年全年的交易价格高达每股 70 美元，是 Polo 股票价格的两倍多。虽然劳伦没能第一个进入华尔街，但他去时股市牛气冲天，正是时候。1997 年的 Polo 股票发行让 Ralph 能够控制 90% 的 Polo 投票股权（Voting Control），同时让他获得 4.4 亿美元的巨额，使他成为亿万富豪。

欢迎来到设计师名字作为强大品牌名称的时代，设计师要用服装来表达自己的个性。劳伦和汤米在美国的购物中心都享有头位，最前或中央，他们吸引了购物者进入超过 1500 家百货公司，如梅西百货（Macy's）、布卢明戴尔（Bloomingdale's）和迪拉德（Dillard's），他们每家在这样的百货公司里都有精品店，此外他们有自己的连锁店、专卖店和折扣工厂直销店。

从一开始作为男装设计师，他们都很早就确定了出售服装的方式。这时的汤米和劳伦都没有进入时尚界，就是那种由女装设计师为诱发时尚媒体而创造的前卫风格。任何试图向男性兜售这种昂贵高雅的新奇流行款式都毫无意义。男装设计师别无选择，只能用如何包装这些熟悉的裤子、衬衫和夹克的方式来表现他们的创造力，以使其比那些在主楼面上销售的无名品牌更受欢迎。到了 20 世纪 90 年代后期，当女装时尚受到更多经典造型的影响时，基本上时装业就完全转向营销。“这不是牛仔裤或衬衫本身，而是形象。”作为梅西百货、布卢明戴尔和里奇（Rich's）的老板，联合百货公司（Federated Department Stores）副董事长特里·隆格伦（Terry Lundgren）如是说。“顾客希望像拉尔夫和汤米一样，这些品牌与顾客形象有关。今天，营销比以往任何时候都更重要。”

时尚界就和棒球运动一样，赶在时代之前的公司会所向披靡。拉尔夫·劳伦（Ralph Lauren）和汤米·希尔费格（Tommy Hilfiger）就像圣路易斯红雀队（St. Louis Cardinals）的马克·麦克格尔（Mark McGwire）和芝加哥小熊队（Chicago Cubs）的萨米·索萨（Sammy Sosa）。在1998年的赛季中，当他们在主场交换本垒打的时候，殊死决斗的强击手们相互提升至巅峰状态，这使他们打破了罗杰·马瑞斯（Roger Maris）37岁的纪录，从而提升了职业棒球大联盟的整体水平。为了赢得胜利，劳伦和汤米彼此都借鉴对方最好的举措，将美国时尚引入了现代时代。

汤米和拉尔夫的胜利，因为蓝色牛仔布的浪潮席卷美国海岸而成为可能。从20世纪70年代末开始，卡尔文·克莱恩（Calvin Klein）和格洛丽亚·范德比尔特（Gloria Vanderbilt）就把美国人的主打服装改成了名牌牛仔裤。与此同时，第七大道的莉兹·克莱本（Liz Claiborne）也开始向职业女性提供一种价格可承受的混合服装，并搭配运动装的选择，这让美国人对未来十年有了更大的热情，并在20世纪90年代随着盖璞（Gap）的出现而达到高潮。

拉尔夫·劳伦（Ralph Lauren）一直在宣传“美国运动装的得体性”，他相信时尚总有一天会赶上他。“美国人的鉴赏力已经成为一种非常重要的国际鉴赏力，”他解释道：“我们创造了运动服装，正因为我们的生活方式，使我们的文化更加现代。我们旅行，我们爱活动，所以我们运动。因为我们比世界上其他地方任何人更知道如何做运动服装，所以美国人是引领者。”

那么，这两位中年白人男子是如何抓住世界各地各行业的人们的想象力和钱包的呢？秘诀在于他们能够让所有顾客达成人人心目中根深蒂固的渴望——归属。传统上来说，时尚的力量和魅力来自原创、独特和专有——从没有两个女人愿意拥有同一件时装。但那种时尚已经结束了。新的时尚是包容，属于同一个世界，或者惬意、美好的生活方式。最重要的是，它是可接近的。就像美国梦一样，不管大多数人生活在什么样的经济现实中，新的时尚对所有人来说都必须是可获得的。与其他设计师相比，拉尔夫和汤米可能更清楚地理解这种渴望成为局内人，而不是局外人的感觉。回头看一眼他们的职业生涯，看看他俩有时异常相像，有时截然不同，揭示了他们主宰时尚领域的原因。毫不奇怪，他们的商业运行井井有条，而且勤勉刻苦，这一点也非常相似。

拉尔夫·利夫希茨（Ralph Lifshitz，劳伦出生时的名字）出生于1939年，是俄罗斯犹太人移民的儿子，也是四个孩子中最小的一个。他的父亲弗兰克

（Frank）靠做油漆工养活一家老小，全家人挤在布朗克斯区（Bronx）的一套有两间卧室的公寓里。年轻的拉尔夫把自己的抱负定得很高，在20世纪50年代的夏天，他第一次近距离地观察了美国的上层阶级，那时他在卡茨吉尔山（Catskills）的罗斯福营（Camp Roosevelt）担任侍应生和夏令营顾问。

拉尔夫是一个忠实的电影迷，他吸收了像弗雷德·阿斯泰尔（Fred Astaire）和卡里·格兰特（Cary Grant）这类受女人喜欢的男演员（Matinee Idols）的着装风格，并打算穿得和他们一样，这就是所谓的Dapper和Insouciant风格[①]。拉尔夫在德威特·克林顿高中（Dewitt Clinton High School）当预科生（preppy）的时候像王子般脱颖而出，穿着粗花呢、灯芯绒的衣服，肩上系着毛衣，“就像你所能想到的那样英俊潇洒。”他后来回忆道。弗兰克·利夫希茨（Frank Lifshitz，拉尔夫·劳伦的父亲）更改了家庭姓氏，因为这个姓氏孩子们总是被取笑，所以就改成了听起来顺耳且高端的“劳伦”（Lauren）。名字的改变标志着拉尔夫从布朗克斯的辛苦奋斗者到第五大道商业巨头的社会地位爬升的开始。在1957年克林顿中学的年鉴中，高年级的拉尔夫·劳伦在他的照片旁边列出了他的人生抱负——百万富翁。

高中毕业后，劳伦开始在纽约市立学院（City College of New York）上课，但很快就辍学了，开始了他在服装业的第一段工作——在布鲁克斯兄弟公司（Brooks Brothers）卖西装。20世纪60年代初，他在杂乱的批发市场中穿梭，兜售女士手套和男士领带，成为服装区知名的“机敏马路男人”。靠着那点微薄的薪水，他仍然想方设法地在曼哈顿开着一辆时髦的摩根牌（Morgan）英国敞篷车，并在麦迪逊大道（Madison Avenue）时髦的保罗·斯图尔特（Paul Stuart）服装店购买服装。“没人会像拉尔夫那样对时尚感兴趣。”保罗·斯图尔特（Paul Stuart）的董事长克利福德·格罗德（Clifford Grodd）对劳伦的传记作者杰弗里·特拉滕伯格（Jeffrey Trachtenberg）说，他总结道：“拉尔夫没有幻想成为时装设计师，他成为设计师是为了实现自己的梦想。”

最后，在1967年，劳伦的梦想成真了，因为他成为了一名领带设计师——

① Dapper风格原指20世纪60年代男士西装、领带、皮鞋、手表、口袋巾等，现在也泛指穿着时尚、帅气。Insouciant源于法语，是指轻松风格的装扮，随意、非正式、休闲的衣着风格。

在帝国大厦里开了一间不起眼的展销室。他将自己的品牌命名为“Polo”，他认为这一品牌名字的吸引力恰到好处。布卢明戴尔（Bloomingdale's）里销售“拉尔夫·劳伦”Polo领带的价格是15美元，售价是其他精品品牌的两倍，并将其作为身份象征加以推广，其广告词是：“优雅的时代激发了我们的‘统治’领带的独特设计。”劳伦的时尚领带的销售如火如荼，很快他就走到了自己制作衬衫和西装来配合其领带的道路上了。来自诺曼·希尔顿（Norman Hilton）的5万美元投资的支持，使该服装制造商成为劳伦的第一个财务合伙人。

因为在百货公司引入“生活品位营销”，劳伦将被载入时尚史册。在这些百货商店里每个时尚品牌都被分隔在自己独特的氛围中，极具吸引力。1970年，劳伦说服布卢明戴尔把他所有的领带、西装、衬衫和雨衣集中摆放在店内特别开辟的小精品店里。劳伦的这种前卫设计，使人感觉就像一个绅士俱乐部，桃花心木镶板上配黄铜饰物。一旦被Polo的这种生活品位所俘获，那些只想挑选一件衬衫的购物者便会四处浏览，购买整套服装。

这些年来，劳伦在他店内的装饰以手杖、古董鳄鱼皮行李箱和其他心机道具为主。伴随着这些施展的魔力，展现了拉尔夫富人的形象，引发了人们各种各样的渴望，梦想驱动之下，希望享有威望、财富和奇异的冒险。无论是一件价值200美元的费尔岛毛衣（Fair Isle sweater），还是一件价值7000美元的桃花心红木有脚高橱，Polo令人梦寐以求的商品似乎都属于贵族、常春藤联盟成员（Ivy Leaguers）和冒险家们，他们在牧场上骑马，在肯尼亚狩猎，抑或在纽波特（Newport）驾驶游艇。

“我提升了美国人的品位水平。”劳伦经常这样评述道。他斟酌细微差别和精致细节，重塑时尚标准。例如，Polo的粗花呢骑马外套，使用更富有质感的羊毛，配真正的角质纽扣，柔软、自然的肩衬轻触人的身体。他的针织衬衫上有一款绣在胸前的、用心深远的、褪色光泽的马球运动员标志，让他们感觉更舒服，就好像你已经穿了很久了。劳伦的人造旧款外观服装比平常品贵很多，但仍能让那些渴望过上美好生活的人甘愿负担，成千上万的美国人就这样做了。

更重要的是，劳伦善用具有感召力的形象图片来点亮他的梦幻世界，这些照片由时尚摄影师布鲁斯·韦伯（Bruce Weber）拍摄，布鲁斯·韦伯还设计过卡尔文·克莱恩（Calvin Klein）的一些最令人难忘的广告。《名利场》《纽约时报》

和 *W* 杂志上多达二十多页的整版大广告，犹如迷人的电影集，展示了 Polo 的大量服装、配件和家居。展现方式也极具诱惑：在富丽堂皇的大厦里，熊熊燃烧的壁炉，到处都是尊贵的绅士们和轻盈优美的金发女郎，所有人穿着得体。他的许多优雅的设计表演都是真实的。“我很难从我的寄宿学校或夏日的照片里找出一张，可与 Polo 广告相比较而显示出它的技巧。”朗·菲力普（Lang Philips）在一篇题为《一个年轻 Wasp 的自白》的文章中这样写道（Wasp：White Anglo - Saxon Protestant，泛指富裕的，或当权的精英群体）。

但并不是每个人都能忍受 Polo 的这种花哨的包装。1986 年，乔纳森诺曼·希尔顿亚德利（Jonathan Yardley）在《华盛顿邮报》（*The Washington Post*）上写道：“一个穿着鲨皮呢西装的暴发户和一个穿着劳伦西装外套的暴发户，他们的唯一区别就是后者狂妄炫耀，自命不凡。”

这种对劳伦的怨恨的背后，是一种旧式势利和嫉妒的混合体。这些强硬的精英贵族为展示自己的血统，穿着布克兄弟（Brooks Brothers）套装、开司米羊绒衫、黯淡的橄榄球衫和休闲鞋，这些都代表了品质和传统，但并不时尚。所以当拉尔夫出现的时候，他很容易就成为精英贵族守财奴们的目标。就是这个来自布朗克斯（Bronx）的犹太人，结合城市和乡村风格，并把它变成了时尚。他做得如此成功，就连英国皇室家族——至高的精英贵族——也很喜欢穿 Polo。

在巴黎，一些时尚界的大佬们自然对劳伦的惊人成功不屑一顾。为了扳倒他，伊夫·圣·罗兰（Yves Saint Laurent，YSL）起诉了劳伦，指控他抄袭了一件高级定制礼服，而法国法院判定劳伦有罪。

虽然劳伦会对他的批评者们进行防范，但他从不为自己对时尚的重要贡献而辩解：“我不把自己和圣·罗兰（Saint Laurent）或温加罗（Ungaro）放在一起相比，”他后来回忆道：“但我正在做一些他们没有做的事情，这是原创的，我为此感到自豪。”路易威登的伯纳德·阿尔诺（Bernard Arnault）后来极其称赞劳伦，称 Polo 是他最欣赏的美国时装品牌。

在 20 世纪 80 年代中期，当汤米·希尔费格在第七大道（Seventh Avenue）上刚刚落脚，而此时拉尔夫·劳伦已经把自己能够成为美国最成功的设计师列入议程。在他长期的商业伙伴诺曼·希尔顿（Norman Hilton）的前高管彼得·斯特罗姆（Peter Strom）的帮助下，他完成了这一壮举。到了1986年，劳伦已经准备好了披荆斩棘要在零售界留下一个历史性的足迹，当年Polo的特许经销商每年产生的销售额有4亿美元之多。

作为美国19世纪百货公司的传统，正如创始人芝加哥的马歇尔菲尔德（Marshall Field）和费城的约翰沃纳梅克（John Wanamaker）一样，拉尔夫·劳伦在麦迪逊大道（Madison Avenue）和第72街街角的前莱茵兰德（Rhinelander）大厦开了自己的零售旗舰店。1894年，富有的格特鲁德·莱茵兰德·沃尔多（Gertrude Rhinelander Waldo）定制了这个五层高的石灰岩法式城堡，前后5年时间，花费了50多万美元建造费，内设保龄球馆和台球厅。

拉尔夫·劳伦长期租借在富有神奇色彩的莱茵兰德（Rhinelander），他花了大约3300万美元打造了零售业最奢华的舞台——他如愿以偿，不是指这家店创造的利润，而是以一种神话般的方式，将劳伦奢华的上流社会形象描绘得如此彻底。即使是最疲惫的顾客也眼前一亮，忍不住要被这映入眼帘的桃花红木，华丽的花卉设置，以及那些马背上的贵族绅士的名画所征服。随着科尔·波特（Cole Porter，美国著名音乐家）的音乐充斥着整个空间，人们很容易就心随境迁，成群结队的购物者和外国游客们被迷惑得眼花缭乱，手臂跨满海军蓝Polo购物袋回家去。

大多数购物者永远都不会看到这些商品是在哪里设计出来的——1991年以来，是在麦迪逊的第61街（Sixty－frst Street）以南的另一座宫殿式建筑里，钢结构的高层建筑Polo总部大楼内。乘快速电梯到四楼，游客可以到Polo接待处，也就是所谓的阅览室。在英国乡村庄园内的任何图书馆里，都有一间高高的天花板、红木镶板的阅览室，里面有一个露台，一个宏伟的楼梯，到处都是华丽的陈设——舒适的沙发，磨损得恰到好处的皮翼椅子，还有一只斑马皮覆盖着的脚垫。从这个复式门厅再往里有一个鲜明的对比：那些白墙小隔间里都安放着电脑和文件柜，所有重要的工作是在这里完成的。

在阅览室沉闷的富丽堂皇中，有一个意想不到的奇异音符：一堆M&M巧克力豆盛在一个巨大的东方式的碗里。一整天，都有员工和游客捧起大把糖果。“每个人都喜欢M&M，”劳伦解释说：“20年来，我一直有一碗M&M巧克力豆放在那里。这是一个快乐的地方。”

M&M 可能会让气氛增加，使工作环境更加温馨，但是否是拉尔夫定义的“快乐的地方”值得推敲。如果说快乐是在兴旺、愉快和幸福的生活中，这一说法是没错的。但是如果说快乐是在让人兴奋的无忧无虑的生活中，这种解释就不能苟同。劳伦的会所总让人感觉气氛过于紧张严肃。挤满了（心灵受到）创伤的人们，好似穆尼教徒（Moonie，统一教会的创始人）般的虔诚，膜拜着名字刻在大门上的这个人（指劳伦）。拉尔夫·劳伦并不是轻而易举地就成为了美国时尚界标杆。

在时尚行业中，个性化的强迫、创造性的紧逼和事后批评都是意料之中的事。Polo 被认为是其中最复杂的，也是最令人着迷的。“拉尔夫要求苛刻，不易相处，”一位前设计助理解释道：“每个人都害怕问拉尔夫。”

另一位前工作人员分享了他的观点：“拉尔夫总是告诉我们，我们就是标准，其他人都在模仿我们做的每一件事，每个人都想和我们一样。”对于自我认知，总是有这种傲慢的态度，在那里工作的每个人都有一种高人一等的优越感。Polo 的人总觉得他们比其他人都强。

这样就很容易理解，为什么一个赚着区区每小时 8 美元的销售助理，在 Polo 的精致柜台后面工作，却穿着价值 1500 美元的仿鹿皮猎装和 300 美元的骑马裤，这完全感谢 Polo 慷慨的员工折扣，使他悄然成为一个乡村绅士的角色。销售人员完全被吸引住了。一位前销售员回忆道：“在 20 世纪 80 年代末，Polo 公司的员工们享受着美味的鸡肉沙拉和蒸粗麦粉的午餐，而这些都是免费的。”下午的闲聊不是关于昨晚的达拉斯肥皂剧。我们谈论的都是衣服，就像拉尔夫最近刚到的 600 美元的鳄鱼软帮皮鞋，每个人都想买。

阅览室就像 Polo 的店内展示一样，给人留下了非常重要的第一印象，这就是拉尔夫·劳伦的精髓，他是一个典型的、注重形象的人。他这个人、他的商品以及他的公司是一个流畅完美的门面，由他管理的犹如部队一样的员工队伍坚持不懈地、虔诚地奉献着。

Polo 的员工经常用好莱坞的比喻说话。“把它想象成一部电影，”一位 Polo 高管曾在麦迪逊大街的商店告诉销售人员：“拉尔夫是导演，你们就是演员，我们是来拍电影的。”

的确，劳伦曾经把自己想象成一个男主角。他曾对《洛杉矶时报》说：“我总是能看到一部电影在我脑海里萦绕。”“我是这部电影的明星，对我来说这就是一个特殊世界的愿景。”

因此，他愿意主演自己的时尚广告就显得顺理成章。多年来，他那张英俊的、一直被晒成古铜色的脸庞，加上他刚硬灰白头发衬托的广告形象，从杂志的书页上跳入人们的眼帘。20 世纪 80 年代，他上身穿一件 T 恤、下身穿一条磨旧的（beat - up）牛仔裤，头戴牛仔帽，并喝着一瓶啤酒，塑造了一个坚韧的史蒂夫·麦奎因（Steve McQueen，美国演员）形象。20 世纪 90 年代，他的头发变得越来越白，就顺势变成了一个温文尔雅的加里·格兰特（Cary Grant，英国出生的美国演员），作为他在英国制造的顶级的紫色标签（Purple Label）西服的角色模特。

拉尔夫是加里·格兰特（Cary Grant）的粉丝。在纽约的一个晚上，劳伦向奥黛丽·赫本（Audrey Hepburn）颁发了一个奖项，他站在台上，戴着一副特大号的加里·格兰特形象道具，衣冠楚楚，从来没有感觉过这么好。“现在我觉得我的生活比我想要的要好得多，”劳伦告诉《洛杉矶时报》：“在他去世前几年，卡里·格兰特和他的妻子来到我家共进午餐。格兰特说我的生活就是人们认为他应该是这样的一个真实的例子。有趣的是，我比加里·格兰特更像加里·格兰特。”

但是，更多的人把劳伦比作白手起家的大亨和改造大师——杰·盖茨比（Jay Gatsby），人物来自弗朗西斯·斯科特·菲茨杰拉德（F. Scott Fitzgerald's）的小说《了不起的盖茨比》（*The Great Gatsby*）。巧合的是，劳伦为 1972 年的同名电影设计了服装，主演是罗伯特·雷德福（Robert Redford），她是劳伦崇拜的另一名演员。

多年来，劳伦通过在许多时尚杂志中光彩夺目的形象刻画，吸引着全世界的人注视着他豪华舒适的生活。那些积极向上的故事总是把他描绘成传奇人物，毫无疑问，因为他一呼百应，是时尚界最强大的广告商之一。他有着庞大的广告预算，劳伦根本不必费心向媒体提供免费午餐和衣服。只有少数几位编辑荣幸地获得了他的特别礼物——“设计师”牛排，来自他自己在科罗拉多农场养殖的小公牛肉，装在一个印有 RRL（Double RL，劳伦以及他妻子名字的缩写，Ralph and Ricky Lauren）的木箱运过来的。

难怪有那么多人坚持称他为拉尔夫·洛伦（Ralph Lo－REN）——这种装腔作势的发音听起来更独特和超凡脱俗。在 *W* 杂志和《城市与乡村》（*Town & Country*）广告页面，拉尔夫住在大宅内，看起来像梦境一般。他众多的家，包括位于长岛的海滩房、牙买加海滨房，以及第五大道的复式公寓，位于纽约贝德福德（Bedford）富丽堂皇的庄园豪宅以及那些牛排来自的地方——位于科罗拉多州特柳莱德（Telluride）附近的14000英亩的牧场，取名叫RRL（拉尔夫·劳伦和妻子里奇·劳伦，Ralph and Ricky Lauren）。牧场甚至有一个旧时印第安人的兽皮圆形帐篷，一个乡村质朴的清幽之处，里面有原木家具、熊皮盖罩、牛仔帽和纳瓦霍（Navajo，是美国科罗拉多河流域印第安人部落）毯子——“里面的东西是印第安人做梦也想要的。”一个农场工人告诉 *W* 杂志。

“这是一种美妙的生活”是1996年12月《城市与乡村》杂志的封面，拉尔夫穿着黑色高领毛衣、军用风格的海军蓝上衣和旧牛仔裤，和他迷人的金发妻子里奇手牵手漫步，她是牛仔裤搭配Polo标志性运动衫。在《城市与乡村》杂志上，劳伦夫妇展现了他们郁郁葱葱的贝德福德庄园，并由三名子女陪伴，20多岁的年龄正好诠释Polo，他们是杜克大学（Duke University）的戴维（David）和迪伦（Dylan），以及斯基德莫尔学院（Skidmore College）校友安德鲁（Andrew）。孩子们并没有被时尚所吸引，但最年长的安德鲁一直追求他父亲的幻想，因为他努力想成为一名演员。

与此同时，在位于好莱坞的工作室里，劳伦“主演”着忙于设计工作的设计师角色。他的公关人员竭尽全力去说服那些爱打听的记者，是的，是拉尔夫设计了每只袜子、每一张床单图案、每一个印有他标签的餐巾环。有一次，一位记者试图与拉尔夫说话时，一位公关女士直接干脆地拒绝了：“拉尔夫正在忙着设计。”

记者们专心致志地听了这些故事，并转动着他们的眼睛。每个人都知道，虽然拉尔夫·劳伦独自站在T台上鞠躬，但他却像其他许多人一样，在运行着一个设计机器，在那里，几十名助手和特许公司在创造过程中发挥了很大的作用。重要的是结果。Polo在其标准和实践中始终是严格的——在许多价位水平上生产出了一系列精美的商品，比时尚界其他任何公司都要好。

20世纪80年代，法国时装公司因忽视许可而付出了高昂的代价，应能从拉尔夫·劳伦那里学到很多。他对待每一件贴着自己商标的商品从不粗心大意。每件衬衫、每一件浴衣、每一把扶手椅都必须维护 Polo 的形象。“我们和他们一起工作，就好像他们是我们公司的一部分，”劳伦谈到他的 20 多个特许制作公司时说：“我们设计一切，包括广告。我们保留了尽可能多的控制权，而不拥有这些公司。”

在劳伦的控制下，“标准每年都会上升”。一位曾在西点·史蒂文斯（Westpoint Stevens）工作过的人说。西点·史蒂文斯是劳伦的家居产品中床单和毛巾的制造商。“劳伦的员工说他们希望一切都是完美的，但他们真正想做的就是取悦拉尔夫。有时他们甚至不知道他想要什么。所以我们总是担惊受怕，小错误被放大。Polo 的人在生意上是最好的，但他们可能很难共事。”

拉尔夫·劳伦在创意过程中达到了顶峰，与他共事的人都形容这是一种艰苦卓绝的过程。劳伦总是口头表达多于视觉传递，他喜欢把自己的想法讲述给他的设计团队。劳伦通常会从描述他的理想顾客的小细节开始，如一个精致的女人，她有一种悠闲而优雅的风格，喜欢去欧洲旅行。几周后，依据这些描述，劳伦的设计人员就会带着实际样品服装的原型过来，这些样品被放置在会议室里，还有素描和故事脚本、古籍图书、织物色板、图片和其他道具。这些职员从多年来收集的代表性服装和古董家具中获得灵感，从而制作出样品。

审核服装样品时，劳伦会尽可能多地参与其中。他会问很多问题，提出修改意见或直接拒绝采用。这样的审核会议会持续好几天，变成了一场办公室政治游戏，每个人都为了给老板留下好印象而耍手段。“拉尔夫是会议之王，”他的一位前高级助手说。“他总是迟到，当他进来的时候，房间里有 20 多人，他的员工和一些来自授权制造商的人。”然后有人会开始拍马屁：“拉尔夫，你今天穿的衣服真漂亮，那双靴子棒极了。”其他人都会跟着附和。因此，在会议开始前，拉尔夫要再花 20 分钟谈论他的编织腰带或他穿的任何衣服。

一个助理说：“拉尔夫是个杰出的编辑，但他画不出来。你必须设计十几个样品。你必须能提出正确的各种候选，而且必须足够多，这样他才能从中挑选。但他仍然不能做出决定。他反复思考每一个广告的位置、每一种可能性、每一个概念。然后他第二天回来，又改变了主意。”

是优柔寡断还是对完美的痴迷？他的员工经常想。当他装饰自己的房子时，他们看着他瞻前顾后的，或者当他在为自己是否需要理发时而犹豫不决。有一次，当劳伦决定重新油漆他珍藏的古董梅赛德斯——他收藏的八部古董车之一时，他让办公室里每个人进行了投票。这位前员工解释说："他有六张灰色卡片，他把我叫到办公室问我喜欢什么颜色。我发誓它们看起来都一样，它们之间没有区别。他把它们举到灯光下，然后走到窗边。他必须问到所有人，甚至是前台接待员，想听听她的想法。"

有钱有势的人总是竭尽全力地得到他们想要的东西。劳伦的想法多是与生俱来并充满奇妙。那么，他的助手们是如何进入他的头脑的？当他看见某物时谁能知道他到底想要什么？劳伦的周围都是志趣相投的人，这些人和他具有相同的品位和他的 WASPY 敏感性。如凯利·雷托尔（Kelly Rector），她是一名极有魅力的女子，她长着深褐色头发，在康涅狄格州长大，她是一名出色的女骑手，后来在卡尔文·克莱恩（Calvin Klein）工作，并在 1986 年嫁给了卡尔文·克莱恩。

所以，当劳伦要求做一个"更加苏格兰式"的格子花呢，或者重做一件不怎么像是"军队剩余"的雨衣时，手下对他想要的东西都有很好的主意。也许他们最困难的任务之一就是帮助他选择香水的气味，因为他在 1987 年的脑瘤手术后失去了嗅觉。"我需要一个焦点小组（Focus Group）吗？不，"他曾经解释说："我的天赋和公司的才能就是拥有直觉和智慧的能力。去旅行、去感受，感受公众的感觉和视觉的东西。我们不断地互相提携。"

劳伦手下最忠诚的员工，学会了忍受他的变化无常，坚持数年后，成为了不可或缺的助手，被称为"拉尔夫人"（Ralphettes）。有个妇女联谊会的女王式人物，有着一个类似 Polo 风格的名字，她叫巴菲·比里特拉（Buffy Birritella），她是 Polo 的女装高级副总裁。比里特拉在 1971 年加入公司，她之前是《每日新闻记录》（*Daily News Record*，*DNR*），也就是《女装日报》的男装版的时尚编辑。

比里特拉的金发碧眼，苗条的身材，棱角分明的脸，还有时尚的户外风格，甚至看起来都像里奇·劳伦。她本能地知道什么是"非常拉尔夫"，什么是"不够拉尔夫"。在 Polo 的麦迪逊大道百货商场里，是比里特拉挑选出了门把手的款式，这 100 个黄铜门把手花了一年的制造时间。她还爬上脚手架，监督工人打扫大厦的石灰岩外墙。"拉尔夫如果想让某些地方有光泽，我就能把这些地方指出来。"她告诉 *Avenue* 杂志。

对于拉尔夫·劳伦而言，在如此多的人身上产生如此多的忠诚和奉献，体现了这个精明而低调的人的魅力。“当你在会议上见到他时，他极具风采。”“你从来没想过他会这么矮。”一名劳伦的员工说。1992 年，华盛顿邮报的凯西·霍琳（Cathy Horyn）写了他对员工的影响：“可能没有一个男人或一个女人，他的员工还没有感觉到他温柔的声音，就被他亲切的凝视所迷倒，突然发现自己会欣喜若狂，只是因为他碰巧在走廊或在设计会议上对他们说，‘告诉我你喜欢什么’‘告诉我你明天——星期六晚上要穿什么。’”

拉尔夫·劳伦以极佳的状态进入 20 世纪 90 年代。他和斯特罗姆（Peter Strom）建造的时装王朝的年销售额达数十亿美元，并长期保持稳定。斯特罗姆准备在 1995 年退休，他的接替安排得就像警卫换岗一样井井有条，等待的继任者是迈克尔·纽曼（Michael Newman），他是 Polo 的首席财务官，在 Polo 工作已有 15 年，他即将成为公司副董事长兼首席运营官，行将辅佐 Polo 董事长兼首席执行官——拉尔夫，负责很多繁重工作。

当其他设计师嫉妒地看着他那一连串令人难以置信的作品时，他们不得不承认：拉尔夫就是对手。劳伦一直忠于他的古典设计美学，这几乎使他不受时尚潮流奇变的影响。但是站在山顶的感觉从来都不像看上去那么美。劳伦担心自己会变得过于自满，失去重心，失去自己的风格。20 世纪 90 年代中期，像汤米（Tommy）、盖璞（Gap）和 J. Crew 等有实力的竞争对手开始与 Polo 较量，劳伦被迫提高了标准。每一季，他一旦重新审视，设计师们就能够“完全掌控情势，怀揣必胜信念，勇于赢得先筹。在当今时代，成为经典是一个真正的挑战”。

劳伦被他同时代的卡尔文·克莱恩（Calvin Klein）——第七大道的另一位布朗克斯（Bronx）红人所困扰，他也在 1967 年与劳伦同时间创办了自己的时装公司。在 20 世纪 70 年代和 80 年代的大部分时间里，卡尔文和拉尔夫都是第七大道最激烈的竞争对手。克莱恩建立了一个巨大的帝国，加上他的香水、牛仔裤和内衣都被世界各地的顾客所珍爱，这都要归功于他性感、前卫的广告。但是，由于时尚之外的原因，1991 年克莱恩的王朝曾濒临被毁灭的边缘。

20 世纪 80 年代末，克莱恩成功地从戒毒康复中恢复过来，在自己的生意中与恶魔做斗争。1990 年，Calvin Klein 公司公布的收入为 2 亿美元，净亏损为 430

万美元，这是该公司在过去5年中第三次无利可图。克莱恩王朝被其核心的牛仔服装部门拖垮了，该部门占了克莱恩收入的80%，1990年亏损1400万美元。主要问题是克莱恩著名的牛仔装在零售市场上遇冷，因为他失去了与青年市场的神奇联系。牛仔服装部门也是一个更大干扰的罪魁祸首——垃圾债券。公司在20世纪80年代购买了 Puritan Fashions，以前的牛仔服装的特许制作公司，由此累积了巨大的垃圾债券。在1991年，Calvin Klein 公司仍欠着高达5500万美元的垃圾债券，而且只有三年的时间来还清债务。

克莱恩似乎要走向破产，但他的清算之日从未到来。接下来的一年，克莱恩得到了一个不寻常的解救：他的好友大卫·格芬（David Geffen）帮助了他，他是好莱坞的亿万富翁，也是 Geffen 唱片公司的创始人。格芬偿还了克莱恩的6200万美元债务证券——有效地为公司提供了一笔慷慨的贷款。然后，格芬加入进来，帮助克莱恩和他的长期商业伙伴巴里·施瓦茨（Barry Schwartz），将他们的公司从制造业重组为一个特许制作公司。从那以后，卡尔文再无烦恼。这位设计师为了重新夺回美国青年的市场，全身心地投入他的牛仔服装部门。

克莱恩对不幸的逆转是迅速的。1994年，该公司的扭亏为盈就走上了正轨，克莱恩能够摆脱困境来回报格芬。克莱恩聘请了一名新总裁——加布里埃拉·福特（Gabriella Forte）来加强他的管理。加布里埃拉是他从乔治·阿玛尼（Giorgio Armani）挖来的理想执行官。然后他开始进军家居用品和全球零售精品店。克莱恩的经历是一种险死还生——堪称教科书上的经典。即使是在棒球大联盟里，时尚业也一样，滑坡谬误（Slippery Slope）总是存在。

## 2

因此，劳伦并不打算在公司的中年岁月里安于现状，享受荣耀。在整个20世纪90年代，他全神贯注在改造 Polo 商号，巧妙地重新定位业务，通过增加大量的低价位商品，使其更加民粹化，从而使其与盖璞（Gap）的发展相一致，而且对华尔街更有吸引力。就像整形外科医生做整容手术一样，劳伦没有留下任何明显的界限痕迹，在行动中找平衡，他会在年轻的城市购物者面前展现，同时也不会让他成熟的精英粉丝们失望。多年来，拉尔夫一直在后视镜中观察汤米·希尔费格[①]，现在他却发现对手已经在超车道上。从那时起，设计师们就会在彼此之间穿梭，有时会迎面相撞。

当拉尔夫·劳伦成为麦迪逊大道的商业王子时，汤米·希尔费格正忙着监控Polo的一举一动。毫不奇怪，汤米是从当销售开始的，他是九个兄弟姐妹中的老二，他的父亲理查德（Richard）在纽约北部的埃尔米拉（Elmira）是一名珠宝商和钟表匠。1969年，他和两个朋友勉强凑齐了450美元，开了一家名为People's Place的小店，这是埃尔米拉唯一一家专门经营喇叭牛仔裤的精品专卖店。在1977年破产之前，这家店铺也繁荣了几年。三年后，汤米来到了曼哈顿，在那里他找到了一份设计Jordache牛仔裤的自由职业。后来，他被梅真尼（Murjani）国际公司的总裁莫汉·梅真尼（Mohan Murjani）发现，他是一家热卖格洛丽亚·范德比尔特（Gloria Vanderbilt）牛仔裤和可口可乐运动服装的制造商老板，1985年，他被委任为男装设计师。

莫汉·梅真尼出生在印度，是一名衣着光鲜、雄心勃勃的香港服装承包商的阔少，他是带着使命来到纽约的：跃跃欲试进入美国迅速发展的时尚设计热潮的前沿。他看到这个干净利索的汤米可作为理想的营销工具，以大众的价格推出具有类似Polo品质的东西，汤米喜欢把这称为“别出机杼的学院风”（Preppy Classics）。梅真尼的“Polo式”（Polo - Lite）40美元的卡基布“大众”裤（“为大众制作”）、25美元的“哈佛”（Harvard）纽扣衬衫和30美元的“新港”（Newport）波罗（Polo）针织衬衫首次亮相。汤米对拉尔夫服装上的刺绣马球徽记的对策是使用巴伐利亚饰章（Bavarian Crest），这是他在公共图书馆找到的。

汤米只在市场上待了很短一段时间，就是当梅真尼在实现自己愿望的时候。这期间梅真尼通过著名的广告人乔治·路易丝（George Lois）创作的颇具争议的活动，把汤米包装出来成为中心人物。1985年夏天，时代广场上方的一个巨大的广告牌上写着：“美国的四大设计师是R - L -（拉尔夫·劳伦）、P - E -（派瑞·艾力斯）、C - K -（卡尔文·克莱恩）和T - H -（汤米·希尔费格）。”另一

① 译注：意为一直领先于后者。

则广告则肆无忌惮地宣称："每十年，一个有才华、有时代意识的人，就会好好审视这些伟大的经典作品，让它们变得更好。这就是汤米·希尔费格在重新设计纽扣领衬衫、Polo衫、毛衣、经典的斜纹棉布裤和其他现代男女服饰时所做的。风格时尚不会停息。"

时尚界人士对此大吃一惊。他们认为汤米的虚张声势是愚蠢的和骗人的。汤米在第七大道上不劳而获，这一切显然是假的。"他可能有精心设计的、做工精良的产品，但我不认为言外之意他就是一个创造性的设计师。"杰克·海德（Jack Hyde）不以为然地说，他是纽约时装学院的资深时装作家和教授。

但不可否认的是，汤米的这种本末倒置、不按常理出牌的方式很吸引人，很有独创性，而且很有效果。顾客们开始询问这个新设计师——他们常说成"希尔芬格"① ——因为运动装看起来很棒，而且不太贵。时尚行业的设计师保罗·卡瓦科（Paul Cavaco）在1990年指出："对于顾客来说，汤米是一个优秀典范。而就他的广告活动——尽管我不喜欢它——但也是卓越成功。"

汤米永远摆脱不了他在公共关系上的困境，好比是撑竿跳进了时尚界的大联盟。作为最明显的劳伦复制品，他被烙上了猩红的烙印，成为了时尚界的最大冒牌。在那早些年里，第七大道上有影响力的人经常把他比作"Monkees"（顽童合唱团，或"猴子乐团"），这是20世纪60年代的组合摇滚乐队，主演了热门的电视系列剧，是在甲壳虫乐队之后完全效仿的。汤米越是受欢迎，时尚专家越是冷落他。毫无疑问，它让许多苦苦挣扎的设计师们感到不安，因为汤米是一个活生生的例子，证明了灵巧的包装和雄厚的财力可以将任何一个有雄心的无名小卒变成一种时尚大咖。几年后，当汤米表示他准备推出一个昂贵的女装系列时，艾米·斯宾德勒（Amy Spindler）——《纽约时报》时尚评论家抨击道："将目光瞄准了时尚，而不是服装，为他赢得了名声和财富，他冒着风险暴露在有传奇色彩的T台，不可否认地体现他审美的平庸……这个奇才可能只是一个拿着扩音器的小个子。"

事实上，汤米并不是一个傲慢狂妄的吹牛大王。他矜持而有几分规矩。20世纪80年代末，当他在自己的广告中担任主角时，他显得十分呆萌。他站在那

① 译注：Hil－finger，有翘指称赞之意。

里，咧嘴笑着，斜靠在一辆老式敞篷车上，标题文字是“汤米和他的 T-bird”[①]，或者跨坐在摩托车上，标题是“汤米和他的哈雷摩托车”。他看起来很僵硬，而不是机灵。值得赞扬的是，他很有自知之明，后来退出不再拍了。

20 世纪 90 年代初，在广告商迈克尔·托思（Michael Toth）的帮助下，汤米终于改变了他的风格，迈克尔帮助他塑造了一个更加可信的形象。从那时起，汤米就抛弃了模仿，转而使用一群精心挑选的笑容甜美的年轻模特，在 7 月 4 日的野餐和市中心的游行中，他们能表达出“感觉良好”（Feel Good）的美国梦的美好一面，这是一个设计师意象中没有的小生境。劳伦已经垄断了 Wasp 的审美，而克莱恩则垄断了性感市场。这给汤米留下了一个广阔的空间。“汤米走到中间并说：‘这是诺曼·洛克威尔（Norman Rockwell，美国 20 世纪早期画家），你可以在你的生活中寻找乐趣和享受乐趣。’更多的人认同这一点。”托思说道。

当汤米向他的顾客握手致意时，他显然很开心。汤米每年至少在 Belk、Dillard's 和 Macy's 等百货公司的店面出现至少十几次。大多数设计师都是在经历了一段时间后，才从这些草根阶层中脱颖而出。“我已经 20 年没到店面去了，”拉尔夫·劳伦在 1997 年说：“我过着平静的生活。人们买拉尔夫·劳伦（Ralph Lauren）是因为他们喜欢这个产品。他们不在乎我每天是不是都在报纸上，我很高兴我不是。”

但是如果把零售业竞争比喻成政治竞选活动，那么汤米就是一名天生的政治家，具有《美国舞台》（*American Bandstand*）主持人迪克·克拉克（Dick Clark）的真诚感染力。汤米的出现就像电视一样闪亮，洁白完美的牙齿，微笑的脸上露出酒窝。汤米是那些极具天赋的人之一，只是还没有意识到他真的做到了，而且他的出现总是引起骚动。有一次，在纽约的梅西百货，有 1000 多人来到这里，汤米站在 T 台的尽头，扯下他的风衣和太阳镜，把它们扔向尖叫的观众，就像一个摇滚明星。那些年轻兴奋的粉丝——有美国的白人、黑人和拉丁美洲人，大家一起狂喊。后来，汤米坐在那里 1 个多小时，给粉丝签名、拍照。

这样的零售路演还有另一个目的，那就是汤米可以亲自去看看亚特兰大和达

① 译注：福特雷鸟敞篷车。

拉斯最酷的年轻人穿的是什么。他与顾客搭讪，了解他如何能让自己的系列服装更吸引人，然后他把这些信息带回纽约传递给他的员工。

汤米是一位和蔼可亲、平易近人的设计师，甚至能引起社会名流的共鸣。《绅士季刊》（*Gentlemen's Quarterly*，*GQ*）的创意总监吉姆·摩尔（Jim Moore）在麦迪逊广场花园（Madison Square Garden）的更衣室与前纽约尼克斯队教练唐·纳尔逊（Don Nelson）正在合影拍照，当尼克斯队的球员约翰·史塔克、帕特里克·尤因和其他人都听说汤米要去拍照时，他们简直不敢相信，摩尔回忆道："他们都跑来跑去抓来篮球请他签名。这很有趣，究竟'谁是名人'？"

汤米·希尔费格作为"名誉主席"和他同名家族商号的首席设计师，是门面，是一个高效的形象塑造者，他的精力似乎无穷无尽。汤米出席重要会议，并发表自己的意见，但他很少与媒体讨论时尚设计甚至公司管理的问题。在他展示给零售商的商品陈列室里，他可能会指手画脚，如摊开运动衫，指出布料的细节，甚至还能说出批发价。但主要的是，他把自己的信任放在了公司管理层和几十名专职设计师的身上，这些人保证了总部工作的良好运转，他的总部是位于纽约服装区中心的西 39 街 25 号的一栋 11 层的砖式建筑。

汤米的时装公司是由一些曾与拉尔夫·劳伦的 Polo 公司（Polo Ralph Lauren）有关联的高管共同创建的，其中最引人注目的是它的三个主要负责人：董事长西拉斯·曹（Silas Chou，曹其峰）、首席执行官乔尔·霍洛维茨（Joel Horowitz）、副主席劳伦斯·斯特罗尔（Lawrence Stroll）。这些年来，这三个人又从 Polo 挖来了许多有价值的职业人士，其中包括 1994 年退休的汤米前首席执行官埃德温·刘易斯（Edwin Lewis），以及至少十几位其他关键高管。

在汤米公司位置最高的是前 Polo 高管西拉斯·曹（曹其峰），他被认为策划了汤米革命。曹其峰于 1950 年出生在中国香港，他也是永新企业（Novel Enterprises）的主席，这家公司是由他的家族创立的一家公开上市的服装制造企业，是一家主要的针织品供应商，为包括梅真尼（Murjani）、莉兹·克莱本（Liz Claiborne）、Limited 和 Polo 等公司制造服装。在 20 世纪 80 年代，曹其峰曾与劳伦斯·斯特罗尔合作 Polo 在加拿大和欧洲的特许经营。

1989 年，当汤米在陷入财务困境的梅真尼的影响下进入衰落时，曹其峰和斯特罗尔走上了营救汤米的道路。曹其峰想为自己的永新公司打造自己的设计师品牌（designer brands），他认为汤米是他的第一人选。他已经为梅真尼制作了汤米品牌针织品，他一直对汤米（Tommy）的外观留有深刻的好印象。“我看到了我喜欢的产品，”他说：“汤米的衣服有一种个性，一种传统的美国风格，但又有一种现代的触感——就是他称为的‘花样儿’（twist）。我喜欢宽松的、随意的衣服，这和Polo很不一样，Polo是紧身的。我们的欧洲客户总是认为Polo太紧了。”

在曹其峰与梅真尼商谈收购汤米（Tommy）之后，他明确表示自己有远大的计划。曹其峰回忆时说：“我告诉汤米，‘我不愿意只是一个特许制造商；我想一直和你在一起，这样我们就可以朝同一个方向进发’。”在并购了汤米·希尔费格香港公司后，曹其峰和斯特罗尔提供了最初的融资，每家公司均持有35%的股份，而汤米获得了22.5%的股份，霍洛维茨获得了7.5%的股份。几个月后，曹其峰和斯特罗尔均卖掉了他们Polo在欧洲和加拿大的股份。

作为合资企业的董事长，曹其峰仍留在香港，但他知道在哪里可以找到完美的首席执行官到纽约工作。曹其峰的目光集中在埃德温·刘易斯（Edwin Lewis）身上，他具有任职当时Polo女装品牌的授权制造商Bidermann15年的资历。从Polo挖走刘易斯是一项壮举，因为有传闻称刘易斯是拉尔夫的商业伙伴彼得·斯特罗姆的确定接班者。但曹其峰通过给他在汤米的股权和完全自由运营公司的权力赢得了刘易斯的加入。刘易斯利用自己的零售人脉，让汤米立刻在百货公司获得了信誉。

多年来，拉尔夫·劳伦一直在一旁观望，他忍住了批评对手的冲动。但私下里，他的同事们说，他很不高兴，把汤米当成了一个模仿者、一个Polo的廉价版本、一个只靠从Polo挖出这么多顶尖人才生存的设计师。汤米“在他雇用了埃德温·刘易斯之后才开始有起色”，拉尔夫后来私下向记者说。

汤米视拉尔夫为榜样，但曹其峰的公司榜样是受人尊敬的莉兹·克莱本（Liz Claiborne）公司，它是在第七大道上最具专业管理运营的时装公司之一，并在1981年成为一家上市公司。他说：“从一开始，西拉斯（曹其峰）就为业务跟踪设置了所有正规的报告文件，这正是华尔街所要求的。”霍洛维茨说道：“当我们要上市的时候，这让我们就容易了许多。”

汤米·希尔费格公司于1992年在纽约证券交易所挂牌上市，成为第一批进入20世纪90年代牛市的时装公司之一。该公司的资产负债表显示其令人印象深刻的增长。1990～1992年，销售额翻了两番，达到了1.07亿美元，净收入为900万美元。汤米的首次公开募股筹集了4690万美元，其中1130万美元用于在百货公司开设1000多家店铺。这家时装公司继续在华尔街表现出色，每季度都超过分析师的收益预期，并给机构投资者留下深刻印象，他们在股票上赚了数百万美元。不知不觉中，汤米用最实际的方式报偿了拉尔夫，因为他在华尔街赢得的尊重使五年后的Polo在纽约证券交易所上市时要安全得多。

“我们只是一群最幸运的家伙而已，”曹其峰在1997年的一个下午在汤米的总部回忆道：“我们在正确的地方做了正确的事情。正确的事是选择了休闲装，正确的地方就是20世纪80年代末90年代初进入了信息时代的美国。拉尔夫虽然是休闲装的先驱，但凭借我们的经验，我们和汤米一起也看到了这点，我们可以用我们的专业技能来提供同样的产品，但价格更好。”

与劳伦关系最密切的原Polo元老是乔尔·霍洛维茨（Joel Horowitz），他在埃德温·刘易斯退休后成为汤米的首席执行官。乔尔·霍洛维茨的父亲西德尼·霍洛维茨（Sidney Horowitz）是瑞奇·劳伦（Ricky Lauren）父母的密友，他是一名资深服装生产经理，1968年曾是拉尔夫·劳伦的第一批员工之一。1968年，乔尔在大学二年级从迈阿密大学辍学后，西德尼·霍洛维茨说服他19岁的儿子来到Polo，乔尔入职于Polo新款衬衫业务的生产助理。随后多年，霍洛维茨帮助管理Polo在贝弗利山（Beverly Hills）的第一家店，并在20世纪70年代经营短暂生存的Polo牛仔裤部门。霍洛维茨在1983年加入了梅真尼，在那里他遇到了汤米。

霍洛维茨说，他早年在Polo的奋斗经历，以及后来在无拘无束的梅真尼的历程，都教会了他，按时把商品交付到商店是和成功同等重要的事情。霍洛维茨说：“我现在不是在说拉尔夫的坏话，因为他无论如何都是成功的。但事实是你必须执行。你必须把所有的产品同时都送到商店，这也是我们在汤米所做的。这就是为什么我们能像以前一样飞速发展。”

20世纪90年代末，汤米和Polo都在平行发展的轨道上，在美国的购物中心忙于销售他们的产品，并在欧洲和亚洲开设和经营彼此的精品店。这两家公司都在全球范围内通过数百家承包商生产商品，从而为跨国贸易带来了令人难以置信的模式参考和物流运输。这样，他们会在商品到达商店前一年就计划了批量的新季服装系列。

一年四次，汤米公司会召开一个名为“采纳会议”（Adoption Meetings）的计划会议，这种会议在投入生产之前召开，会上设计师们会对他们的系列服装进行最后的修饰定型。1997 年 8 月一个炎热的周五下午，午饭后汤米到场，要审查将在 1998 年秋季上市的一些款式。那天，汤米以帕特·布恩（Pat Boone，美国歌手、作曲家）的形象出席，穿着一件蓝色的皱褶条纹西装，一件白色的灯芯绒衬衫，一双白色的鹿皮鞋，由公司负责设计的高级副总裁迈克尔·桑德格（Michael Sondag）领着到达会场。

两个邋里邋遢的男孩提着购物袋登上了与汤米和桑德格的同一个电梯。“你想买些糖果吗?”他们齐声问道。汤米咧嘴一笑，透过玻璃门指向公司前台接待员示意他俩说：“告诉他们就说汤米派你们来的。”孩子们不相信地耸耸肩。其中一个说：“噢，你不是汤米。汤米根本不是在这里。”

汤米挡住打开的电梯门，观察他们的反应，接待员确认了他就是汤米。一个小孩不相信，他把腿抬到空中，炫耀他穿的汤米运动鞋，汤米放声大笑并在正关门的电梯里向他们挥手。

当桑德格和汤米走进一系列设计房间的第一间时，一群年轻的助手正坐在地板上等待着，这些房间设计得就像一个个装饰情景，里面有服装样品、织物样本和故事板。还有些篮球，一双木制滑雪板，旧溜冰鞋，风景明信片和滑雪海报。总而言之，这个场景与 Polo 公司的人所描述的拉尔夫的方法非常相似。

“好吧，我们又来了，为了 1998 年的假日。”桑德格说道。大家都安定下来了，汤米坐在地毯上，卷起他的衬衫袖子，所有的人都在注视着他。

桑德格站在一个名为“体育运动”的展板旁边，开始滔滔不绝：“我们想做的是让一切都充满活力，篮球衫、足球衫和运动衫。我们想走高端路线，走向高端市场，并推出更尖端的具有观赏性的运动装。“在街上穿着就像在户外运动时穿着一样好看。”他打开一堆灰色、黑色和白色的运动衫，说道：“这就是织成的成品式样。汤米，上周我们给你看的时候你好像很喜欢这个?”

汤米赞许地点了点头，然后开始嘀咕起来："现代高科技外衣面料，质感编织……这就是我们想要的，不是吗？干净利落。"

汤米打断了桑德格，问他为什么有这么多乳白色、灰色和黑色。"如果顾客走在过道上，看到这么多黑色和灰色的东西，再过一个月回来，看到同样的情况，变化可能不够多。所以我们需要注入色彩。"桑德格表示同意，然后带大家去了另一个房间。

站在桑德格旁边的是克雷格·雷诺兹（Craig Reynolds），他是负责销售规划的高级副总裁，希尔费格称他为"警察局长"。雷诺兹的工作是"确保特许生产商不做任何冲突的事情"，"我们不想要同样的衬衫在我们的牛仔服生产线上，也在运动装生产线上。它们必须区分。但是，所有类别之间仍然必须保持连续性"。

接下来是与授权生产商进行的会议，包括牛津工业服装（Oxford Industries，加工礼服衬衫）和浩狮迈（Hartmarx，加工西装和定制服装）。汤米检查了他的新礼服衬衫的样品，该衬衫领子下面有一个双扣——这个额外的纽扣可以让男士领带的结更大一些。在看了一个纽扣的模型之后，汤米总结道："我们需要在领子上再下下功夫。"

下一项议程是拿出一个新的西装标签，以区分汤米 750 美元的意大利制西装和他 395 美元的西装。汤米思忖道："当推销员告诉顾客说这是我们的'过桥'（bridge line）产品[①]时，他们必须用别的东西来识别，而不只是哪个做工更细、面料更好。我想我们需要重新给类别标签赋予颜色，也许是白色底配深蓝色的字母，或者银色？但是银价并不贵，它没有白金（铂）的价值高……叫它白金系列？阿玛尼有一个黑色和白色的标签，但没有做广告宣传。拉尔夫是紫色标签（Purple Label）。卡尔文（Calvin Klein）在萨克斯百货（Saks）有白色标签系列。唐纳（Donna Karan）做了一个黑色和金色的标签。我们可以在午夜黑的背景上用银色字做些标签吗？我想看看他们长什么样。"

看起来很乏味的是，六个人会花一个半小时来讨论一件藏在西装外套里的标签的颜色。但对于像汤米这样的时尚形象制造商来说，标签的颜色是一个关键的

---

① 译注："过桥"产品线意思是其价格和款式都是介于昂贵和中等之间的服装品类。

营销工具，和西装看起来一样重要。

标签在里面，商标在外面。汤米知道符号和标识的重要性，它将商品与购物者连接在一起。最初，汤米使用标识作为商品推销的吸引招牌，可以吸引顾客对他在百货公司里的商品展示的注意，这是他早年在百货公司里没有专卖店时的聪明做法。顾客们不可能错过汤米·希尔费格牌子的衬衫，因为“Tommy Hilfiger”标识上的字母大得犹如视力表中的“E”，佩戴在面向走廊的服装模特上。

但在20世纪90年代，商标还有另外一个功效，当汤米将自己的品牌与饶舌文化结合在一起时，他的形象就会变得更年轻、更有质感，这是赢得MTV一代（MTV generation）[①] 的开创性举措。汤米是最早将他的名字印在橄榄球衫和上衣上的设计师之一，这与饶舌歌手喜欢在音乐电视中穿戴的彪马（Puma）、阿迪达斯（Adidas）和古驰（Gucci）等品牌的标识很契合。

“我们总是完全相信商标标识（Logo），”在1996年Def Jam唱片公司的创始人拉塞尔·西蒙斯（Russell Simmons）告诉《时尚》杂志时说，他也有自己的时尚品牌Phat Farm，“原因就是这些标识蕴含了我们所没有的其他东西。我们不是破洞背带牛仔裤（ripped - dungarees）也不是摇滚非主流（rock - n - roll - alternative）文化的人。我们相信在电视上看到的东西，但我们想把自己的想法强加于它。时尚一部分的幻想在于成功，这很激励人心。不是因为我很酷，而是因为我又酷又干净。因为我相信这种文化。”

汤米当然了解饶舌文化的力量，这是时尚界的力量无法（或不愿）联系起来的一种流派。20世纪90年代初，当香奈儿（Chanel）的卡尔·拉格菲（Karl Lagerfeld），[②] 让模特穿着“垮裤”（droopy pants，也称sagging pants）和巨大的CC标志（Chanel商标上两个背向重叠的“C”），很吸引眼球，极具挑逗且带有街头风格，痞子男形象就出现在了T台上。但由于包括Polo在内的大多数时装公司，要么害怕，要么不理解嘻哈人群，所以他们避开了与说唱歌手的任何联系。这是一个未知的领域。早已确立的是，黑人顾客追随白人的时尚主流。但时尚并

---

① 译注：音乐电视一代，指20世纪80年代和90年代初的年轻人。

② 译注：被称为时装界“老佛爷”。

没有为黑人青年引领白人顾客做好准备。

天伯伦（Timberland）是登山靴和结实耐用的户外装备的制造商，得知市中心的孩子们买价值150美元的登山靴，一买就是三四双的时候，感到十分惊讶。在1993年的前9个月，天伯伦的销售飙升了46%，至2.95亿美元。该公司的执行副总裁杰弗里·斯沃茨（Jeffrey Swartz）给《纽约时报》道出的一个原因是：天伯伦只是卖给更多的核心客户，即“诚实的劳动人民”，喜欢Timberland的多用途的、适用于户外的服装。斯沃茨估计，天伯伦只有不超过5%的销售额来自“城市”购物者。当然，天伯伦很高兴能得到更多额外的生意，但斯沃茨强调说，天伯伦无意追求城市粉丝而获得数字膨胀。他坚持己见道：“我们的生意不会建立在虚无缥缈上面，我们不能扼杀潮流。”

但汤米·希尔费格却有不同的看法。当饶舌歌手开始购买他那五颜六色的、到处印着Logo标识的衣服时，汤米看到了一个广阔的机会，让他能接触到美国的年轻人，包括黑人和白人，他们都喜欢嘻哈音乐。汤米很容易理解这些，因为他一直是个流行音乐爱好者。在十几岁的时候，汤米和他的弟弟安迪（Andy Hilfiger）在一个家庭摇滚乐队里弹奏贝斯、吉他，取名叫Hippo，这是他们父亲的昵称。20世纪80年代末，汤米开始向摇滚界示好，为举办巡回演唱会的英国摇滚歌手皮特·汤肖德（Pete Townshend）提供了运动夹克和Polo衫。

与此同时，安迪·希尔费格（Andy Hilfiger）沉浸在嘻哈世界里，住在东哈莱姆（East Harlem）的一间公寓里，他的工作是为摇滚乐队和音乐影像做灯光师。安迪总是在到达现场时带着一袋子他兄弟的Polo衫和汤米·希尔费格Logo的帆布袋，他分发给音乐会发起人和说唱明星，在舞台上已经看到詹姆斯·托德·史密斯（James Todd Smith，也称为L. L. Cool J，美国饶舌歌手、演员）惹人注目地穿戴着汤米红白蓝色连身裤，该服装最初是为一级方程赛车的Lotus赛车队设计的。安迪知道，在合适的人身上丢几件衣服可以在今后受益匪浅：“我从来不催促他们在舞台上穿汤米的衣服，但你知道，当你送出衣服的时候，有人就会把衣服穿上来到某处，而人们就会看到。”

1994年一个周六的晚上，汤米的“说唱文化”时刻终于出现了。当时，安迪在麦克洛酒店（Macklowe Hotel）停了下来，为说唱歌手史诺普·道格（Snoop Dogg）送了几件衬衫。这是一个聪明的举动。那天晚上的演唱会上，史诺普穿着一件带有条纹的橄榄球衫，前面是“Tommy”，后面是“Hilfiger”。

接下来的一周，零售商、造型师和采购员在汤米的货品陈列室里火爆异常，大声嚷嚷着想要那件橄榄球球衣。大蒲巴（Maxwell Dixon，也称 Grand Puba，美国说唱歌手）在他的畅销 CD《*Grand Puba* 2000》的封面上，靠在他的黑色兰博基尼敞篷车上，外面穿着一件深绿色的汤米夹克，里面是一件白色汤米 T 恤衫。一旦汤米成为说唱歌手和城市青年选择的设计师，郊区的白人孩子就会跟着他们，因此他们就像黑人孩子一样“堕落”。

最初汤米是拉尔夫的模仿者，现在是一个做着自己事的大亨——融合了校园风格和城市街头风格的混合体。汤米非常严肃地强调多元文化。他在西 39 街的总部在第七大道上是独一无二的，因为它的创新队伍中有 20 多名非洲裔美国人、拉丁美洲人、亚洲人以及外籍人士。该公司的使命宣言听起来就像是来自联合国：“通过相互尊重，我们可以扩展到所有的文化和群落。”

汤米的影响力是否会在某天将少数人群提升到行政管理层还有待观察——这肯定会是在第七大道前所未有的。最有前途的人才之一是公司的创意总监劳埃德·波斯顿（Lloyd Boston），他是一名非洲裔美国人，1993 年起负责设计汤米的所有购物袋、商品悬挂标签和其他包装。1990 年，在亚特兰大的瑞奇百货公司（Rich’s department store）的一场时装秀结束后，汤米遇见了波士顿。“他在时装秀上没有使用任何有色人种的模特，”波士顿回忆说。“我告诉他，‘我喜欢你们的服装，但我不认为自己被代表了’。”汤米道歉了，并指出他总是在时装秀里使用黑人模特，但这次在他来之前，瑞奇百货已经事先选好了模特。

波士顿当时是莫尔豪斯学院（Morehouse College）艺术专业的大二学生，他对汤米说，他想成为一名平面设计师。汤米记下了他的电话号码，几天后打电话给他，给他在纽约实习一年的工作机会。波士顿转到了新泽西州的罗格斯大学（Rutgers University），在那里，他白天为汤米工作，晚上到夜校完成他的学位。汤米为他在罗格斯大学的最后一个学期支付了学费，并在毕业后给他提供了一份工作。

汤米的多元文化花环不仅是进步开明的，其实非常有战略眼光。毕竟，汤米已经四十多岁，已婚，有四个孩子，在康涅狄格州的格林威治居住。他总是需要一个窗口，来了解世界快节奏的流行文化。基达·琼斯（Kidada Jones）是 Vibe

创始人昆西·琼斯（Quincy Jones，美国著名的音乐制作人）的女儿，她帮助汤米的广告设计格调，也给他泼冷水。“基达会说出她的想法，”安迪·希尔费格说。“她会说，‘汤米，这浅蓝色太没劲了’，或者‘安迪，这条裤子太过时了’。”

嘻哈明星库里奥（Coolio）曾在汤米的时装秀上表演过，并在终场和汤米一起登台。当时观众中的许多时尚编辑都摇了摇头，因为来自埃尔迈拉（Elmira）的那个咧嘴笑的白人小子（指汤米）竟成了（嘻哈）名义上的同伙。

说唱乐队 Mobb Deep 用韵律唱出了对他的赞美：“汤米是我的兄弟，其他人竟不知悉，我怎么与他同行，又是何其充满活力。”汤米感觉晕乎乎的。“我觉得很酷——他称我是他的（黑人）兄弟！”他告诉《花花公子》。

与天伯伦的高管不同，汤米·希尔费格公司的管理层对接纳说唱文化毫不犹豫。霍洛维茨说：“我为我们能够吸引这么广泛的、形形色色的观众而感到自豪。这是我认为没有人能做到的事情。我认为这是对汤米的一种奖赏，他敬重自己的职位而且知道怎样使用他的权力。”至于那些对汤米不敬的白人，声称他只不过是一个“贫民窟”的品牌，霍洛维茨并不担心：“你知道，我真的不在乎他们怎么想。”

他们不知道的是，汤米把他的一些基本面掩藏了，并蓄势待发。特别是像纽约的白人，似乎看不到他们穿汤米，除了那些骑着黑色自行车的邮差，还有那些地铁里的粗野人，他们炫耀着衣服上的汤米 Logo。但是汤米不只是一个懂得使用 Logo 的人物。1997 年，许多百货公司的设计师礼服衬衫销售最多的都是汤米的。他的 400 美元一套的西装在迪拉德百货（Dillard's）、伯丁斯（Burdines）、巴黎人（Parisian）和梅西百货（Macy's）的销售都是第一名。

“汤米是一名运动装设计师，他为定制服装带来了一种新的生命，”哈特马克斯公司（Hartmarx）的高管内德·艾丽（Ned Allie）说：“汤米的炭灰色西装有一条粒状条纹，会是亮白色，甚至是红色。这些微妙的细微差别使它如此清新亮丽。市场上已经充斥着欧洲的品牌，我们不需要另一个阿玛尼。在汤米的帮助下，美国的整个设计世界开始关注他，而美国人也被他吸引住了。”

英国的查尔斯王子、比尔·克林顿总统和前美国参议员比尔·布拉德利等权势人物也是如此。高尔夫明星大卫·杜瓦尔（David Duval）在职业巡回赛上穿上了他的运动装，在郊区有数百名中年白人男子跟着效仿。

1997 年 8 月，在纽约的梅西百货，Polo 运动店（Polo Sport）和汤米·希尔费格店都在二楼，隔着过道，与另一个流行男装品牌诺帝卡（Nautica）平分秋色。这三个品牌在百货公司销售的男装运动服中占了 40% 以上。Polo 运动店就像一家体育用品商店，一面视频墙播放着视频，画面上是男人穿着光彩夺目的 Polo 运动衫，乘风滑翔、滑雪和骑自行车。在过道的另一面，汤米的店铺阳光明媚，漂亮时髦，有一张海报，上面有三个人在沙滩上散步，一个角落的壁凹上写着“汤米冲浪”。

如此相像，人们不禁提出了一个问题：他们是在出生时分开的（孪生子）吗？劳伦认为绝不是这样的。“在这个行业里，有一些人是领导者，而另外一些人是效仿和追随者，”1997 年他在办公室接受采访时说：“汤米·希尔费格没有搞出什么新东西。他的目标是以更低的价格做拉尔夫·劳伦所做的，这就是汤米因何而出名的。他就是针对买不起 Polo 的年轻人。”汤米的崛起只是意味着“麦当劳（McDonald's）和汉堡王（Burger King）在百货公司都有一席之地”。

然而，这个火红的暴发户让拉尔夫变得气愤起来。“汤米惹怒了拉尔夫，”劳伦的前公关人员坚持说：“他对汤米所得到的一切感到心神困扰。”1996 年，当《名利场》杂志发表关于汤米的个人资料时，拉尔夫非常生气。“汤米位于康涅狄格州格林威治家中的照片囊括了拉尔夫拥有的所有道具、旗帜、靴子和乡村物品。拉尔夫好像就在他的身边。”

但是，汤米当年随着公司成长变得更加自信和富有——他的薪水在 1996 年攀升至 1300 万美元，现在他已经成为了自己的偶像。汤米喜欢赛马，他在 1997 年告诉《花花公子》杂志：“拉尔夫和我从事的是像可口可乐和百事可乐的战争，或者宝马和奔驰的战争。我们正在快速前进，我们每个人都意识到对方在做什么。”

汤米在 1996 年非常稳固，当时他即将跨过一个重要的门槛，最终被时尚界认可。该行业最具声望的贸易组织——美国时装设计师协会（CFDA），投票选了他为 1996 年最佳男装设计师。由于命运会让他更接近他的对手，汤米在林肯中心（Lincoln Center）的颁奖仪式上拿起了他的奖品，与拉尔夫分享了这个舞台。

拉尔夫获得了 CFDA 颁发的女装奖，这是他从 CFDA 获得的第三个奖项。

## 3

从 1995 年开始，汤米就开始着迷地看着风水轮流转：劳伦，作为时尚界的伟大诠释者，竟开始复制他的山寨版。Polo 以“平易近人”的价格推出了新的男女装系列，从而放弃了其精英主义的立场。劳伦将他的核心产品——Polo 衫——从 55 美元永久地减到 49 美元。汤米的这一产品卖 44 美元。劳伦的 Polo 运动（Polo Sport）系列直到 1995 年才开始出现，当时劳伦在一份独家合同中以每年 100 万美元的价格签下了这位颇具异国风格的非裔美国模特泰森·贝克福德（Tyson Beckford，美国超模兼演员）作为他的海报男孩，展示其完美的嘻哈音调。许多时尚作家都为拉尔夫的举动鼓掌，汤米耸了耸肩，指出是他让泰森出现在 T 台上。拉尔夫最开始的确是忽略了嘻哈运动，在他的广告中几乎不用黑人模特。泰森黝黑的黄褐色身体从 Polo 运动内衣的包装上跃然出现，品牌的口碑飙升，使它与汤米平分秋色。

劳伦解释说，他在 20 世纪 90 年代末对 Polo 运动（Polo Sport）的重视与汤米或其他任何人都无关。“我意识到人们穿衣服朝向更健康、更健身的方向。我就是其中之一。我跑步和骑自行车已经很多年了。无论对年轻人还是老年人来说，Polo 运动服装就是未来趋势的一部分。”

但是，这个始终注重形象的劳伦并不会在违背意愿的路上走太远。在他的主要市场上，他推出了一款比汤米畅销西装更受欢迎的西装——劳伦在 1995 年推出了他顶级的紫色标签（Purple Label）套装，售价 1800 美元，并闪电般地大打广告。“紫色标签才刚刚开始。还不是什么大生意，”劳伦在两年后说：“但紫色标签所做的是引领潮流。市场开始反应：‘等一下，即使大众在星期五便装日穿牛仔裤，西装也可以卖这样的高价啊。’紫色标签使公司活力四射。这表明你在领导潮流。”

紫色标签（Purple Label）、Polo 运动（Polo Sport）以及劳伦的主流女装系列（Lauren by Lauren）都提升了 Polo 的知名度和销量，那时他的时装公司即将准备上市。1996 年，《财富》杂志开始对拉尔夫做一个重要的人物传记，他邀请作家苏珊·卡米尼蒂（Susan Caminiti）来到他在科罗拉多的农场，瑞奇·劳伦和巴菲·比里特拉也在那里。

当《财富》的摄影师开始拍照时，这位设计师变得专横起来。苏珊回忆说："拉尔夫懂得灯光，他知道自己最好的角度，他知道一幅画面应该是什么样子。"劳伦喜欢他穿着褪色的牛仔裤和牛仔衬衫的照片，在牧场的家里，他想要这种形象作为杂志封面。但在 1996 年 11 月 11 日，《财富》杂志的封面人物是一位杰出的设计师和商业巨头，他身穿海军蓝细条纹西装、白衬衫和黑白相间的领带，配上了标题："拉尔夫·劳伦：一个价值 50 亿美元的帝国，建立在时尚正确（fashionably correct）基础上。"

几个月后，当卡米尼蒂在研究一个关于汤米的故事（但也从未发表过）时，热切渴望的汤米·希尔费格不停地问她："这会成为《财富》杂志的封面吗？这将会像拉尔夫一样吗？他的文章有六七页，会是这样吗？"他不停地问她。

## 4

汤米似乎对拉尔夫很着迷，相反地，拉尔夫似乎对汤米也很着迷。汤米甚至有胆量用克莱门蒂·迪·蒙达（Clemente Di Monda），他是意大利出生的老派理发师，多年来他给劳伦理发。当克莱门蒂的理发店租约于 1991 年到期时，劳伦邀请他在位于麦迪逊大道 650 号的 Polo 总部八楼的一个空房间里开了一家新商店。所以，每当汤米想理发时，都要去找拉尔夫的寓所。

在 1999 年春天有一次这样的场合，当汤米·希尔费格从理发店朝大厅走过来的时候，Polo 的员工们都大吃一惊，他在 Polo 展厅的一个办公室里闲逛，那里的商品样品陈列得很满。他环顾了一下四周，但没有人有勇气请他离开。汤米后来解释说，他是在去洗手间的路上走错了路。

拉尔夫和汤米各自在1996年秋季推出了新的牛仔系列，那时候他们并驾齐驱。每个设计师都打算花2000万美元为他的牛仔装做广告。在推出Polo牛仔的时候，拉尔夫的脑子里有了更多的东西，而不仅是超越汤米。他拼命地想要在牛仔服上引起轰动，这是他以前失败过两次的服装类别。让劳伦非常尴尬的是他一直没有掌控牛仔服（市场）——尽管这也是他在西南部和乡村浪漫形象的一部分，因为他就住在那儿。在他不断进攻的同时，卡尔文·克莱恩（Calvin Klein）在20世纪80年代一直是设计师牛仔装之王。

劳伦的第一个牛仔裤许可项目Westernwear是早在1978年的时候与Gap合作的，当时Gap的300家店铺开始销售李维斯（Levi's）服装，并寻找一些令人振奋的设计师产品。劳伦曾希望Westernwear能拥有市场，作为一个可供选择的设计师牛仔裤品牌，就像Wrangler和Lee这样的牛仔裤。但Polo Westernwear并没有吸引足够多的顾客，主要是由于紧身问题。拉尔夫设计的牛仔裤很紧身，在轻盈的模特身上看起来很棒，但对大多数人来说太紧了。"事实上，就连拉尔夫自己也开始穿李维斯的衣服了。"特拉滕伯格（Trachtenberg）在他的劳伦传记中写道。Polo Westernwear在第一年只卖出了区区1200万美元，随着Gap退出该合资公司，它很快就进入了日落阶段。大约又过了10年，劳伦才以他的牧场命名的RRL牛仔裤重新回到牛仔装市场。这一次，劳伦的梦想客户是不拘于传统的人，穿着磨旧的牛仔裤到处逛。该公司推出了一款RRL牛仔裤，别出心裁地摆放在"轮子上的店铺"——耗资100万美元定制的彼得比尔特（Peterbilt）18轮卡车，饰以雷鸣骏马壁画的车身。1993年9月22日，该设计师卡车驶进了纽约大学和卫斯理大学（Wesleyan）校园。在里面闲逛的大学生们发现了如此疯狂的价格——150美元的褪色法兰绒衬衫，70美元的磨旧牛仔裤——同样的货他们可以在特色服装店花1/3的价格买到。几个月后，RRL卡车停了下来。

但拉尔夫的第三次尝试——Polo牛仔服，就是它的魅力所在。这款牛仔服售价48美元，定价合适，而且惹人注目地配上劳伦最喜欢的象征——美国国旗。这一次，拉尔夫使用了他自己的力量重新夺回了古老的荣耀（Old Glory，星条旗），汤米也没能复制——Polo牛仔服上有一个小国旗标志，白色的RL首字母取代了星星。在广告中，泰森穿着Polo牛仔服，背景是米色和红色的条纹，这让人想起了贾斯帕·琼斯（Jasper Johns）的著名的国旗画。几年之后，当Polo向史密森尼协会捐赠了1300万美元时，拉尔夫就象征性地坐在了旗杆的顶端。

Polo牛仔服装在1996年8月进入纽约梅西百货公司（Macy's），由超级模特布里吉特·霍尔（Bridget Hall）和泰森·贝克福德（Tyson Beckford）领衔，50辆哈雷—戴维森摩托（Harley－Davidson）车手在百老汇大街上呼啸而过，到达梅西百货前面的先锋广场（Herald Square）。模特们留下来签名，整个活动得到当地媒体的零星报道。

几周后，讨嘻哈阶层喜好的宽松风格的汤米牛仔服推出了，入市手法似曾相识——所谓“轮子上的市场”，一辆汤米（Tommy）牛仔装的巡演巴士。这辆巴士包裹在一个巨大的汤米广告中，它穿过12个城市，在那里举办时装秀和派对，向粉丝们大量派送牛仔裤、CD和吉他等免费赠品。巴士上的随行人员包括安迪·希尔费格（Andy Hilfiger）和名人的孩子们：昆西·琼斯（Quincy Jones）的女儿基达（Kidada），戈尔迪·霍恩（Goldie Hawn）的女儿凯特·哈德森（Kate Hudson），还有史蒂文·西格尔（Steven Seagal）的儿子肯塔罗·西格尔（Kentaro Seagal）。“当我们到达丹佛的时候，那里人山人海，”安迪回忆说：“人们不断告诉我们，在亚特兰大和达拉斯的时候，他们在CNN上看到了我们。”

在牛仔装的战役中，两位设计师第一年的销售额都超过了1亿美元，令人钦佩。不过，零售商们一致认为，汤米牛仔装的销量和人气都超过了Polo，赢得了第一轮牛仔装大战。

讽刺的是，虽然汤米和拉尔夫一直专注于把他们的形象打磨得完美无缺，但他们却没有意识到，尽管有那么多巧妙的营销手段，大多数年轻顾客还是很难把他们区分开来。

1997年11月17日晚，在纽约联合广场（Union Square）的巴诺书店（Barnes & Noble），就有这样的时尚特点。在那里，汤米·希尔费格正在签名售书，即他的新“客厅茶几书”（或称“咖啡桌书”，coffee table book）《美国风格》（*American Style*）。当天晚上，巴诺书店是一派汤米主题装饰，背景音乐播放着大卫·鲍伊（David Bowie）创作的《年轻的美国人》（*Young Americans*）汤米主题曲，身着汤米卡其裤和细条纹衬衫的店员们在四处奔忙。最引人注目的是到场的年轻人或穿着汤米，或穿着 Polo，或两者兼而有之。

达马尼·戴维（Damani Davy）和他的两个长岛高中同学是第一批到达巴诺书店的，显示出他们对心目中仰慕的人的着迷。17 岁的戴维高高瘦瘦，穿着汤米的蓬松背心和宽松的灯芯绒裤子，裤子滑到屁股上，内裤的束腰部分露了出来，上面的字是“Tommy Hilfiger”。戴维说：“汤米俘获了街头少年的原因，主要是因为这些人都支持他。他给了我们想要穿的衣服，比如宽松的衣服，很多颜色，还有外套后面的反光。”站在他旁边的是埃罗尔·桑德斯（Errol Sanders），戴着一顶 Polo 运动棒球帽，他插嘴说：“汤米并没有被灌醉，他记得是谁把他放在那个位置的。”

站在后面的马特·斯皮罗（Matt Spiro）是一名 13 岁的孩子，留着巴斯特·布朗式的刘海（Buster Brown 是 1902 年 Richard F. Outcault 创作的连环画中的主要人物），穿着宽松的裤子、运动衫和夹克，上面都是“Polo 运动”或“拉尔夫·劳伦”的标志。斯皮罗说：“我想成为一名设计师，所以我在研究所有的时尚元素。拉尔夫·劳伦是我的最爱。我不算是汤米·希尔费格的粉丝。我有 Polo 的所有东西，鞋子、裤子和内衣都有。”斯皮罗还拥有 100 股 Polo Ralph Lauren 公司的股票，“它上市的第一天我以 26 美元买的（每股），”他冷冷地夸耀说：“我想现在大约是 28 美元。”

那么，为什么小 Polo 先生（马特·斯皮罗）要为汤米的主题夜晚而来呢？“我也喜欢汤米。他似乎比拉尔夫·劳伦更脚踏实地，”斯皮罗说：“汤米最棒的一点是他知道人们想要什么”。

在斯皮罗身后站着一个穿着带有 RL 标志的黑色高领毛衣的帅哥，他看上去就像 Polo 运动（Polo Sport）的男模特泰森，他是泰森的双胞胎兄弟，名叫埃德蒙（Edmond），他说：“我喜欢汤米，但我要支持我的兄弟泰森，他是第一个为拉尔夫·劳伦做模特的黑人。汤米使用了更多的黑色模特，我宁愿支持他而不愿支持拉尔夫。今晚我确实也穿了汤米·希尔费格的内衣。”

所以，和其他人一样，爱德蒙也是一个平等机会的顾客。尽管如此，他并没有偏信所有的炒作。“最好的牛仔裤还是 Levi’s。”他坚持说。

想法相同的设计师最终会发生碰撞，这是不可避免的。1997 年的夏天，汤米和 Polo 的广告刊登在同一本杂志上，而且使用的是同一名模特莉蒂希娅（Letitia）。在汤米的版本中，莉蒂希娅穿着红色、白色和蓝色的内衣，而 Polo 的广告则是红色、白色和蓝色的泳装。“我不知道它是怎么发生的，但我看到它时吓坏了。”托特（Toth）说，他的传媒公司设计了汤米的广告。“我敢打赌拉尔夫看到时也吓了一跳。”

## 5

汤米·希尔费格在 1997 年 11 月到达了最新时尚的顶端。他终于找到了对应拉尔夫在麦迪逊大街旗舰店的答案——他在贝弗利山（Beverly Hills）的小白宫。在时尚的罗迪欧大道（Rodeo Drive）和圣塔莫尼卡大道（Santa Monica Boulevard）的拐角，汤米从平地建造了一座两层的联邦风格的堡垒，柱子和大圆顶都是亮丽的白色石灰石，造价 2000 万美元。当旗帜在顶部飘扬时，它一跃而起与香奈儿、乔治·阿玛尼处于同一街区，而 Polo 也就在咫尺之遥。

淡梨木的内饰，配以“汤米白”的墙壁，以及一座宏伟蜿蜒的楼梯，是一个宜人的购物场所，用餐可到楼上沃尔夫冈·帕克（Wolfgang Puck）经营的餐馆。墙上挂着安迪·沃霍尔（Andy Warhol）的原作，这些都是汤米的私人藏品，包括米克·贾格尔（Mick Jagger，滚石主唱）的肖像，米克是他在马斯蒂克岛（Mustique island）上居住时的邻居。一楼停着一辆闪闪发光的定制哈雷—戴维森（Harley－Davidson）摩托，标价 4 万美元。

这家商店里销售男式、女式、儿童和婴儿的服装，当然也包括汤米最新最高级的售价 1200 美元的羊绒运动衫，就叫 Tommy，是意大利制造的。

为了庆祝他在贝弗利山的这个重要关头，汤米采取了“全场紧逼”策略。11 月 9 日周日，《洛杉矶时报》杂志将汤米的咧嘴笑脸照放在封面上，标题为“Tommy Hilfiger 90210”。周二晚，汤米出现在深夜脱口秀节目 Vibe 上，与主持人辛巴德（Sinbad）聊天。周四的《今日美国》（*USA Today*）封面故事报道称：“这就是汤米的活力，现在每个人似乎都在吵着要。”

周五晚上是周末商店开业的前奏。汤米在世纪广场酒店（Century Plaza Hotel）举办了一场黑领结小礼服（black tie）拍卖活动，其中包括达斯汀·霍夫曼（Dustin Hoffman）、西德尼·波蒂埃（Sidney Poitier）、西恩·潘（Sean Penn）和拉塞尔·西蒙斯（Russell Simmons）在内的1500名宾客都受到谢乐尔·克罗（Sheryl Crow）和娜塔莉·科尔（Natalie Cole）的盛情款待。晚餐前，有一场时装秀，模特们穿着汤米的马德拉斯短裤和宽松牛仔裤。

汤米主持了这个秀："来自《莫沙》（*Moesha*，电视剧）的艾米丽·马库斯（Emily Marcus）来了！这是来自《独领风骚》（*Clueless*，电影）的阿莱卡·唐纳（Aleca Donna）！我们有彼得·保罗（Peter Paul），我在纽约的顶级模特之一，他即将成为说唱明星！秀给大家！好咧！"最后，汤米由超级名模娜奥美·金宝（Naomi Campbell）挽着手臂走上了T台。这一活动是由有线电视音乐电台（Cable TV Music Station）录制的，并于稍后在VH－1上播送了。

第二天早上，汤米穿着一件清爽的海军蓝夹克和斜纹布裤，带着媒体参观了他的贝弗利山庄的新店。Polo的销售人员在观察停在路边的豪华轿车，窃窃私语，他们天生就很好奇。拉尔夫从来没有屈尊把自己和汤米放在同一个级别里，更不用说在同一块地方了。但在罗迪欧大道上，汤米看起来不错。"这里的人们开始时对汤米会来这里有点担心，"Polo鞋部的一位漂亮的黑发女售货员说："我告诉店长，我们需要多进一些靴子和厚底防滑鞋，你知道，所有的市区顾客现在都会在我们的街区购物了。"

经过整整一周在洛杉矶的炒作后，汤米回到了纽约，计划在他的计划表中塞进更多的东西，现在他是威廉·莫里斯经纪公司（William Morris Agency）的客户，该公司正在为他开发电影、音乐和出版物。

汤米的增长战略是正确的，它是围绕一个25年计划制定的。霍洛维茨在1997年解释说："这是一代人的事情。这是要必然发生的事。下一代人不想穿他们父母的衣服，这就是我们之所以要规划的。大家把我们与拉尔夫来比。好吧，这很好，这就是我们要说的：'我们是下一代拉尔夫·劳伦，因为有什么更好的模式可以效仿？'"

"我们现在已经走到一半了，因此我们开始看到这一切是如何奏效的。"霍洛维茨继续说道："拉尔夫也面对了这些问题。他也不得不诚实面对。他做了一些伟大的事情，用 Polo 运动（Polo Sport）来重塑自己。没有多少人能做到这一点。但是他建立了这样一个坚实的基础，即使有一些颠簸，他也能经受得住，并且坚强地回来。我们还没有进入那个层次。但这正是我们想要的”。

的确，时尚在前进。

聪明的市场营销加上坚固的商业模式，劳伦和汤米设计出了时尚体系，以适应现代的节奏。然而，他们总是会受到挑战，时刻要保持警觉。在 2000 年和以后，劳伦将不得不寻找更多的方法来吸引 X 一代（Generation X）的顾客，而汤米将会和他在 20 世纪 90 年代赢得年轻顾客一样，要面对如何跟当代的年轻人一起成长。

尽管如此，曹其峰仍坚信汤米拥有真正的持久力。他说：“也许我们可以打破这种服装公司持续不超过两代人的局面。”他评论道：“过去历史上所有的品牌名称都带有势利、虚荣的形象。我们从来没有在这种自视甚高上建立我们的形象，人们也不会因为虚荣的原因而穿戴汤米。他们穿汤米的衣服是为了有个性。幸运的是，这恰好与整个社会的转变相吻合。”

的确，社会已经发生了变化，因为越来越多的人不再被迫在一个设计师和另一个设计师之间做出选择。不可避免的是，对汤米和拉尔夫来说，最难对付的竞争来自 Gap，以及它的姐妹店香蕉共和国（Banana Republic）和老海军（Old Navy），他们出色地把他们主张的美国外观（American Look）以低价格推出。Gap 已经证明，他们可以拥有与设计师品牌相同的影响力和声望。

现在至关重要的是驱使汤米和拉尔夫品牌的个性力量。这些曾经的局外人能否继续施展他们的内在魅力，使美国梦归属感更加真实，让他们的追随者更容易接近？如果顾客相信古老荣耀（Old Glory，星条旗）的力量，答案是非常清楚的。

# 第四章 什么是真正的传奇：乔治·阿玛尼占领好莱坞

新闻界传递给读者的时尚是一种扭曲的时尚形象。在他们描述的时尚世界里充斥着疯狂的人，这些人都是穿着不真实的女人和男人。这与我展示时尚的方式正好相反。

乔治·阿玛尼（Giorgio Armani），1998 年 7 月 30 日

## 1

1996 年 9 月 12 日，举办爱姆普里奥阿玛尼（Emporio Armani）音乐会的晚上，即使用纽约的标准来衡量，也是一个迷人的夜晚。21 点以后，洛林·希尔（Lauryn Hill）和他的流亡者合唱团（The Fugees）用嘻哈风格演唱罗贝塔·弗莱克（Roberta Flack）的歌谣《温柔地杀死我》（*Killing Me Softly*），三个人在舞台上尽情歌唱摇摆，演出非常精彩，现场的气氛开始变得热烈，观众情绪被调动起来，而且愈演愈烈，一个接一个地站起来，在过道里唱着歌，蹦蹦跳跳地走着。

在离开舞台之前，流亡者合唱团成员们聚集在麦克风前，对着当晚的时尚主持人大喊一声："我们想感谢阿玛尼给贫民区的几个孩子的一些漂亮衣服。"

乔治·阿玛尼（Giorgio Armani）站在大约第四排观众席中，兴高采烈地咆哮着，向舞台飞吻。音乐会充满了活力，以他原本想要的方式进行。正如演员米拉·索维诺（Mira Sorvino）后来所赞美的那样，流亡者合唱团的即兴插入对阿玛尼的称赞是崇高的。这些赞美传达了一个强有力的信息，那就是很多非常酷的

人喜欢并欣赏乔治·阿玛尼。这位资深的时尚豪杰可能期待能从这场活动中获得更多机会，因为有线电视网购买了演唱会电视转播权，数百万人将通过有线电视网（VH－1）观看这次演唱会。

这一夜对这位米兰时尚大师来说是又一个大胜利。阿玛尼在秋天来到曼哈顿，在麦迪逊大道（Madison Avenue）上开设了两家新旗舰店。1996 年 9 月 10 日，阿玛尼邀请媒体参加鸡尾酒会，邀请了 100 位名人朋友，在他位于 65 大街的同名时尚精品店里享用晚餐，前往的人们可以得到价值 2500 美元的“黑色标签”阿玛尼套装。

两天后，阿玛尼举办了音乐演唱会形式的开幕仪式，庆祝位于第 58 大街和麦迪逊大道精品店的开业。对于阿玛尼而言，这是一个重要时刻，他在开幕式上出售精简版的阿玛尼服装，30 多岁的人可以花 800 美元买到一件意大利风格的服装。爱姆普里奥音乐会是阿玛尼通向未来的桥梁，他竭尽全力创造了一个令人难忘的夜晚，并产生了大量的轰动效应。

爱姆普里奥阿玛尼音乐演唱会被称为“高能量、高规格的时尚庆典”。曼哈顿传奇花商兼派对策划人罗伯特·伊莎贝尔（Robert Isabell）和阿玛尼的员工们把莱克星顿大道第 26 号变成了豪华的鸡尾酒会客厅。悬臂式的台阶铺上了地毯，营造出一个舒适的剧院环境，客人们坐在厚厚的枕状物上，面前是被还愿蜡烛照亮的小桌子。一排身着黑色 T 恤的帅哥送来了饮料，还有盛着点心和烤鸡肉的托盘。

已经 62 岁的阿玛尼，时髦而充满活力。他拥有深褐色的皮肤、雪白的头发和漂亮而真诚的监眼睛。他穿着紧身的海军 T 恤和平头裤，使他那修身的迪斯科身材一览无余。从晚上 7：30 开始，时尚主持人在许多门卫的陪同下在入口处欢迎与会来宾，并与每一位来宾握手致意，其中有市中心俱乐部的孩子、时尚界达人以及许多名人，包括阿诺德·施瓦辛格（Arnold Schwarzenegger）、迈克·泰森（Mike Tyson）、罗伯特·德·尼罗（Robert De Niro）、劳伦·巴考尔（Lauren Bacall）、昆西·琼斯（Quincy Jones）、迈克尔·基顿（Michael Keaton）、斯派克·李（Spike Lee）、帕特·莱利（Pat Riley）、薇诺娜·赖德（Winona Ryder）、卡罗琳·肯尼迪（Caroline Kennedy）和她的哥哥小约翰·肯尼迪（John F. Kennedy Jr.）以及约克公爵夫人莎拉·弗格森（Sarah Ferguson）。

音乐演唱会融合了最前沿的流行音乐：包括希尔（Hill）和她的流亡者合唱团（The FuGees），雅戈布·迪伦（Jakob Dylan）和他的壁花合唱团乐队（The Wallflowers），R&B 和新灵魂歌手迪·安格罗（D'angelo），独立蓝调天后米舍儿·恩德戈瑟罗（Me'Shell Ndegeocello），还有吉他手同时也是阿玛尼的好友兼步行广告牌设计师埃里克·克莱普顿（Eric Clapton）。当然还包括一场时装秀，另外还播放了一段珍妮佛·蒂莉（Jennifer Tilly）主演的古怪视频，她在片中饰演一个留着"爆炸头"的喜欢逛街的年轻人，因得益于"拯救阿玛尼"（Salvation Armani）的时尚魅力，突然变得时髦起来。大家在吃了一顿意大利面自助餐后，都到舞厅里去跳舞，直到凌晨 2 点阿玛尼还在跳，并且已经挥汗如雨。

阿玛尼在时尚领域肯定是最受欢迎的。他花了大约 200 万美元举办这场音乐会，并熬夜玩了一宿，但是这些花销和时间均物有所值。音乐会的成功再次证明，乔治·阿玛尼这个人和这个品牌，在古驰、普拉达和杜嘉班纳等时尚新贵的冲击下，在时尚界仍旧非常具有竞争力。

这场派对也证明，没有加布里埃尔·福特（Gabriella Forte）的指导，阿玛尼仍然有能力让自己的品牌形象焕发生机。加布里埃尔为阿玛尼工作过 15 年多，她曾经是阿玛尼钢铁般的执行者、阿玛尼形象的守护神，也是阿玛尼在媒体方面的沟通渠道。1994 年春天，福特离开阿玛尼，加入卡尔文·克莱恩（Calvin Klein）集团担任该公司的总裁，阿玛尼知道后感到非常震惊。阿玛尼通过《女装日报》厉声说道："他招募了我的人，我的时装系列，接下来他会给我打电话，让我来领导他的设计工作室！"

加布里埃尔·福特的突然辞职深深刺痛并激怒了阿玛尼，然而，阿玛尼并不会被打倒，十年前他曾经历过一次更大的打击并且从打击中恢复了过来。1985 年，阿玛尼强有力的联合创始人兼密友塞尔吉奥·加洛蒂（Sergio Galleoti）在久病后去世。塞尔吉奥曾经是一位建筑设计师，他鼓励阿玛尼自己出去打拼，1975 年，他们共同出资 10000 美元，成立了乔治·阿玛尼水疗中心。

阿玛尼称他与塞尔吉奥的关系是"伟大的共谋"。他们各自住在位于米兰公司总部自己的公寓里，这是位于威亚博尔古诺沃（Via Borgunuovo）大街的一座庞大的 17 世纪的宫殿。塞尔吉奥进取向上且性格外向，他巧妙地处理了公司的各项业务，使严肃、保守的阿玛尼得以释放，可以在其自己的工作室里专注地进行设计。

塞尔吉奥的死是阿玛尼一生中的重大事件，对他的影响非常大。从那时起，阿玛尼不得不亲自处理各项事务，并长期策划，立志将公司打造为一个不依赖任何个人才能的公司。

1999 年，阿玛尼年满 65 岁，他已经开始实施艰难的转型。他放手把更多的责任交给年轻的员工，并在公共场合给予他们更多的信任。1997 年 3 月，他说："就目前而言，他们仍然依赖我。但我认为依靠一个人是危险的，这就是为什么我想让公司去人格化的原因。"阿玛尼在那年晚些时候做出了这种姿态，当时他经常会领着他的男装设计团队的成员们一起站在 T 台上向观众鞠躬致谢。

在经历了这么多年的紧张岁月之后，阿玛尼终于准备放松了。1997 年 3 月，他回忆道："我有一个过于严肃的形象，就像被捧在神坛上一样。但我现在感觉更自在了，无须考虑太多，也没有障碍，我改变了很多……我现在抓住机会微笑。"可以肯定的是，阿玛尼的个人打扮让他更加大胆和意气风发。1996 年他想通过爱姆普里奥音乐演唱会来提升自己的形象的决定是一场赌博，因为他想塑造的是一个年轻的商业化的阿玛尼形象，而他在大众心目中却一直是一种成熟、永恒的风格形象。但阿玛尼成功了，他成功地举办了一场魅力十足而悠闲的晚会。他给人们的印象是轻松、机敏而风采优雅——而不是像一些傻瓜那样过于努力。音乐演唱会举行几个月后他透露："在那次派对上感觉非常年轻，非常有趣。所有的名人都在场，晚会有一种阿玛尼的氛围。这是人们可以记忆长久的有影响力的事件之一。"

对阿玛尼而言，那次成功的音乐会既给他带来了无形的精神上的回报，也给他带来了大量有形的回报，如电视报道、大量的新闻报道以及善意的溢美之词。显然，这位几乎不会说英语的意大利大师对高级时尚营销语言非常精通。

从 20 世纪 80 年代早期开始，乔治·阿玛尼就一直是世界上最畅销的设计师之一。他既是一位时尚创造者，也是一位营销创造者，时尚和营销等同于牛排和牛排的"嘶嘶"声，在他这里二者均等且合二为一。在他创建时尚帝国并成为明星偶像之前不久，阿玛尼就已经拥有了时尚革命者的头衔。1975 年，他的时装店开业时，他身着一套无构造的西装，宽松的斜翻领上衣，看上去像件毛衣，非常时髦。阿玛尼的签名样式服装风格拿掉了夹克衫的衬里和垫肩、裤子上的折痕以及衬衫领子的挺括，从而模糊了运动装和西装之间的区别。他的西装都是羊毛、开司米和亚麻织品，面料柔软而有质感，垂感十足，皱褶优雅，图案均为淡褐色和灰色，突出一种舒适而轻松的成熟。与其他高级时装商不同的是，阿玛尼一直有规模地生产高质量的定制服装。零售商认为没有人做得比他更好。

世界著名的高档百货连锁店巴尼斯纽约精品店（Barneys New York）是第一个销售阿玛尼服装的美国零售商。1976年，巴尼斯百货的老板弗雷德·普雷斯曼（Fred Pressman）订购了一批阿玛尼皱褶西装，他相信巴尼斯百货的前卫顾客会选择，这批服装很快被销售一空。继巴尼斯后，萨克斯第五大道（Saks Fifth Avenue）、布卢明戴尔百货（Bloomingdale's）和时髦的哈伯达斯（Haberdashers）——包括波士顿的路易斯（Louis 订购了阿玛尼的服装。但对这位设计师来说，最具吸引力的是好莱坞。在1980年的电影《美国舞男》（*American Gigolo*）中，演员理查德·基尔（Richard Gere）饰演一个神气活现的贝弗利山庄（Beverly Hills）帅哥，该电影可以说是一场阿玛尼时装秀。影片中最佳时尚时刻是基尔深情地把叠得整整齐齐的不同式样、不同颜色的阿玛尼衬衫扔在床上的场景。衬衣脖领的特写镜头可以清楚看到Giorgio Armani标签。

《美国舞男》让阿玛尼进入了公众视线。第二年，阿玛尼的年销售额达到了惊人的9000万美元。从好莱坞到华尔街，再到普通的街头巷尾，喜欢细条纹的男人们将阿玛尼衣着变成了一种习惯。知道男人们对一种服装如此着迷确实很有趣。在匹兹堡拥有两辆洗车店的老板马克·吉尔曼（Mark Girman）告诉《华尔街日报》，阿玛尼改变了他的生活，他在观看了电影《美国舞男》后，喜欢上理查德的穿着，转向了新的时尚。9年后，这位洗车行家收集了许多阿玛尼的作品，包括25套西装，许多衬衫和领带，1件大衣和8双鞋子。

阿玛尼也曾对新一代的女性高管施展了同样的魔力。女高管们对巴黎推出的精致时髦的高级时装并不感兴趣，而是钟情于阿玛尼服装，阿玛尼柔软舒适的剪裁在女权世界大受欢迎。阿玛尼着装可让女士们看上去更加老练成熟，即使在饱餐一顿之后呼吸也很容易。阿玛尼的裤装保守而优雅，穿上去显得具有权威和影响力。CNN女主播薇露·贝尔（Willow Bay）喜欢在镜头前穿着阿玛尼服装，薇露告诉《时尚芭莎》杂志："穿阿玛尼服装是安全的。"大多数女性都很欣赏阿玛尼服装在每年中的微小变化，风格巨变会惊吓到她们。阿玛尼曾说："变化必须是微妙的，当一个女人的着装从一个季节到另一个季节变化得太多时，她就成了时尚的牺牲品。”

可以说“阿玛尼”品牌的服装在时尚界就像Kleenex纸质产品在日常生活中一样非常流行。《女装日报》的帕特里克·麦卡锡（Patrick McCarthy）说：“阿玛尼改变了整个世界的穿衣风格。”意大利针织品设计师罗丝塔·米索尼（Rosita Missoni）说：“阿玛尼让女人穿上了男装，他是一个天才。”罗丝塔设计的花色毛衣也是时尚经典。

阿玛尼可能是无结构西装的发明者，但他并没有长期拥有它。在时尚界，模仿一直以来都是通往流行的最快途径，阿玛尼仿冒品出现的速度比后院的蒲公英生长得还要快。自20世纪80年代以来，第七大道的许多服装制造商都推出了各自的款式，并无一例外地将其标榜为“我们的阿玛尼夹克”。梅西百货（Macy's）推出了一个意大利风格的品牌，为了迎合阿玛尼（Armani）潮流，其品牌名称是Alfani，发音非常接近Armani。精打细算的时尚女性知道该去哪里买阿玛尼风格的服装，那就是卡尔文·克莱恩（Calvin Klein）百货公司，那里的高品质仿冒阿玛尼西装的价格至少比真品低20%。

对于阿玛尼来说，市场上大量的仿冒品是一种证明他的时装非常流行的方式，也是激怒他的源头。当发现其他人不断地仿冒他的设计时，这位设计师变得非常恼怒。1982年秋天，由于媒体拒绝按他要求的方式行事，他彻底被激怒了，突然取消了他10月的时装秀。为了防止仿冒品抢先一步出现在市场上，阿玛尼试图说服参加他时装秀的时尚媒体推迟发表评论的时间，要求他们在他的服装抵达商店几个月后再发表评论，但时尚媒体拒绝了他的要求，称他的担忧是杞人忧天。

但是阿玛尼大发脾气只不过是八卦专栏中的一个情节剧，很快就烟消云散了。第二年他成功地举办了一场时装秀。1983年7月19日，《纽约时报》报道：“来自欧洲的新闻大部分与阿玛尼有关，这位意大利设计师曾经说他永远不会再举办时装秀，但是他确实又举办了，他的服装系列使他成为赢家。”

阿玛尼开始变得真实并专注于他的设计。10年后，他已经有办法使自己不再为仿冒品而烦恼。在当时担任阿玛尼美国分部总裁科洛比·尼古拉斯（Colombe Nicholas）的建议下，阿玛尼聘请了23岁的美国黑人帕特里克·罗宾逊（Patrick Robinson）来设计仿冒品，帕特里克是一位相对缺乏经验的人才。科洛比通过征集一个假想的阿玛尼服装系列的设计草图对几个求职者进行了面试。她认为帕特里克的设计草图最符合阿玛尼的服装精髓。加布里埃尔·福特（Gabriella Forte）同意科洛比的主意及面试结果，并对兴奋的帕特里克说："我知道阿玛尼一定会喜欢你的。"

帕特里克是一名毕业于纽约帕森设计学院的学生，于1992年2月搬到米兰，以每年80000美元的薪水担任阿玛尼二线女装品牌Le Collezioni的设计总监，其定价低于他的顶级设计，服装里面的标签是黑色带有白色字体，所以了解的人都称其为"黑色标签"。阿玛尼的黑色标签成为了优质标准。拉尔夫·劳伦（Ralph Lauren）在英国推出的"紫色标签"时装模仿了这一标准，除了拉尔夫，没有其他人模仿。

"我在阿玛尼的那些年是一个设计师所能接受到最好的培训的几年。"帕特里克解释说，他与阿玛尼度过了他在米兰的第一个月，他每天都与阿玛尼在一起工作。一个月以后，他就开始独立工作。阿玛尼坚持要帕特里克也做他自己在20世纪60年代所做的事情：首先学习工艺，其次学习设计。于是帕特里克定期到附近的都灵上班，研究这些衣服是如何在Gruppo GFT工厂里生产的，Gruppo GFT是一家生产Le Collezioni的制造商。

帕特里克回忆道："阿玛尼让我懂得工厂里的技术人员并不总是那么善于搭配服装。阿玛尼知道一种夹克应该是什么样款式的，但他不会说具体尺寸是23英寸或其他。他可以看着衣架上的东西就告诉你其上身的效果。"

从一开始，二线品牌Le Collezioni的销售额就"突飞猛进"，科洛比回忆说：很快，Le Collezioni超越了"黑色标签"成为阿玛尼女装业务的核心。帕特里克完全理解阿玛尼的设计理念和造型，而且他和阿玛尼完全同步。但话说回来，帕特里克确实有一位伟大的大师来诠释指导。

帕特里克称阿玛尼为完美主义者，而且很直接，从不拐弯抹角。"我们吵得很凶，他对着我大喊！"他笑着说："但阿玛尼非常酷，非常了不起，他用自己的头脑管理着这个庞大的帝国。"他什么都知道，了解每一个细节。所有的事情都在他的完全控制中。1994年帕特里克从阿玛尼辞职，在纽约设计了安妮·克莱恩（Anne Klein）服装系列。

尽管二线品牌 Le Collezioni 非常成功，但阿玛尼总是对他的竞争对手保持警惕。阿玛尼解释说："我关注被复制的东西，因为我总是需要保持距离。"

对阿玛尼来说，距离在设计层面上意味着厘米而不是英里。阿玛尼从来都不喜欢紧跟最新的 T 台潮流，他宁愿待在原地不动，循环利用他的核心设计轮廓，每一季只做少量修改。当然，阿玛尼一直在设计很多值得重复的具有漂亮外观的服装，这并没有影响他的服装的流行。

虽然阿玛尼的做法似乎相当合乎逻辑，但这并不是高级时装的惯常做法。在 20 世纪 90 年代，更多的设计师养成了"休克疗法"的习惯，T 台上出现许多挑衅、怪异而又惊险的服装系列，时尚杂志的编辑称赞他们推动时尚"向前发展"。

但是阿玛尼并不像劳伦（Lauren）和汤米（Tommy）那样效仿时装编辑们所吹捧的风格。阿玛尼知道他的客户所喜欢的是他稳健的服装风格，即使是仿冒品，他们还是不停购买。他的业务一直在稳步增长，在 20 世纪 90 年代的大部分时间里，阿玛尼一直是萨克斯第五大道（Saks Fifth Avenue）和内曼·马库斯（Neiman Marcus）最畅销的设计师品牌。

阿玛尼所主张的时尚惯例体现了时尚的终结。成熟的人不再关心时尚是前进还是后退，他们只是想要时尚为他们提供适合现代生活的漂亮衣服。阿玛尼天马行空、反时尚的姿态与休闲服饰的时代思潮不谋而合。现在，人们都以自己的时尚方式而穿着，就像记者卡尔·伯恩斯坦（Carl Bernstein）那样，卡尔对《华尔街日报》说，他喜欢把自己价值 1500 美元的阿玛尼夹克和破旧的牛仔裤搭配在一起。

1997 年 9 月，阿玛尼通过杂志《纽约》宣布："对我而言，时尚已经结束。也就是说，所谓的'这是时尚，你必须这样穿'的时代已经结束。时尚是女人创造的。一个上穿一件阿玛尼夹克、下着一条吉利（Gigli）裙子的女人，就是时尚。"

这种反时尚哲学的讽刺之处在于它花了很长时间才得以站稳脚跟。1975 年，阿玛尼设计创作了无结构西装，其各种改良的造型在时尚界延续了 20 多年。更重要的是，他主要是通过销售昂贵的服装而创建了一个价值 10 亿美元的帝国，而不是像卡尔文·克莱恩（Calvin Klein）那样销售香水、牛仔裤和内衣。

从一开始，阿玛尼就坚定地想成为一个高端时尚服装品牌，他沉浸在那种令人陶醉的无形的神秘感之中。在顶级设计师中，神秘感通常是快速而短暂的，而阿玛尼的秘密武器是名人效应，名人是当今最强大的时尚偶像。全世界都把阿玛尼与富人和名人联系在一起。当房地产经纪人和广告高管看到格伦·克洛斯（Glenn Close）或劳伦·赫顿（Lauren Hutton）身着阿玛尼服装时髦而精干的样子时，他们也选择了阿玛尼。

从电影《舞男》到奥斯卡，阿玛尼受益于长期以来的明星着装传统，多年来，这种做法有效地将他自己和其他设计师变成了明星。

时装设计师和好莱坞之间的共生关系可以追溯到 20 世纪 50 年代，当时时装设计师休伯特·德·纪梵希（Hubert de Givenchy）与奥黛丽·赫本（Audrey Hepburn）开始了令人兴奋的交往，赫本是世界上最著名的影星兼时尚偶像。到了 20 世纪 90 年代末，许多设计师都夸耀自己为莎朗·斯通（Sharon Stone）、格温妮丝·帕特洛（Gwyneth Paltrow）或当时的一些电影或戏剧中天真无邪的姑娘设计了服装。但是，只有当这些杰出人物将顾客吸引到商店时，“联合镀金”才有意义。并不是很多设计师或明星可以达到这一要求。

然而阿玛尼可以做到。他是第一个利用好莱坞最有影响力、最知名的一线演员、导演、制片人和经纪人为他设计的服装进行宣传来打造名人效应的设计师，与其相关的头条新闻成为他的主要营销计划的一个组成部分，以保持他的商标在客户中的知名度和热度。

阿玛尼的名人效应策略的核心是奥斯卡奖——每一年度中最大、最重要的拍照和摄影活动。1988 年，阿玛尼在比佛利山庄（Beverly Hill）开了一家精品店，然后这位设计师决心成为奥斯卡之夜的首选设计师。1991 年《女装日报》称奥斯卡为“阿玛尼奖”，因为每个人都穿着阿玛尼服装。在奥斯卡奖上获得意外成功后，阿玛尼与几十位穿着他设计的服装的名人建立了密切关系，并为他主持的活动增光添彩。1990 年 10 月，他在纽约现代艺术博物馆（New York Museum of Modern Art）举办了一场庆祝“米兰制造”（Made in Milan）的晚宴，这是一部关于阿玛尼的纪录片，由马丁·斯科塞斯（Martin Scorsese）执导。晚宴上随处可见一张张著名面孔，包括斯科塞斯（Scorsese）、理查德·基尔（Richard

Gere）、辛迪克·劳福德（Cindy Crawford）、小约翰·肯尼迪（John F. Kennedy Jr）以及罗伯特·德·尼罗（Robert De Niro）等名人。这些社会名流使阿玛尼在媒体和电视上得到大量曝光，因为他们是阿玛尼的客人，也是公众喜爱看到的人。

为什么名人代言对顾客有如此大的吸引力？《造型》（*In Style*）时尚杂志的编辑玛莎·纳尔逊（Martha Nelson）说："名人效应之所以效果显著，是因为人们认为那些名人是真实的人，而不是模特。人们和这些名人或他们饰演的角色有共同或类似的经历。当我们看到演员黛米·摩尔（Demi Moore）时我们可能这样想：'我记得她在《幽灵》（*Ghost*）里剪了个小发型，不是很神奇，她对脱衣舞很着迷吗？'我们觉得我们认识她已经有很长一段时间了，而且有一种情感上的联系。"

《造型》时尚杂志于1994年9月首次亮相时，封面采用的是身着海军蓝阿玛尼服装的著名演员安妮特·贝宁（Annette Bening）的照片，巧妙地利用了公众对名人风格的推崇。出版商时代公司（Time Inc.）借鉴了《人物》（*People*）杂志的成功经验，推出了一款更时尚的混搭，在该出版社出版的《造型》杂志上，有明星们的全身照片，有明星走在大街上的照片，有明星在电影首映式上的照片，有明星在自己豪宅里的照片，当然，还有奥斯卡颁奖典礼上的照片等。《造型》杂志在第三年就开始实现盈利，到1997年底，该杂志的发行量超过了100万份，创下了历史纪录。

随着迷上阅读《造型》时尚杂志的富裕顾客的增多，在詹尼·范思哲（Gianni Versace）的引领下，越来越多的时尚品牌争相成为杂志的广告商，詹尼·范思哲（Gianni Versace）是首批认识到杂志广告有强大影响力的设计师之一。

资深时尚记者兼范思哲现象观察家哈尔·鲁宾斯坦（Hal Rubenstein）说："范思哲喜欢《造型》时尚杂志的风格。范思哲认为人们厌倦了看模特。奇怪的是，他认为电影明星看起来更像真人一些。她们胸部不够完美，臀部宽大，更平易近人，人们容易与他们有感情上的联系。"

和阿玛尼一样，范思哲很早就开始与名人合作。范思哲与名人之间的合作很自然，因为他的许多标志性服装都是为舞台设计的，比如为男士设计的闪亮印花丝绸衬衫和为女士设计的紧身礼服。范思哲的主要人物是他的密友、歌手埃尔顿·约翰（Elton John）。1996 年秋天，范思哲在第五大道开设了一家精品店并举办了一场时装秀，埃尔顿·约翰坐在时装秀的前排并演唱了几首歌。范思哲还请明星担任他的广告模特，其中包括歌星麦当娜（Madonna）和考特尼·洛夫（Courtney Love）。

本着阿玛尼的精神，范思哲联络过最有名气的艺人，包括演员、导演及制作人西尔维斯特·史泰龙（Sylvester Stallone）、歌手蒂娜·特纳（Tina Turner）和女演员伊丽莎白·赫利（Elizabeth Hurley）。范思哲也经常和那些声名狼藉的人联系在一起，比如经常在公共场合穿范思哲服装的麦克·泰森（Mike Tyson）。范思哲曾向记者吹嘘说唱歌手图帕克·沙克尔（Tupac Shakur）“在走进监狱的那一天和走出监狱的那一天都穿着范思哲”。时尚界人士可能会这样说：富人的妻子穿阿玛尼，而他的情妇则青睐范思哲。

1997 年 7 月，詹尼·范思哲（Gianni Versace）被谋杀之后，他的妹妹多纳泰拉·范思哲（Donatella Versace）接手了范思哲公司。她沿用了已故哥哥的策略，继续在时装秀上使用名人效应。1998 年 7 月，多纳泰拉在巴黎举办了她的第一场高级时装秀，到场的有说唱歌手、唱片制作人兼企业家肖恩·普菲·库姆斯（Sean Puffy Combs），美国女演员梅兰妮·格里菲斯（Melanie Griffth）以及歌手、演员、电视制作人、流行设计师兼舞者詹妮弗·洛佩兹（Jennifer Lopez），他们都身着范思哲服装。这些明星的参与使范思哲时尚品牌更加光彩夺目，据称 1997 年其年销售额超过了 5 亿美元。

首先是阿玛尼，其次是范思哲，通过使用明星力量来促销时尚服装而树立了一个新标准，其他行业也紧随其后，纷纷开始使用名人效应。事实上阿玛尼从来没有在美国待过多久，也不会说英语，但他设法吸引了所有名人的注意，比卡尔文·克莱恩（Calvin Klein）这样精明的营销者早很多年，这不仅是因为他对现代文化所具有的本能的敏锐性，也是意大利人比较敏感的结果。

《女装日报》驻米兰记者萨拉·弗登（Sara Forden）说：“意大利设计师们一直在寻找接触美国公众的方法，他们立足于美国人的心态和美国人的习惯，很快就发现了商业趋势和生活方式趋势方面的热点。”

意大利时装设计师长期以来都被好莱坞的文化所吸引，或许这是因为意大利人一直需要推广自己本土的电影产业。20 世纪五六十年代是著名的罗马电影工作室 Cinecitta 的黄金年代，这家工作室出品了一系列国际大片，如《甜蜜生活》（*La Dolce Vita*）和《阿文图拉》（*L' aventura*），造就了世界级的电影明星索菲亚·罗兰（Sophia Loren）、吉娜·洛布里吉达（Gina Lollobrigida）和马塞罗·马斯特罗尼（Marcello Mastroianni）。米兰管理顾问阿曼多·布兰基尼（Armando Branchini）表示："在意大利，我们没有法国那样的皇室，电影明星就是我们的皇室成员。"

但在 20 世纪 50 年代的巴黎高级时装沙龙里，电影明星的光芒并不那么耀眼。1955 年，克里斯汀·迪奥（Christian Dior）拒绝为一部由碧姬·芭铎（Brigitte Bardot）主演的电影提供婚纱。碧姬·芭铎当时是一名冉冉升起的明星。迪奥的传记作家玛丽埃法·波切娜（MarieFrance Pochna）写道："迪奥不可能允许他的服装在屏幕上粗俗地展示，从而招致一些最优雅客户的不满。迪奥是非常势利的，他对赖以生存的贵族们的排名和评价非常高，而认为舞台和银幕上的表演只不过是东施效颦式的模仿，苍白无力。"

因此，当迪奥的时装设计师们把他们的希望寄托于欧洲贵族和美国社会名流身上时，意大利人则开始仰仗明星。20 世纪 60 年代，意大利的高级时装以罗马为中心，瓦伦蒂诺·加拉瓦尼（Valentino Garavani）成为好莱坞最受欢迎的设计师。瓦伦蒂诺肤色黝黑、帅气，眼睑很重，他不仅是一位天才的时装设计师，也是一位讲究饮食和社交、喜欢享受的人，他是甜蜜生活的化身。瓦伦蒂诺在他的豪华游艇和富丽堂皇的豪宅中，喜欢以宏大的规模来招待宾客，身边经常围绕着像伊丽莎白·泰勒（Elizabeth Taylor）和乔安·科林斯（Joan Collins）等好莱坞传奇人物，他们是他最喜欢的客户。20 世纪 90 年代，瓦伦蒂诺把目光投向了好莱坞的穿着时髦的代表人物莎朗·斯通（Sharon Stone）。在庆祝商界 30 周年纪念日时，他举办了一场黑白舞会并邀请了索菲亚·罗兰（Sophia Loren），当时他的客户——流行音乐歌手艾瑞莎·富兰克林（Aretha Franklin）和著名歌手、演员兼谐星贝蒂·米德勒（Bette Midler）深情地引吭高歌"生日快乐"。1992 年的庆祝活动与一年前瓦伦蒂诺首次在他位于罗马的宏伟别墅里庆祝自己 30 周年纪念日的庆祝活动有所不同，到场的宾客除了许多明星，还有欧洲皇室成员。

瓦伦蒂诺为阿玛尼的好莱坞营销树立了一个有力的典范，而另一位魅力非凡的意大利设计师尼诺·塞尔鲁蒂（Nino Cerruti）首先将阿玛尼推向了电影明星的世界。1964～1970 年，阿玛尼担任塞尔鲁蒂的设计助理，当时塞尔鲁蒂开始给荧屏上欧洲演员设计服装。

1960 年，在尼诺·塞尔鲁蒂 30 岁时，成为了以细羊毛织物闻名意大利的纺织制造商塞尔鲁蒂 1881（Cerruti 1881）的第三代领导人。这位年轻的纺织品继承人非常时尚且讲究造型。他是一个温文尔雅的凯里·格兰特（Cary Grant）式的人，而他那迷人的妻子尚塔尔（Chantall）是巴伦西亚加（Balenciaga）的前任模特。在皮尔·卡丹（Pierre Cardin）领导的孔雀革命的前沿，尼诺·塞尔鲁蒂（Nino Cerruti）喜欢上了男装设计师的角色，皮尔·卡丹具有雕塑质感的服装是 20 世纪 60 年代的流行风潮。塞尔鲁蒂在巴黎开了一家高级男装精品店，这成为他打入罗马、巴黎和好莱坞电影制片厂的跳板。

塞尔鲁蒂喜欢舞台表演。1958 年夏天，他策划了一场宣传噱头，主角是金发性感尤物安妮塔·埃克伯格（Anita Ekberg）。安妮塔因出演了著名的电影《甜蜜的生活》（*La Dolce Vita*）而一炮走红。塞尔鲁蒂雇用安妮塔帮助他宣传一种称为“军队”（battalion）色的新颜色，是一种用于男装的绿色或汽油蓝色。

首先，塞尔鲁蒂说服意大利蓝旗亚（Lancia）汽车制造商定制 40 辆同样色调的“美国”敞篷车。塞尔鲁蒂非常容易地和蓝旗亚达成了协议：“因为蓝旗亚将这次合作视为宣传他们产品的机会，他们没有收取任何费用。想象一下，如果你今天去一家汽车制造商那里，对他说：‘请给我油漆四十辆汽车！’他会有什么反应！”

在塞尔鲁蒂举办时装秀的那天，由蓝旗亚大篷车组成的一个车队在罗马街道上巡游，每个大篷车上有一个穿着蓝色裙装的漂亮模特。巡游结束后车队行驶到为了这次活动而被封锁的威尼托大街（Via Veneto），这里有当地著名的游乐场。

一辆蓝旗亚大篷车被留下来在附近的怡东（Excelsior）酒店进行展示，塞尔鲁蒂 1881 在那里举办了一场男装时装秀。模特们首先在 T 台展示了汽油蓝西装，然后埃克伯格身穿塞尔鲁蒂设计的紧身蓝色数字服装出现在 T 台，她在蓝旗亚大篷车的引擎盖上打碎了一瓶香槟，而狗仔队则在一旁不停地拍照。塞尔鲁蒂说：“这就是我们发布新颜色的方式，非常疯狂，但也非常甜蜜。”他坚持认为这一策略是奏效的。据他回忆，当年欧洲许多最时尚的男士都选择了塞尔鲁蒂蓝色。

塞尔鲁蒂巴黎精品店坐落在繁华的玛德列尼（Place de Madelaine）广场，位于巴黎右岸购物区的中心地带。精品店以其精致的剪裁而闻名，并吸引了许多著名演员，特伦斯·斯坦姆普（Terence Stamp）、迈克尔·凯恩（Michael Caine）和让—保罗·贝尔蒙多（Jean – Paul Belmondo）后来都成了他们的常客。奥森·威尔斯（Orson Welles）在塞尔鲁蒂订购了不少帽子。没过多久，塞尔鲁蒂就在镜头前给他的著名客户试穿衣服。1965 年，塞尔鲁蒂为出演法国电影《江湖龙虎斗》（*Borsalino*）的贝尔蒙多和阿兰·德龙（Alain Delon）设计提供了双排扣西装。在 20 世纪 70 年代，塞尔鲁蒂服装出现在好几部法国和意大利电影中，著名演员伊夫·蒙德（Yves Montand）和凯瑟琳·德纳芙（Catherine Deneuve）以及丽芙·乌尔曼（Liv Ullmann）都曾穿过塞尔鲁蒂服装。

乔治·阿玛尼（Giorgio Armani）于 1964 年加盟塞尔鲁蒂公司，当时塞尔鲁蒂聘请他设计一款名为“职业杀手”（Hitman）的新男装系列。阿玛尼的父亲是一家运输公司的经理，来自米兰不远的皮亚琴察（Piacenza）。阿玛尼从医学院辍学后来到塞尔鲁蒂 1881。他曾经在文艺复兴（Rinascente）百货公司做了 6 年的橱窗设计师和采购员，然后进入时尚界。塞尔鲁蒂对阿玛尼严肃认真、专业的态度以及追求成功的动力印象深刻，而且被感动。他回忆道：“我能看到的是，他有所有正确的感觉和情感。”

阿玛尼在塞尔鲁蒂 1881 学习掌握了工厂所有面料和加工制造知识。阿玛尼说：“我在塞尔鲁蒂 1881 的六年‘硕果累累’，我所经历的公司传统肯定影响了我自己的职业生涯。”

1970 年，阿玛尼退出了塞尔鲁蒂 1881，开始为开设自己的时装屋奠定基础。阿玛尼并没有密切参与塞尔鲁蒂的电影项目，因为其中大部分项目都是在他离开后发生的。但他在塞尔鲁蒂 1881 确实得到了锻炼。阿玛尼在开了自己的时装店后，很快就进军好莱坞。当塞尔鲁蒂得知阿玛尼为《美国舞男》设计服装时，他自己的生意才刚刚做了三年，但他对此并不觉得意外。

阿玛尼回想起《美国舞男》男主角约翰·特拉沃尔塔（John Travolta）来米兰试穿他的电影行头的时候，当时，阿玛尼并没有意识到特拉沃尔塔对他服装生涯的重要性。但在当年 7 月一个炎热的下午，当两人在圣巴比拉广场（Piazza

San Babila）的一家露天咖啡馆休息时，阿玛尼看到街上的米兰人疯狂地追求《周六夜狂热》（*Saturday Night Fever*）中的明星。街对面的人都在不停地喊“特拉沃尔塔”的名字。

塞尔鲁蒂坚持认为他前任主管阿玛尼雄心勃勃并善于快速研究学习。他说：“当我们开始做很多电影的时候，阿玛尼已经离开了公司。但是他已经学习并掌握了相关的知识和做法。阿玛尼对电影的态度和他对名人的态度，正是他在这里时我们所做的事情。”

但是，事实并不完全像塞尔鲁蒂所说的那样。阿玛尼从一开始就把明星作为整体营销计划的一部分，而塞尔鲁蒂没有。塞尔鲁蒂沉浸在为著名艺人提供服装的荣耀之中，但他在美国公众眼中仍然是默默无闻的。然而，塞尔鲁蒂 1881 是一个稳固的公司，到 20 世纪 90 年代中期，它已经成长为一家年收入 3.5 亿美元的企业。

在《美国舞男》之后，阿玛尼又因为一件与他无关的事情而获得了公众广告宣传的机会：唐·约翰逊（Don Johnson）和菲利普·迈克尔·托马斯（Philip－Michael Thomas）在电视剧《迈阿密风云》（*Miami Vice*）中穿过他设计的卷着袖子的皱巴巴的亚麻夹克。托马斯在 20 世纪 80 年代热播的电视剧《迈阿密风云》中饰演侦探。这部电视剧吸引了数以百万计的观众收看，但许多观众只是为了看看影片中的服装。与此同时，男装零售商利用《迈阿密风云》的无结构运动夹克和褶皱裤赚了不少钱。该剧的服装设计师邀请了许多其他设计师为演员们提供服装。时装界以外的大多数人可能都不知道，实际上塞尔鲁蒂创造了《迈阿密风云》的原创形象，甚至还因《迈阿密风云》获得了“卡蒂萨克”（Cutty Sark）男装时尚奖。许多人都将阿玛尼与侦探二人组合联系在一起，阿玛尼利用该电视剧进行了大量的免费宣传。

塞尔鲁蒂从其得意门生那里得到了一些启发，从 1986 年开始打算赢得好莱坞的合作，当时他在洛杉矶雇用了一名全职的公关人员。塞尔鲁蒂在美国的第一部电影项目是为迈克尔·道格拉斯（Michael Douglas）和凯瑟琳·特纳（Kathleen Turner）设计制作尼罗河宝石服装。他曾为凯瑟琳在其他几部电影中设计过服装，也为凯瑟琳自己设计过服装。作为回报，凯瑟琳参加了他在巴黎的时装秀，成为他的第一位美国缪斯女神。“凯瑟琳对我非常友善，对我很有帮助。”

他说。

塞尔鲁蒂因此成为好莱坞最忙碌的裁缝之一，负责为杰克·尼科尔森（Jack Nicholson）、杰里米·艾恩斯（Jeremy Irons）、克林特·伊斯特伍德（Clint Eastwood）、哈里森·福特（Harrison Ford）以及理查德·基尔（Richard Gere）在电影《风月俏佳人》（*Pretty Woman*）中提供服装。但是塞尔鲁蒂表示他有时也会付钱给好莱坞以换取为大牌男演员设计服装的特权。20 世纪 90 年代初，许多时装公司愿意花大价钱让哈里森·福特等大牌明星穿上他们自己风格的品牌服装。电影制作公司利用设计师过剩和大牌明星不足的优势，变得更加苛刻。塞尔鲁蒂说："好莱坞就像土耳其集市，他们希望你能付出 1000% 的钱，电影制作公司过去付钱给我们为其电影人物制作服装，但现在我们给电影制作公司免费提供服装，通过电影及电影明星达到广告宣传的目的。"

阿玛尼仍可通过讨价还价设法促成更难的交易，因为他几乎与他合作的大牌演员一样出名。阿玛尼不需要把自己的服装免费提供给别人以换取自己的名字在片尾字幕里以文字形式出现，因为电影观众在那时已经开始离场。尽管如此，当一个电影使用他的服装时，阿玛尼还是会给出一些折扣，比如电影《48 小时》（48 *Hours*）和《贱民》（*The Untouchables*），他的名字出现在片头字幕中。

阿玛尼之所以能够通过谈判让自己的名字出现在非常显眼的片头，是因为到了 20 世纪 80 年代中期，他和他的服装品牌已经家喻户晓。除了电影项目，阿玛尼还曾在 1982 年登上《时代》（*Time*）杂志的封面。他在米兰的公关人员已经为格伦·克洛斯（Glenn Close）和罗伯特·德尼罗（Robert De Niro）等明星提供了服装。1988 年，阿玛尼在比佛利山庄的罗迪欧大道开设了自己的第一家专卖店，阿玛尼品牌也随之飞速发展。阿玛尼派加布里埃拉·福特（Gabriella Forte）去美国为他进军西海岸做准备。

福特出生于意大利，但在纽约长大，她于 1979 年加入阿玛尼品牌。她曾在纽约经营自己的时尚公关公司，这使她成为阿玛尼的完美搭档。她的姓氏"Forte"表示"硬"或"强"，她人如其姓。福特是一个独裁的工头，以其充满不敬的训斥恐吓员工而闻名。她身材娇小，脸宽宽的，一头乌黑的长发，看上去很严肃。福特是阿玛尼的代言人，她参加了大部分新闻发布会，经常引用阿玛尼的精辟名言。福特深深地沉浸在了阿玛尼的商业世界，她最终嫁给了纽约人艾迪·格兰兹（Eddie Glantz），1979 年以来艾迪就一直是阿玛尼米兰男装设计团队的一员。

福特在将好莱坞引入阿玛尼品牌的过程是不可或缺的。她与杰克·科克斯（Jay Cocks）成为密友，后者是一名影评人，曾在《时代》杂志上报道过阿玛尼。“福特是一个真正的电影迷，她喜欢和明星们一起工作。”在 1984 ~ 1989 年和福特一起工作的公关人员皮埃尔·菲利普·皮耶里（Pier Filipo Pieri）回忆说。有一次格伦·克洛斯去华盛顿参加一个大型活动，皮耶里安排格伦穿了一件阿玛尼（Armani）礼服，活动结束后她给格伦献上一大簇红郁金香和一份亲切的感谢信。

在为阿玛尼寻找西海岸的品牌代表时，福特知道阿玛尼看重的是血统而不是简历。首先，时尚生意是一种关系生意。为了与上层社会建立关系，巴黎和米兰的著名时装公司一般都雇用与上层社会的成员有关系的人。通常情况下，欧洲人会招揽伯爵夫人或侯爵，或是在国际社交活动中根深蒂固的其他即将离任的女士们，如伊夫·圣·罗兰（Yves Saint Laurent）时装公司的总裁是一位男爵夫人。

1981 年，阿玛尼聘请前王妃杰奎琳·肯尼迪·奥纳西斯（Jacqueline Kennedy Onassis）的妹妹李·拉齐威尔（Lee Radziwill）担任他在东海岸“特别活动”的协调员，而拉齐威尔将会为比佛利山庄（Beverly Hills）的候选人提出建议。李·拉齐威尔曾向她的侄女玛丽亚·施莱弗（Maria Shriver）提起过这个工作，而玛丽亚·施莱弗则将该职位告诉了她的密友兼洛杉矶《先驱报》的前社会专栏作家旺达·麦克丹尼尔（Wanda McDaniel），旺达·麦克丹尼尔是玛丽亚与阿诺德·施瓦辛格（Arnold Schwarzenegger）结婚时的伴娘。

金发碧眼、魅力四射的麦克丹尼尔几乎是理想的候选人。她是好莱坞制片人阿尔·拉迪（Al Ruddy）的妻子，《教父》（*The Godfather*）是拉迪的作品之一。麦克丹尼尔毕业于排名最高的密苏里大学新闻学院（University of Missouri School of Journalism），有着记者的直觉，是一个好莱坞迷。在福特与麦克丹尼尔会面后，福特送她去米兰见阿玛尼，麦克丹尼尔获得最终批准。她随后回到了贝弗利山，在那里开始了她的事业。

福特告诉她可以自由选择任何她想要的头衔。但麦克丹尼尔不喜欢用头衔。她向《洛杉矶时报》解释说：“这将是一份实实在在的需要亲自参与的工作，我将为在罗迪欧的阿玛尼时装店开业时提供午餐，并帮助将阿玛尼和其品牌服装在电影中使用。我的角色就像一个大使。”

1988 年 8 月，罗迪欧大道上的阿玛尼开业时，麦克丹尼尔起步很快。她为时装店组织的第一个“购物派对”，由洛杉矶时报的专栏作家玛丽路易斯·奥茨（Marylouise Oates）报道。第一批到达现场的人包括制片人道恩·斯蒂尔（Dawn Steel），她是阿玛尼的忠实粉丝，恰巧又是好莱坞最有权势的女性之一。当天的重量级人物是芭芭拉·辛纳屈（Barbara Sinatra），据奥茨报道，她“刮起了一场购物风暴，买了至少 15 件衣服”，而玛丽亚带着丈夫施瓦辛格顺道过来买了一套玫瑰色的西装。

考虑到阿玛尼在男装方面的实力，麦克丹尼尔集中精力寻找一位知名男士做阿玛尼的广告代言人。选择一个合适的人并不容易。1985 年，有报道称，阿玛尼曾试图找凯文·科斯特纳（Kevin Costner）作为广告代言人，但科斯特纳拒绝了他。演员们经常受到兜售各种各样的产品的公关宣传人员的追逐，而最严肃最有智慧的演员对成为时尚的代言人并不感兴趣。虽然这些人是最难达成合作的人，但阿玛尼恰恰想和这些人合作，让他们穿上他设计的服装，事实上，第一个与阿玛尼合作的演员并非来自好莱坞。

麦克丹尼尔将目光投向了洛杉矶湖人队的篮球教练帕特·莱利（Pat Riley），莱利已经穿阿玛尼多年了。莱利是一个主教练，他的一切都完美无缺。当时国家篮球协会正在复兴，而以其著名的中锋魔术师约翰逊为首的湖人队是一支炙手可热的获胜球队。莱利的公众形象随着湖人五次获得 NBA 总冠军而大幅提升，而且幸运的是，莱利后来成为纽约尼克斯队的教练，这是另一支总是能进入季后赛的热门球队，而他的家乡恰好是美国的时尚和媒体之都。莱利在 1995 年离开纽约，执教迈阿密热火队后继续成为公众关注的焦点。

身材粗犷长相英俊的莱利是一名时尚偶像，一个男人中的佼佼者。莱利在天主教学校的外套加领带的校服穿着岁月让他拥有了完美的举止和无可挑剔的仪容。6 岁的莱利头发就向后梳着，走路时大摇大摆的样子很有男子气概。“我的球员们总是叫我 *GQ*。”他笑着说。《潇洒》（*GQ*）是男士时尚杂志。20 世纪 80 年代初，莱利已经开始穿着阿玛尼服装，当他和妻子经过米兰时，他决定参观阿玛尼的陈列室。“我一直喜欢他的衣服。”他说。莱利在那次旅行中没能见到设计师，但很快他就能很好地了解他了。

1990 年 1 月，《潇洒》的封面照是身着阿玛尼的莱利，当时麦克丹尼尔和福特第一次和他坐下来，并建议莱利加入阿玛尼团队。这段关系开始得很慢。阿玛尼最初向莱利提供了两套 56 英寸（意大利尺寸）的定制西装，然后每个人都等着看会发生什么。

莱利原来是一个扣篮手，反应非常快。在 NBA 赛季持续了好几个月里，莱利一直是大家关注的焦点。无论什么时候湖人打球，场边的电视摄像机都能捕捉到莱利在场上走来走去的画面，他穿着那些斜翻领的西装，显得那么的潇洒。体育评论员们开始在他们的玩笑话中穿插一些关于莱利衣橱的旁白。不久，NBA 的每个教练和球员都开始打扮起来。他们都想成为像莱利一样的 NBA 最有价值的时尚先锋。成千上万的篮球迷也是如此，他们开始在衣橱里塞满阿玛尼西装。

这位整洁的教练自称穿着保守，他更喜欢阿玛尼经典的海军服，配阿玛尼的白衬衫和精致的领带。他说："阿玛尼的剪裁在为我设计的夹克上做了调整，因为我喜欢纽扣在扣环下面。"

他强调自己不在阿玛尼的员工名单上，他更像是一个"非官方发言人"。每年，莱利和他的妻子克里斯都会得到一套免费的阿玛尼服装，这位教练很高兴地出席阿玛尼赞助的慈善活动和开店活动。阿玛尼还让莱利飞往米兰，坐在他时装秀的前排。这绝不是一件难事，莱利承认他喜欢研究阿玛尼在 T 台上展示的服装。

事实上，阿玛尼的时装秀在时尚界是独一无二的。阿玛尼从来没有聘请过超级名模，也没有使用过爵士风格的舞台效果，这两种方式都会影响他低调而不招摇的设计。每一场阿玛尼时装秀，无论是在米兰还是在路上，都需要安装一个特殊的平台（la pedana），一条长长的由磨砂瓷砖铺成的跑道，从下面打上灯光，以充分照亮织物的纹理和细节，并且减弱阴影、柔和色调。

20 世纪 90 年代，阿玛尼的时装秀上有许多大牌明星，如马丁·斯科塞斯（martin Scorsese）、罗伯特·德尼罗（Robert De Niro）、索菲亚·罗兰（Sophia Loren）、伊莎贝拉·罗西里尼（Isabella Rossellini）和劳伦·赫顿（Lauren Hutton – sitting Duck），这些人摆出各种姿势让记者拍照。阿玛尼让他的这些贵宾们乘坐头等舱，然后把他们安排在米兰的一家顶级酒店，通常选普瑞斯普萨维亚（Prin-

cipe e Savoia），离阿玛尼的总部只有几分钟的路程。时装秀结束之后，阿玛尼的公关人员会悉心照料他的特别客人，陪他们在米兰四处观光、购物和泡夜总会。

与此同时，这位工作狂设计师仍然在他的工作室里待着，直到他的时装秀结束后，他才会和他的受邀者们见面，并通常会在他的总部所在公寓里举办一场晚宴。阿玛尼很少像范思哲或瓦伦蒂诺那样和客户一起度假。只有为数不多的人，包括米歇尔·菲佛（Michelle Pfeiffer）、埃里克·克莱普顿（Eric Clapton）和劳伦·赫顿（Lauren Hutton）参观了他在意大利潘泰莱里亚海滨度假的海滨度假胜地。

如果你不会说意大利语或法语（阿玛尼能流利地说这两种语言），就很难接近阿玛尼。阿玛尼和美国人在一起时，尽管他似乎比他表现得更懂英语，但总有一名翻译在他身边。奇怪的是，他对英语的无知对他的事业反而有利，创造了另一层难以接近的东西，为他已经具有传奇色彩的人物形象增光添彩。

多年来，许多设计师试图效仿阿玛尼的风格，他们成功地招募了伊莎贝拉·罗西里尼和汤姆·克鲁斯为其服装品牌做代言，这些明星最初都是阿玛尼的粉丝，但后来变成了自由代理人，从一个设计师跳到另一个设计师。阿玛尼的人通常对这种背叛不屑一顾，但并非总是如此。在1992年纽约举行的美国时装设计师协会（Council of Fashion Designers of America，CFDA）颁奖典礼上，获奖者安爵利卡·休斯敦（Anjelica Huston）的衣着引起了一片哗然。阿玛尼的员工听说作为阿玛尼粉丝的休斯敦在当晚穿着卡尔文·克莱恩（Calvin Klein）设计的白色串珠裙时，他们很不高兴。有传言称，阿玛尼公司甚至要求取消慈善活动中他们所赞助的休斯敦所在的那张桌子。当一名CFDA官员告诉福特，这次活动是“为美国设计师和美国服装”而举办的，不仅是为阿玛尼后，李·拉齐威尔（Lee Radziwill）和福特一起，呼吁向CFDA施压。福特后来在《女装日报》上反驳道：“所以他们或许不应该让阿玛尼、香奈儿和其他所有公司去为活动上的桌子买单。”但阿玛尼可以放心的是莱利多年来一直拒绝许多其他设计师赠送的服装，他不会被诱惑去尝试另一位设计师的服装。莱利说：“我几乎觉得自己是个出卖朋友的人。不管怎样，我对代言不感兴趣，即使有人会付钱给我。我喜欢穿阿玛尼。”

埃里克·克莱普顿（Eric Clapton）在1992年退出范思哲（Versace）之后也

喜欢上穿阿玛尼。范思哲（Gianni Versace）利用埃里克的离开，对他在米兰的主要竞争对手大肆讽刺。当埃里克穿阿玛尼服装的时候，詹尼·范思哲（Gianni Versace）在《女装日报》上说，他“看起来像个会计”。埃里克回击道：“我以前和范思哲有做生意，现在我和阿玛尼做生意。范思哲的衣服不再适合我了。我欣赏他所做的，但我认为他的衣服更适合意大利南部的男性或西尔维斯特·史泰龙的类型。”

## 2

尽管时装秀魅力非凡，但对普通大众来说，其吸引力相当低，他们可能永远都不会选择观看阿玛尼时装秀的录像来一睹帕特·莱利（Pat Riley）或克劳迪娅·卡迪纳莱（Claudia Cardinale）的风采。然而，在奥斯卡之夜，世界上数十亿普通民众的目光都聚焦在了长达3个小时的晚会上。当明星们列队走进洛杉矶多罗西·钱德勒剧院（Dorothy Chandler Pavilion）的时候，名人访谈记者琼·里弗斯（Joan Rivers）通常会问他们同样的问题：“你穿的服装是谁设计的?”他们常常回答：“阿玛尼。”这位设计师永远会被人记住，因为他是第一个在奥斯卡颁奖典礼上没有拿到奖项但大获全胜的设计师。

阿玛尼品牌在电影界获得的意外成功所产生的连锁反应已经广泛流传。在阿玛尼发出挑战后，奥斯卡变成了时尚奥运会，来自世界各地的时装公司要忙碌好几个月的时间以便可以让自己的服装在这场大型颁奖典礼上曝光。阿玛尼低调优雅的风格让好莱坞的时尚人士争相登上封面，并吸引了一些注重形象的演员或寻找自己的设计师，或聘请一位时尚界最新、最忙碌的专业人士——自由设计师。

在阿玛尼出现之前，奥斯卡颁奖典礼上的服装毫不费力。在好莱坞电影公司统治的年代，签约明星们被束缚在音乐剧、历史奇观和结局美满的情节中。当演员们盛装出席该大型颁奖晚会时，他们就一直待在工作室里，把自己的穿着交给像哥伦比亚的让—路易斯（Jean - Louis）、派拉蒙的伊迪丝·海德（Edith Head）和米高梅的艾德里安（Adrian）等这样的专业服装设计师，由这些设计师给他们设计造型服装。

曾为伊迪丝·黑德（Edith Head）和让—路易工作过的服装设计师鲍勃·麦凯（Bob Mackie）回忆道："明星们已经习惯了这些设计师为自己量身定做的衣服（能展现出自己最佳特征的、色彩最亮丽的衣服），以符合他们在银幕上的形象。"对于奥斯卡，"她们经常被打扮成性感尤物或大牌女演员，或者是电影公司想让他们被公众理解的形象"。

当时，所有人的目光都集中在明星身上，而不是基本上不为公众所知的服装设计师。麦琪（Mackie）是让—路易的素描者，1962 年在麦迪逊广场（Madison Square）花园为肯尼迪总统演唱《生日快乐》时，玛丽莲·梦露（Marilyn Monroe）所穿的那种肉色紧身衣是最让人难忘的软腰带礼服之一。"那件衣服真让人印象深刻，但没人知道是谁做的，"麦凯回忆道："而让—路易设计的那件衣服从来没有流行过。"

但到了 20 世纪 70 年代，电影公司再也没有了主宰明星的演播室系统，专业客户开始从老牌时装公司购买更多的电影服装，而不是制作原创作品。因此，在奥斯卡之夜，好莱坞的演员们只能依靠自己的时尚方式。舞台魅力让位给了个人表现。男人们身着黑领结小礼服（black tie），而女人们如果被难住了，就可以执行 B 计划，去贝弗利山零售商弗雷德·海曼的时装店，海曼是奥斯卡的官方时尚协调员，她收集了许多设计师的礼服，充当了一个服装交换所。海曼的罗迪欧大道（Rodeo Drive）商店在每年春天都备有精美的礼服。

没有旧的工作室标准的束缚，奥斯卡变成了一个各式人物的展台，既包括漂亮优雅的，也包括丑陋的。电视观众在奥斯卡颁奖仪式中目睹了一场失礼行为。1990 年，黛米·摩尔（Demi Moore）穿着亮片自行车短裤出现，金·贝辛格（Kim Basinger）则穿着一件单袖、蓬松的灰姑娘式连衣裙。雪儿（Cher）则戴着羽毛头饰，袒露肚脐，以一种不太美好的姿态向鲍勃·麦凯致意。"那是时尚警察局长布莱克威尔（Blackwell）先生的鼎盛时期。曾在他的'年度最差着装榜'上发现了大量的奥斯卡时尚受害者。"

奥斯卡的华丽和浮华在 20 世纪 90 年代中期卷土重来。在名人崇拜和类似于《今夜娱乐》（*Entertainment Tonight*）这样的电视节目盛行的时代，明星们每次在公共场合亮相都觉得自己好像是在台上。随着越来越多的演员开始关注他们在银幕外的形象，这可能会增强或破坏他们的银幕生涯，他们不太愿意尝试时尚，尤其是在奥斯卡之夜。

“与其说明星们不牢靠，还不如说是社会被服饰、风格、品位和美丽所驱动，”曾为珍妮·杰克逊（Janet Jackson）、梅兰妮·格里菲斯（Melanie Griffith）和蒂娜·特纳（Tina Turner）等客户设计服装的自由造型师韦恩·斯考特·卢卡斯（Wayne Scot Lukas）说：“现在的公众对女演员的评价是通过她们生活的方方面面，如她们是否吸烟、什么坐姿、晚上和谁出去以及在做什么等，以至于她们没有了私生活。我们作为一个公众已经把她们视为高高在上的神，她们成为了媒体的目标。我们创造了这些神，然后我们拿她们开玩笑，把她们打倒。”

随着一些造型师成为明星的亲密伙伴，设计师们也开始寻求与他们合作。阿玛尼带着洛杉矶最具影响力的造型师之一——菲利普·布洛赫（Philip Bloch）前往米兰参加他的一场时装秀。造型师也可以称为时尚修复师，其费用是每天500~1500美元或更高。造型师们梳理了洛杉矶、纽约、巴黎和米兰的设计师展厅以及萨克斯第五大道和贝弗利山的巴尼斯百货（Barneys）的货架，用卢卡斯的话来说，目的是让他们著名的客户时时刻刻都看上去又酷又时髦。

卢卡斯认为他自己倾向于被那些渴望与名人一起工作的设计师所吸引，而这些设计师们也乐于与名人一起工作。“阿玛尼的员工是无私的，他们会给你提供任何你需要的东西如配饰，支持所需要做的更改等。范思哲也是如此。”

1990年和1991年，当身着阿玛尼的明星们获得奥斯卡金像奖后，阿玛尼成了评判所有好莱坞时尚的标准。阿玛尼甚至还因1991年奥斯卡颁奖礼主持人比利·克里斯托（Billy Crystal）的着装而获得衣橱奖。数以百万计的电视观众习惯于一遍又一遍地听到阿玛尼的名字。当乌比·戈德堡（Whoopi Goldberg）主持1992年颁奖典礼时，她在开场独白中转来转去，炫耀自己的天鹅绒阿玛尼礼服。阿玛尼的影响持续了数周，几周后，《人物》《造型》和*W*时尚杂志对奥斯卡上的流行时尚进行了大量宣传，而且总是充满了阿玛尼的见闻。身着阿玛尼服装的朱迪·福斯特（Jodie Foster）、安妮特·贝宁（Annette Bening）、米歇尔·菲佛（Michelle Pfeiffer）、安杰利卡·休斯敦（Anjelica Houston）、薇诺娜·莱德（Winona Ryder）、西格妮·韦弗（Sigourney Weaver）、法耶·达纳威（Faye Dunaway）和萨尔玛·海伊克（Salma Hayek）无一例外地在媒体上获得最多的赞誉。

即使一个经验最丰富的明星在奥斯卡夜晚也会有一点怯场，这些大咖认为阿玛尼服装是正确而最安全的选择。格伦·克洛斯（Glenn Close）说："在奥斯卡这样的夜晚，你不是穿着牛仔裤，而是化着妆，每个人都在看着你。我过着非常悠闲的生活：我不会花很多时间在自己身上，阿玛尼让我感觉很舒服。如果我在一个正式场合穿着一套漂亮的阿玛尼服装，这与我朴素优雅的哲学思想是一致的。我不需要任何珠宝。"

阿玛尼为怀孕的格伦·克洛斯（Glenn Close）缝制了一件非常宽松的、饰以珠子的无肩带礼服，格伦凭借《致命诱惑》（*Fatal Attraction*）获得最佳女主角提名。格伦说，在奥斯卡之夜，她总是希望尽可能地让自己感觉自然，而不是让自己看上去适合出演一个电影角色。"当我穿阿玛尼时，我会觉得我就是我自己，不是其他任何人。重要的是，他的衣服不仅让我看上去更好，而且让我更是我自己。因为服装的焦点就是你自己。"

阿玛尼在参加1991年的颁奖典礼时，亲眼目睹了他的朋友马丁·斯科塞斯（Martin Scorsese）因电影《好家伙》（*Goodfellas*）成为最佳导演提名。尽管电影明星很多，阿玛尼仍然设法吸引了很多人，大家都过来和他交谈。他因为得到太多关注而喘不过气来，因此他没有出席所有的派对，和他的员工一起回到摄政特·贝弗利·威尔希尔酒店（Regent Beverly Wilshire Hotel）安静地吃了一顿晚餐。

尽管阿玛尼通常会有一个很长的奥斯卡着装清单，但这位设计师还是设法花时间研究每个人。他说："我喜欢和那些了解我并喜欢我所做的事情的人交朋友。我与他们进行交流，了解他们的想法，然后花整整一个星期为他们设计衣服。"

对于男装："我的态度是男装不要时尚。我从不让男人穿太花哨的衣服，我得让他冷静下来。当他们很帅或很有名的时候，他们不需要太多花哨的东西，否则看起来太过了。"

虽然阿玛尼服装是在米兰设计的，但身在美国的麦克丹尼尔和她贝弗利山庄的四名员工，以及一些自由职业者，一整年都在努力工作，目的就是让这个夜晚成功。每当他们找到新面孔，并将其带入他们团队时，他们就知道该关注谁：那些散发出经典优雅气质的年轻明星。阿玛尼低调的设计外表意味着：你穿衣服，衣服不穿你。1992年，沃伦·比蒂（Warren Beatty）因《豪情四海》（*Bugsy*）获得提名时，他的妻子安妮特·贝宁（Annette Bening）穿着一件简单的黑色羊毛绉纱礼服，头戴帽子，戴着漂亮的耳环。媒体上的评论家们对此表示赞同，称赞她“十全十美”。

电影编剧本·阿弗莱克（Ben Affleck）和马特·达蒙（Matt Damon）在1998年因电影《心灵捕手》（*Good Will Hunting*）同时获得奥斯卡奖，他们身着阿玛尼的经典晚礼服，看上去衣冠楚楚且成熟。在典礼中，达蒙在致辞中对琼·里弗斯（Joan Rivers）说：“我们真的要感谢阿玛尼公司的莫利，感谢他给我们提供这些很棒的晚礼服。”

根据其正式交易协议，阿玛尼公司在当晚无须支付任何广告费用。当然，奥斯卡奖项提名者和一些奥斯卡老主顾都收到免费的礼服和燕尾服，并在贝弗利山庄的服装店里进行更改以使其合身。还有一些大咖租用了礼服或燕尾服。所有的配饰品包括鞋子、手袋和太阳镜都是交易的一部分。

阿玛尼专属俱乐部的会员享有一些特权。据说，进入精选名单的大咖可以在阿玛尼精品店里全年享受高达50%的折扣。对于少数他最喜欢的客户，如朱迪·福斯特（Jodie Foster），阿玛尼为其电影宣传之旅提供全部服装。

在20世纪80年代后期，设计师给明星们提供服装是一件很新奇的事，那时候演员们很容易取悦，当一个著名的设计师给他们提供服装时他们会觉得很吃惊。麦克丹尼尔解释说：“一开始时是这样的：‘天哪，阿玛尼会给提供服装！’这就像是一个进入内部圣地的特权，它有一种神秘感。”

但到了20世纪90年代末，随着越来越多的设计师加入追逐明星的行列，形势发生了逆转。设计师们向奖项提名者和主持人赠送晚礼服，但并没有约束力让奖项提名者和主持人穿那些衣服。1997年，当劳伦·霍利（Lauren Holly）与喜剧演员金·凯利（Jim Carrey）结婚时，她收到13个设计师免费赠送的56套服装，创造了当年的纪录。

设计师的宣传人员为了让奥斯卡奖项提名者和主持人穿上他们的服装，用尽甜言蜜语哄骗和恳求，甚至散布谣言。好莱坞最专横的大咖会提出很多苛刻的要求，以在奥斯卡之夜穿设计师礼服为由，向设计师索要现金或免费服装。哈利·温斯顿（Harry Winston）等珠宝商也加入了这场争夺，他们以租借的方式在当晚提供价值数百万美元的珍贵珠宝首饰。

在公布奖项提名名单的当天，奥斯卡时尚大奖的抽奖活动就开始了。在1995

年的情人节，安吉拉·巴塞特（Angela Bassett）穿着红色的埃斯卡达（Escada）长裤套装在官方新闻发布会上宣读提名者的名字。埃斯卡达的公关人员将这一消息通过电话让外界知道后，至少有6家媒体对这个时尚消息进行了报道。

1995年是《阿甘正传》时尚年。暇步士（Hush Puppies）鞋业制造商给汤姆·汉克斯（Tom Hanks，在电影中穿了一双暇步士鞋子）特制了一双尺寸为9.5D码的鞋子，并承诺如果他在奥斯卡之夜穿那双鞋子，就给他最喜欢的慈善机构捐款。但是汤姆·汉克斯并没有穿那双鞋，而是穿了卡尔文·克雷恩（Calvin Klein）送给他的燕尾服。《阿甘正传》制片人史蒂夫·蒂施（Steve Tisch）收到了国际钻石协会赠送的一枚0.4克拉的钻石胸针礼物。蒂施在金球奖和奥斯卡颁奖典礼上穿了唐纳·卡兰（Donna Karan）的两件燕尾服和两件礼服。蒂施当时开玩笑说："我想鼓起勇气向唐纳要一套适合我侄女的成人礼套装。"

莎朗·斯通（Sharon Stone）是最令人垂涎的时尚天后，她被"确认"会穿华伦天奴（Valentino），但在最后一刻她改变了主意。她和联合主持人昆西·琼斯（Quincy Jones）一起登台亮相，她穿着一件价值22美元的Gap套领毛衣和一条黑色短裙。在接下来的几个月里，Gap卖出了数千件后来被称为"莎朗斯通衫"（Sharon Stone shirt）的产品。

阿玛尼也加入了1995年的奥斯卡颁奖典礼服装设计师的角逐，阿玛尼当时的目标是提供服装给福斯特（Foster）、普菲佛（Pfeiffer）、乌玛·瑟曼（Uma Thurman）和主持人大卫·莱特曼（David Letterman），但一无所获，阿玛尼对奥斯卡不再像以前那么兴奋，他受够了。阿玛尼的发言人巴斯塔（Basta）在1995年说："阿玛尼非常反对购买明星。"而他在1997年则说："阿玛尼正在削减开支，我们不需要在新闻稿上写45个名字，奥斯卡已不再是阿玛尼最重要的推广策略。"阿玛尼在好莱坞以外的名人中找到不少亮点，如高尔夫球手泰格·伍兹（Tiger Woods）、拳击手奥斯卡·德拉霍亚（Oscar de la Hoya）和嘻哈天后劳伦·希尔（Lauryn Hill）。

与此同时，时尚界的其他人士纷纷涌入好莱坞。克里斯汀·迪奥（Christian Dior）的品牌进军好莱坞，希望唤起约翰·加里亚诺（John Galliano）对其时装系列的兴趣。1997年，妮可·基德曼（Nicole Kidman）身着一件浅绿色的迪奥（Dior）长裙与丈夫汤姆·克鲁斯（Tom Cruise）一同前往。虽然所有人都认为基德曼看上去棒极了，但迪奥在奥斯卡上短暂的闪亮后很快就消失了，没能像阿玛尼那样诱使好多女性去购买迪奥的西装和晚礼服。

在减少了对好莱坞的角逐之后，阿玛尼将精力重新投向了他久经考验的营销模式。毕竟，一致性就像存入银行里的钱，非常重要。阿玛尼神秘的魅力已经通过时尚鉴赏家、名人传播给了大众。乔治·阿玛尼公司在全球范围内建立了250家精品店，所销售的商品售价从60美元的A/X牛仔裤到1万美元的珠饰礼服应有尽有。该公司1998年的批发销售额约为12亿美元（零售总额超过30亿美元），约1/3的销售额来自美国和加拿大。

尽管阿玛尼站在时尚界最令人羡慕的制高点位置，但他仍未彻底摆脱困境。他率先其他人很多时间就建立了服装前沿阵地，他已经完成了最艰难的部分。现在，他要做的就是保持专注，继续设计制作很棒的服装。与此同时，其他设计师则在追赶他。不过，阿玛尼必须意识到，他即将撞上"时代墙"（Generational Wall），他必须通过广告、名人和其他类型的营销，不断寻找保持自己商标年轻和有活力的方法。尽管阿玛尼很优秀，但即使是阿玛尼也有他的局限性。迄今为止，他的阿玛尼A/X系列牛仔裤还没有引起很多人的兴趣。幸运的是，A/X在他的业务中所占的比例还不到15%。

至于其他通过名人效应进行营销的设计师，也需要善于发掘新奇事物的天赋：发现合适的明星并在合适的时间以合适的方式出现，希望选择的名人能对服装销售起到应有的作用。但是因为设计师们几乎没有像阿玛尼那样的机会在《舞男》中占据大屏幕，要想做到这点也非常困难。1998年有好几部新上映的电影，每个电影都使用了很多设计师品牌服装，如伍迪·艾伦（Woody Allen）执导，莱昂纳多·迪卡普里奥（Leonardo DiCaprio）、格雷琴·摩尔（Gretchen Mol）和梅兰妮·格里菲斯（Melanie griffith）主演的《名人》（*Celebrity*），在电影中他们都穿着卡尔·拉格菲尔德（Karl Lagerfeld）、贝格利·米切卡（Badgley Mischka）、杜嘉班纳（Dolce & Gabbana）和埃尔维·莱格（Herve Leger）品牌的服装。但是一报还一报，由凯文·史派西（Kevin Spacey）、罗宾·赖特·佩恩（Robin Wright Penn）和肖恩·潘（Sean Penn）主演的电影《浮世男女》（*Hurly Burly*）同时采用了阿玛尼和塞尔鲁蒂的服装。

那么在最后，大多数时装设计师会从这些曝光中得到什么呢？也许没有他们希望的那么多。在大多数情况下，设计师们会发现，对名人卑躬屈膝的追逐行为其实是一种代价高昂的分心，让他们无法去做他们需要做的事情，那就是弄清楚顾客到底想要穿什么。

《造型》时尚杂志编辑玛莎·纳尔逊（Martha Nelson）评论说，设计师们“可以夸大名人的影响力，到了最后，明星穿什么并不重要，人们并不会买一些不适合自己的服装，他们是不会被某个不知名的时尚编辑、设计师甚至名人牵着鼻子走”。

阿玛尼的优势是让他的设计为他的粉丝服务，其粉丝包括百老汇天真无邪的姑娘，也包括明尼阿波利斯的银行副总裁。“阿玛尼在各个层面上都是时尚的代名词，”驻米兰的《女装日报》记者萨拉·弗登（Sara Forden）说：“在婚礼上，即使是在意大利的小村庄，看到新娘的母亲或参加婚礼的人都穿着阿玛尼的服装也很正常。”

最可能的情况是，这些参加婚礼的客人觉得值得花大价钱买一件舒适又讨人喜欢的设计师服装，而且还能让他们在穿衣服时感觉自己像明星一样。相反，格伦·克洛斯（Glenn Close）喜欢阿玛尼是因为她想要低调的优雅，这样才能让她作为一个普通人脱颖而出。阿玛尼完成了看似不可能的事情。他让普通人感觉自己是明星，让明星感觉自己是普通人。每个人都看起来很好。

# 第五章 给女士她想要的：新马歇尔菲尔德百货商店

顾客就是上帝，他的喜好就是法律，他的兴致既可造就也可毁灭商人、批发商和制造商，谁赢得了他的信任，谁就控制了商业形势，谁失去了他，谁就输了。

查尔斯·库利奇·帕林（Charles Coolidge Parlin）市场研究员

## 1

在风城芝加哥的天际线中，有一个引人注目的用折纸浮雕装饰着的1988年9月4日芝加哥时髦精英派对的邀请函，布景相当漂亮。

那个晚上，在北密歇根大道上的水塔广场购物中心，马歇尔菲尔德（Marshall Field's）百货商店，将以使其受益多年的华丽而引人注目的黑领结小礼服（black-tie）来揭幕纽约的秋季社交季。在被称为“华丽一英里”（Magnificent Mile）的托尼零售区，菲尔德刚刚完成一个七层分店的翻新工程，耗资1000万美元。

这场为芝加哥歌剧院募捐义演的盛会，是马歇尔菲尔德百货店大胆的一搏，在时尚的纽约百货公司布鲁明戴尔（Bloomingdale's）进驻芝加哥之后，这一举动旨在强调菲尔德是芝加哥最受欢迎的百货商店。布鲁明戴尔刚刚进入芝加哥市场，距离菲尔德商场非常近，就在水塔广场对面的一座崭新的六层大楼里。为了纪念它在芝加哥的首次亮相，1988年9月23日，布鲁明戴尔安排了一个盛大的欢乐庆典为芝加哥交响乐团义演募捐。

庆祝活动是在那个令人兴奋的岁月结束时举办的，当时百货公司有很多东西可以庆祝。从20世纪70年代末开始，随着百货公司迅速扩张进入郊区购物中心，设计师设计的时装和香水层出不穷。1978年，当20000家百货中心遍布美国时，罗德与泰勒（Lord & Taylor）百货商店席卷了底特律郊区，连续三个晚上开设了三家新分店，每个分店都有特定的开业福利，每一个正式的开场白都有一个设计师标题：比尔·布拉斯（Bill Blass）、奥斯卡·德拉伦塔（Oscar de la Renta）和玛丽·麦克法登（Mary McFadden）。这种排场是罗德与泰勒百货商店营销策略不可或缺的一部分，它将每一个新分店都转换为人们眼中的理想购物场所。只要有人带头，成群的购物者肯定会跟着来。

这导致在1988年秋天，芝加哥菲尔德和纽约布鲁明戴尔之间上演了一场不可避免且声势浩大的竞争。布鲁明戴尔的目标是奢华而独一无二，其晚会门票每张售价225美元，而菲尔德的门票售价则仅为175美元。布鲁明戴尔还计划以法式方式在芝加哥大放异彩，他们将卡尔·拉格菲尔德（Karl Lagerfeld）从巴黎请来，并在庆典期间展示他最新的香奈儿（Chanel）高级定制时装系列。

但菲尔德在举办本赛季的第一场派对时做得很精明，他们知道最好能在芝加哥社交圈的人们像返校学生那样充满新鲜感和期待的时候给他们留下深刻的印象。尽管芝加哥人非常热爱他们的菲尔德百货店，但他们这个家乡商店需要更多的支持。“这是一个表明立场、成为一流商店的时刻。”迈克尔·弗朗西斯（Michael Francis）回忆道，他当时是菲尔德的营销主管。“我们试着一点一点地找出布鲁明戴尔在做什么，我们的目标便是做得更好。为了通过举办一场盛大的活动以赢得更多顾客，我们会不惜一切代价。”尽管当地供应商为这两项活动捐赠了数千美元的茶点并给予折扣，但布鲁明戴尔和菲尔德在秋季派对上各自花费了大约25万美元。

当芝加哥突然成为零售业最活跃的战场时，《名利场》开始煽风点火，预测菲尔德和布鲁明戴尔之间的“门店大战”将成为“零售业历史上最热闹的对峙”。菲尔德50岁的董事长菲利普·米勒（Philip Miller）风度翩翩，信心满满。“测试我们的勇气将会很有趣。”他说。

零售商之间的对峙发生在百货公司历史上的一个关键时刻。美国最古老的零售模式已经变得陈旧而乏味，输给了新一代的折扣商店、专卖店和批发商。20世纪90年代初，一些受人尊敬的本地商店要么倒闭要么便与以前的竞争对手合并。从20世纪80年代中期开始的整合浪潮中幸存下来的那些商家，专注于精简他们的业务，并在他们的商店中提供更实惠的商品。

在布鲁明戴尔进驻芝加哥不到两年的时间里，马歇尔菲尔德也遭遇了同样的命运。1990年，菲尔德被卖给了代顿哈德森（Dayton Hudson Corp.）百货商店，代顿哈德森是明尼阿波利斯的零售企业，以业务增长快速的折扣店子公司塔吉特（Target）而闻名。

代顿哈德森带领菲尔德开始走上一条新的道路。在菲尔·米勒（Phil Miller）领导的年代，高格调的马歇尔菲尔德（Marshall Field）避开了所谓的“适度商品目录”，而专注于创造有利润的产品，代顿哈德森却恰恰相反，通过增加更中性的商品使菲尔德可以吸引更多的购物者，这在90年代至关重要，因为许多竞争对手已经关了门。到了90年代初，芝加哥已经被布鲁明戴尔、诺德斯特罗姆（Nordstrom）、亨利本德尔（Henri Bendel）、罗德与泰勒（Lord & Taylor）和一个叫作科尔（Kohl's）的咄咄逼人的折扣店所占领。就连菲尔德州街的邻居、价格适中的百货公司卡森皮里斯科特（Carson Pirie Scott）也开始显露出新的生命迹象。1990～1992年担任菲尔德董事长的加里·威特金（Gary Witkin）说：“菲尔德和卡森曾经是两家掌控芝加哥零售业的两家商店，但是最后芝加哥成为了更多商家的市场。”

在代顿哈德森的领导下，菲尔德越来越多的商品从面向上层阶级转向大众，20世纪80年代炫目的“商店大战”落下帷幕。现在，各行各业的零售商都在进行“价格战”。在各类打折销售活动中，马歇尔菲尔德的广告上充斥着“看看这个便宜货”之类的标语。

1963年以来就一直是菲尔德签账卡客户的芝加哥内科医生格洛里亚·培根（Gloria Bacon）不喜欢价格战。她渴望着回归到20世纪70年代的商店模式，那时候，总是乐于助人的销售助理会带她看与众不同、独一无二的服装产品，如她在镇上其他地方找不到的意大利羊毛针织品。格洛里亚对菲尔德几乎铺开红地毯欢迎成群的讨价还价者的方式感到厌恶，人们在商店里随处可见的减价货架上翻来覆去，让人看着很不舒服。1997年，她悲叹道：“氛围消失了。菲尔德不再是一家特殊的百货公司，它只是另一家普通的中西部百货公司。”

许多在马歇尔菲尔德（Marshall Field）长大的芝加哥购物者也认同她的观点，他们将自己的忠诚转向了萨克斯第五大道（Saks Fifth Avenue）和诺德斯特龙（Nordstrom），后者感觉更像是他们曾经尊崇的百货店。1997 年 7 月，菲尔德总裁丹·斯柯达（Dan Skoda）表示：“客户告诉我们，我们不再是过去的样子了，已经失去了之前所代表的形象。”

这里有一个价值 6.4 万美元的问题，那就是：菲尔德还能回来吗？人们很难乐观地回答这个问题。菲尔德的困境反映了百货商店零售业的衰落，而这与 20 世纪 90 年代开始的大规模时装销售相吻合。为了生存，百货公司被迫与他们过去竞争的商店合并，形成全国性的连锁店，让自己可以更有效地在市场上竞争。

加里说：“在国内根据城市或市场来定制你的产品是一项不可思议的任务，然而这是经营更大企业必须面对的现实。”此外，他指出，百货商店的买家不再是去专门分店挑选专门商品的时尚先锋。20 世纪 90 年代的买家不愿像过去那样尝试，他们不能拿前卫的、可能只会在少数最挑剔的顾客中流行的时装冒险，把生意集中在几个主要供应商上会比较安全。

这就是零售业面临的巨大难题。为了在现代市场上竞争，菲尔德不得不放弃由白手起家而创建的业务。但由于没有自己独特的企业形象，菲尔德很难在一群外表相似的百货商店中脱颖而出。

那么，百货公司现在是如何创造自己独有的特色呢？要做到这一点很不容易。甚至使用“百货公司”这个标签也不是很恰当，因为里面的部门越来越少，大多数连锁店已经停止销售电子产品、玩具、书籍、电器和家具等利润不高的商品，剩下的只是利润最高的服装和化妆品。

纽约零售顾问阿诺德·阿龙森（Arnold Aronson）表示：“如今，在百货商店里建立一个人们认同的形象非常难。典型的顾客对任何一家商店都不忠诚，她永远是选择在有她最喜欢的品牌而且价格最低的商店购买产品。”此外他补充说：“焦虑不安的购物者已经改变了他们对自己现在价值观的看法，他们时间非常宝贵，需要一个高效、服务周到、他们满意的商店。”

传统上，百货公司通过令人兴奋并且闪闪发光的形象来建立自己的声誉，而现在这一切都已成为历史。在当今的经济形势下，百货商店的商品都是物美价廉的，不过往往单调乏味，但这是最安全、最可靠的盈利方式。

## 2

一连好几代美国人都对当地的百货公司情有独钟。在 19 世纪中期，当第一批商人建立百货商店时，大多数城镇刚刚开始建立它们的中心商业区，包括马歇尔菲尔德（Marshall Field）、费城的约翰瓦纳梅克（John Wanamaker）、亚特兰大的瑞奇（Rich's）和达拉斯的内曼马库斯（Neiman Marcus）在内的零售商，让它们的社区接触到了最优质的商品。在这个过程中，当地人转变成了精明的顾客，同时也是一个大型零售家庭的成员。

例如，在圣诞节，许多来自中西部地区的家庭到芝加哥市中心去享受马歇尔菲尔德博物馆的故事书橱窗展示。他们一路走到八楼，圣诞老人被安置在菲尔德胡桃屋（Walnut Room）餐厅那棵 70 英尺高的圣诞树前。几十年来，人们一直信任菲尔德这样的机构。菲尔德市中心富丽堂皇的商店和光鲜亮丽的购物中心是市民自豪感的象征，就像芝加哥小熊队（Chicago Cubs）和白袜队（White Sox）一样。每个城镇都有一个杰西潘妮（JCPenney's）和一个西尔斯（Sears），可以从它们那里购买厨房窗帘、电钻和洗衣机等，但是只有百货公司向大城市提供了大规模的时尚服装。菲尔德在芝加哥率先成为高品位和高品质的主宰者，并因此成为中西部地区首屈一指的时尚权威。

从 20 世纪 70 年代末开始，"设计师"成为了商品销售的广告促销花招，布鲁明戴尔成为纽约最吸引人的零售商之一，它将皮埃尔·卡丹（Pierre Cardin）、伊夫·圣·罗兰（Yves Saint Laurent）以及一位名叫拉尔夫·劳伦（Ralph Lauren）的新领带设计师介绍给了顾客。布鲁明戴尔成为典型的"零售剧场"，特别是在它著名的国际促销活动期间，整个商店都充斥着与布鲁明戴尔促销相关的其他国家的异域商品。1978 年的主题是"印度：终极幻想"，1981 年的主题是"中国：一个新时代的曙光"。购物者们被邀请参加民间舞蹈、烹饪示范和购买留念购物袋。国外的促销活动并没有提高利润，但是他们通过那些活动创造的神奇效果来提升布鲁明戴尔在文化圈里的神秘感。这些都是马文·特劳布（Marvin

Traub）的商标策略，他是该百货商店1970～1991年的传奇式董事长，他将布鲁明戴尔的奇奇（chichi）品牌移植到了华盛顿特区和波士顿，并且取得了惊人的成功。

入驻芝加哥后，布鲁明戴尔在纽约以外的零售市场展开了最激烈的竞争。马歇尔菲尔德市的汽车行业已经不再风光无限。1982年，伦敦烟草和零售巨头英美烟草公司（BAT Industries PLC）收购了菲尔德烟草公司（Field's）。英美烟草公司已经成为从华尔街公司掠袭者卡尔·伊坎（Carl Icahn）魔爪下拯救菲尔德的白骑士。英美烟草公司从其核心烟草业务中获得了大量现金，并决定整顿菲尔德百货以及萨克斯第五大道百货公司（Saks Fifth Avenue），免费为菲尔德进行升级改造。在最初的两年时间里大约花费了7000万美元，"我们不仅有义务收购马歇尔菲尔德（Marshall Field）公司，而且有义务投入我们的血液、勇气和资金。"时任英美烟草零售部门负责人的阿诺德·阿伦森（Arnold Aronson）说。这家英国企业集团甚至承诺斥资1.1亿美元对菲尔德位于市中心的一家已有75年历史的旗舰店进行为期5年的翻修，这是一个值得怀疑的决定，因为州街（State Street）已不再是芝加哥的购物圣地。芝加哥的商业领袖们很高兴看到马歇尔菲尔德（Marshall Field）重新包装后所带来的商机，"新"领域可能只是吸引富裕购物者回到芝加哥市中心的磁石。

1983年，英美烟草公司聘请了经验丰富的菲尔·米勒（Phil Miller）担任菲尔德的董事长。米勒是内曼马库斯（Neiman Marcus）的总裁，也是布鲁明戴尔的校友，米勒性格外向，英俊、金发碧眼，穿着时髦的双排扣细条纹衣服，经常被称为"零售业的罗伯特·雷德福（Robert Redford）"。米勒在芝加哥黄金海岸协会（Gold Coast Society）担任当地董事，他把社区的人们吸引到市中心的胡桃屋（Walnut Room），让他们参加一些豪华活动，如查尔斯王子（Prince Charles）参加的1986年的奥克布鲁克马球（Oakbrook Polo Ball）赛。1985年，米勒还邀请了当时热播的电视剧《迈阿密风云》（*Miami Vice*）中的明星们到店里做客。菲尔德的曝光率和米勒一样急剧上升。菲尔德资深高级时装买家菲利斯·柯林斯（Phyllis Collins）回忆道："常常会有人在街上拦住米勒和他聊天，米勒这时就像芝加哥先生。"

米勒最大的挑战是明晰菲尔德的商品组合。当他加入时，这家商店是一个大杂烩。米勒的最终目标是在他所谓的“最好”的高端商品类别中主导芝加哥市场，大约占菲尔德 1/4 的业务，同时巩固该店的核心“中高端”业务。米勒把菲尔德卖便宜货的地下室改造成了“地下”区，这一区专门经营美食、食品处理器、家居用品和电子产品，吸引了年轻又有钱的专业人士雅皮士入驻。与此同时，米勒将菲尔德转变为中西部地区设计师的总部，品牌包括芬迪（Fendi）、宝缇嘉（Bottega Veneta）、克里斯蒂安·拉克鲁瓦（Christian Lacroix）、伊曼纽尔·温加罗（Emanuel Ungaro）和唐纳·卡兰（Donna Karan）。1986 年，作为芝加哥几家专卖店的代表，拉里·戈尔（Larry Gore）说：“你不可能看到设计师们的非公开时装秀，因为都在马歇尔菲尔德（Marshall Field）的控制之下。设计师们想把马歇尔菲尔德和芝加哥加入时装秀的名字中。”

米勒的战略创造了奇迹。随着菲尔德的市场份额和财富的增加，分析师预测，到 1990 年，菲尔德的年销售额将从 1984 年的 7.5 亿美元增加到 10 亿美元，这是一个健康的 10% ~12% 的营业利润率，大约是英美烟草公司收购时利润水平的两倍。

此外，米勒也知道什么可以让芝加哥人们表示惊奇。在 1988 年芝加哥歌剧院的义演盛典中，马歇尔菲尔德水塔广场店的所有七层都被改造成了《芝加哥论坛报》所说的“派对区迪士尼”。现场的公关人员解释说，对于 1200 名宾客来说，他们一走进舞台，面对着正在啜饮香槟的观众，就会开始有这种幻想——“让客人成为明星”的效果。

芝加哥一直是菲尔德的故乡，但在那个辉煌的夜晚，菲尔德沉浸在《纽约，纽约》睡梦中。第七大道最有魅力的设计师比尔·布拉斯（Bill Blass）、卡罗莱纳·赫雷拉（Carolina Herrera）和卡罗莱娜·罗厄（Carolyne Roehm）都在现场。歌舞歌手鲍比·肖特（Bobby Short）也在现场，他把自己的表演搬到了七楼。里面甚至还有一个哈莱姆著名的地下酒吧“棉花俱乐部”的复制品。在美味的龙虾尾、鱼子酱和六英尺高的巧克力蛋糕中，芝加哥著名的脱口秀女王奥普拉·温弗瑞（Oprah Winfrey）身着锦缎和黑丝绒，优雅而美丽。她告诉《芝加哥论坛报》：“我虽然不想吃东西，但我仍然认为这个派对很棒。”

离去的客人们带回家的是香槟纪念品和价值 165 美元的小礼品袋，包括一份凯歌（Veuve Clicquot）牌香槟，一个来自巴黎夏尔维的丝质蝴蝶结领带，布拉斯（Blass）和赫雷拉（Herrera）香水以及一盒著名菲尔德弗兰戈（Frango）薄荷糖。米勒喜气洋洋地说："我希望这是芝加哥长期以来最好的聚会。这是为了提醒芝加哥，马歇尔菲尔德和芝加哥永远不会分离，希望我们可以在一起玩得开心。"

两周后，奥普拉又打扮了一番，戴着6.5克拉的淡黄色钻石耳环，前往布鲁明戴尔百货店的庆典。布鲁明戴尔百货店的红地毯、强弧光灯和响亮的喇叭吸引了3500名参加派对的人，其中包括意大利时尚巨头卡拉·芬迪（Carla Fendi）和莫西莫·菲拉格慕（Massimo Ferragamo）。在这六层楼里，有十支乐队在演奏，客人们喝着一种叫"布鲁明红"的香槟鸡尾酒。在香奈儿时装秀结束后，卡尔·拉格菲尔德（Karl Lagerfeld）戴着太阳镜，梳着马尾辫，带着日本粉丝，漫步在展台上鞠躬。在几百朵白色的兰花和玫瑰中间，马文·特劳布（Marvin Traub）兴高采烈地说："这是我们经营过的最壮观的商店，芝加哥是个了不起的城市，我们想做得更好。"

《城市与乡村》杂志出版商弗雷德·杰克逊（Fred Jackson）对此场派对印象深刻。他在接受《芝加哥论坛报》（*Chicago Tribune*）采访时说："如果是布鲁明戴尔盛典，那一定和在纽约一样规模，他们一点也不吝惜。"

总之，这是一个令人难忘的夜晚，更让人难忘的是加拿大房地产开发商、布鲁明戴尔的老板罗伯特·坎普（Robert Campeau）最近斥资40亿美元收购了联邦百货公司（Federated Department Stores）。特劳布亲切地介绍了坎普，他走到麦克风跟前，开始滔滔不绝地谈论一档早期的广播节目——美国狂野西部，从英语到法语来回切换。客人们感到窘迫，窃笑着，不知道发生了什么事。

大约一年后，他们发现曾为收购联邦百货积累了巨额债务的大亨坎普（Campeau）正在迅速耗尽现金。1990年1月15日，坎普的零售帝国破产，并正式申请破产保护。坎普公司（Campeau Corp.）提交的75亿美元破产申请是美国历史上规模最大的零售破产案。与坎普分离后，联邦百货于1992年走出破产阴影，当时该公司收购了梅西百货（Macy's）进行重组，使其成为一个健康、运营良好的连锁店，截至1996年，其年销售额达到150亿美元，总共有420多家门店。

到1989年底，菲尔德的派对也结束了，但并不是因为布鲁明戴尔。就在圣诞节前，英美烟草将菲尔德和萨克斯百货店出售，以挫败亿万富翁詹姆斯·戈德史密斯爵士（Sir James Goldsmith）的敌意收购。菲尔·米勒（Phil Miller）则用自己的说辞来反击，试图拯救自己的零售帝国。他组建了一个投资集团进行游说，但并没有用。最终胜出的出价来自代顿哈德森公司令人震惊的14亿美元。

10年前未能收购菲尔德的明尼阿波利斯的零售商很高兴终于如愿拿下了芝加哥皇冠上的宝石。代顿哈德森称这次收购是志同道合的中西部人之间的一场“理想婚姻”，主要是因为他们在明尼阿波利斯的代顿哈德森百货店与菲尔德的非常相似。

但对芝加哥人来说，马歇尔菲尔德不仅是一家百货公司，它就是芝加哥。创始人马歇尔·菲尔德（Marshall Field）和他的继承人都是纽约最著名的慈善家之一，他们投资了当地的地标性建筑，如商品集市、芝加哥大学（University of Chicago）和菲尔德自然历史博物馆（Field Museum of Natural History）。前菲尔德的时尚总监多罗西·富勒（Dorothy Fuller）解释说：“马歇尔菲尔德是芝加哥的一个机构，芝加哥人认为它属于他们。”

在美国工业革命时期，当铁路和工厂在重建后拔地而起时，芝加哥是一个熙熙攘攘、尘土飞扬的边疆小镇，当地人渴望得到基本的商品，也渴望得到关于如何生活和穿着的指导。1868年，一个名叫马歇尔·菲尔德（Marshall Field）的急功近利的批发店员和他的生意伙伴利瓦伊·Z. 莱特（Levi Z. Leiter）开了他们的第一家店，菲尔德和莱特在华盛顿街角一幢六层楼高的建筑物里用琳琅满目的高档商品取悦了他们所在的社区。《芝加哥论坛报》（*Chicago Tribune*）报道说，这里有一座“大理石宫殿，有足够多的商品可以让几乎所有女性都动心”。第一年，这家店的销售额达到了令人印象深刻的800万美元，利润为30万美元。1881年，47岁的马歇尔·菲尔德买下了他合伙人的股份，并将其改名为马歇尔菲尔德集团。

作为一个有先见之明的商人，菲尔德把目光集中在了注重时尚的女士身上。早些时候，他雇用了一位“时尚专家”坐船去欧洲旅行，把“巴黎特色连衣裙”带回美国。在20世纪80年代，当女人以穿着笨重的箍圈裙为时尚时，菲尔德集团是芝加哥第一家提供“后部支撑裙”的公司，它来自巴黎的高级定制服装品牌沃斯（Worth）。为了鼓励女性全天购物，菲尔德开设了一家以鸡肉馅饼和菲尔德招牌的玫瑰鸡尾酒（Rose Punch）而闻名的茶馆和餐厅，甚至还有一间“晚礼服室”，让女士们在人造灯光下欣赏自己的礼服。美国时任总统威廉·麦金利的妻子请求菲尔德给她制作她的就职礼服。据报道，当马歇尔·菲尔德看到一个傲慢的售货员的行为后大发脾气，他说：“给女士她想要的。”他传奇般的命令成为了这家店的座右铭，而菲尔德在后来几十年一直保持这一黄金标准。

尽管像卡森·皮里·斯科特（Carson Pirie Scott）这样的百货公司在芝加哥遍地都是，但马歇尔·菲尔德并不担心那些商店会侵占他的地盘。据一位现场传记作家说，费城商人约翰·瓦纳梅克（John Wanamaker）曾经顺道来到马歇尔·菲尔德的店里对他说：“我喜欢这个城市，我想可以在这里再开一家店。”菲尔德冷冷地回答：“可能吧，但我一直在考虑扩张。你来这里，我想我们会在费城开店。”据报道，瓦纳梅克无力地笑了笑，和菲尔德握了握手，很快就忘记了他想和菲尔德竞争的想法。

因为毁灭性的大火，马歇尔菲尔德集团重建过两次。1907 年，马歇尔菲尔德公司搬进了一座 11 层楼的石灰石和花岗岩建筑，上面有一个华丽的蒂芙尼（Tiffany）玻璃圆顶，占据了州街的整个街区。作为芝加哥蓬勃发展的市中心区的百货中心，菲尔德百货店满足了人们所有的需求。除了令人眼花缭乱的服装、家具和家居用品之外，这家店还有 11 家餐厅、修理古董家具和钟表的工作室、一个干洗店、一个冰激凌甜点店等。周六，家长们把孩子送到菲尔德的魅力学校和手工艺班。芝加哥黑帮分子艾尔·卡彭（Al Capone）在专门卖猎枪和狩猎用具的菲尔德男士商店（Field's Men's Store）的附属物区买了一打 35 美元的真丝衬衫。1914 年，《时尚时刻》（*Fashions of the Hour*）出版，它是一份免费邮寄给菲尔德客户的双月刊杂志，其中包括最新的艺术、旅游和园艺方面的芝加哥社会名流的照片和文章，菲尔德的时尚声誉因这份杂志达到了新的高度。

1941 年，马歇尔·菲尔德（Marshall Field）设计了一个名为“28 号店”（the 28 Shop）的特殊服装沙龙。第二次世界大战期间，引领潮流的巴黎时装店纷纷关门，这家 28 号时装店通过展示美国崭露头角的设计师如艾德里安（Adrian）、诺曼·诺雷尔（Norman Norrell）和海蒂·卡内基（Hattie Carnegie）的产品而填补了这一空白。对菲尔来说，推销品牌设计师是一个大胆的新举措。他的店里只有马歇尔菲尔德集团品牌的商品。芝加哥最富有的主妇们前往位于华盛顿东街 28 号的菲尔德大厦入口处，在那里她们登上一架配有天鹅绒长椅的私人电梯，来到六楼的圆形大厅后，一名男管家和一名女主人迎接客人，他们领着客人走进一间可爱的粉红色沙龙，里面有由约瑟夫·普拉特（Joseph Platt）设计的 28 间试衣间，约瑟夫曾是好莱坞《乱世佳人》（*Gone with the Wind*）的布景设计师。女售货员从仓库里拿出礼服，站在每个客户的面前。这家 28 号店一炮而红，成为中西部最时尚女性的时尚大本营。

尽管 28 号店是上层人士见面的地方，但这家沙龙给店里的其他所有东西都带来了声望。从 50 年代开始，凯思琳·凯特琳（Kathleen Catlin）就是菲尔德的传奇时装总监，也是 28 号店的首席采购员，她是菲尔德百货店最具影响力的时尚达人。凯特琳为菲尔德的橱窗布置服装，举办时装表演，还教当地的时尚作家了解巴黎的最新潮流。她的名声远远超出了芝加哥，"凯萨琳在巴黎很受欢迎，因为菲尔德当时从巴黎买的时装比从其他任何零售商都多。"曾在凯特琳（Catlin）手下工作的多罗西·富勒（Dorothy Fuller）回忆道。

20 世纪 50 年代早期，在巴黎的巴伦西亚加服装店，凯特琳完全被这位人设计师的麻袋裙（sack dress）迷住了。和其他美国买家不同，她根据自己的直觉订购了好几款巴伦西亚加服装。这些没有胸缝及胸省的服装是如此不同寻常，"直到后来才发现，我们在每一场时装秀上都把它们反着穿。"富勒回忆道。《时尚芭莎》（*Harper's Bazaar*）的编辑卡梅尔·斯诺（Carmel Snow）在《巴伦西亚加》（*Balenciagas*）杂志上发文称赞凯特琳"亲爱的，你太勇敢了！"到了 20 世纪 50 年代末，美国所有衣着光鲜的女性都穿上了这款女式衬衫，这种风格一直延续到 60 年代。

凯特琳敏锐的直觉使她成为第七大道主要服装店无法取代的顾问。"凯萨琳知道我们必须创造一种欲望，"富勒回忆道："制造商们从纽约飞过来，把衣服摆放在桌子上，测量每一个缝口。然后回到纽约去仿制，菲尔德就买下所有仿制品。"

实际上，菲尔德引领了高端时尚的民主化。仿制品从 28 号铺子里开始涌出，并一路向下延伸到廉价地下室。廉价地下室是 1885 年另一个菲尔德的发明，这一概念是由哈里·塞尔弗里奇（Harry Selfridge）提出的，他是菲尔德最富有传奇色彩的商人之一。塞尔弗里奇坚信菲尔德会吸引更多工薪阶层的客户，为“值得信赖或价格更低但可靠的”商品开辟一个特殊区域。菲尔德一开始并不喜欢这个主意，他担心过多的报纸广告喊着“特别吸引人的便宜货”会玷污菲尔德在高层人士眼中的形象。

但菲尔德的廉价商店却像变魔术一样，很快就成为了其他美国商店效仿的一种促销策略。据报道，在菲尔德的商店里，“第一周就有成千上万的人前来购买更便宜的丝绸、服饰、袜子、手帕、斗篷、丝带和披肩”。这些人是曾经渴望逛一逛的顾客。塞尔弗里奇后来搬到了伦敦，创立了自己的零售帝国——塞尔弗里奇百货公司，这是英国首家美国式的百货商店。他经常派他的买主到芝加哥的菲尔兹去买东西。

一百多年以来，菲尔德一直有凯特林和塞尔弗里奇等这样精明的商人，使其在购物领域的两端（高端和低端）都确立了自己的权威。曾以 19.95 美元的价格买下一件经济型外套的接待员和选择了 3000 美元原作的黄金海岸社交名媛都是忠实的客户，他们相信马歇尔菲尔德公司[①]的猎装绿购物袋里的时尚代表了一切中最好的。

1990 年，菲尔德公司沐浴在魅力十足的米勒光环之下，马歇尔菲尔德公司被代顿哈德森（Dayton Hudson）收购后，米勒成为萨克斯第五大道（Saks Fifth Avenue）的副董事长。代顿哈德森为菲尔德百货公司付出了高昂的代价，因此他急于从该商店的运营中削减开支，因此新老板将菲尔德的权利并入了现有的百货公司部门，以获得共享费用和规模经济的好处。菲尔德的数百名员工被解雇。当许多芝加哥人听说菲尔德的大部分买家将被转到明尼阿波利斯总部时，他们担心最坏的境况出现。

高级时尚买家菲利斯·柯林斯（Phyllis Collins）的丈夫在芝加哥有法律执业证，她是为数不多的几位获准留下来的菲尔德商人之一。她并没有把代顿哈德森视为敌人。“他们从来没有想过这是一次接管，他们也不想解雇员工，他们没有超人一等的优越感，每个人都是直呼其名，他们尽力不会将我们拆散。”

---

① 马歇尔菲尔德集团在 1982 年后被称为马歇尔菲尔德公司。

尽管如此，柯林斯认为代顿哈德森的管理者低估了他们所承担的责任。“他们以为自己又买了另一家代顿店，但在明尼阿波利斯的代顿店不习惯竞争。”他们认为，有了菲尔德，就有了弗兰戈（Frango）薄荷糖和胡桃屋（Walnut Room）里的一棵圣诞树，你就有了他们（顾客）。“但这是芝加哥，这是一个复杂的城市，你必须做得更好，你必须不断地进步，你必须既能唱歌又能跳舞。”

就像许多当地人担心的那样，菲尔德在代顿哈德森的统治下开始失去光彩。菲尔德的粉丝格洛里亚·培根（Gloria Bacon）发现 19.99 美元的 West 牌鞋子就在 350 美元的香奈儿（Chanels）旁边，这让她大吃一惊。曾经热心的菲尔德女推销员都不见了，几乎每个月都有一场商店的大减价。

此外，曾经引以为傲的独立菲尔德也被迫接受团体治疗。菲尔德商品的每一个价签上都写着“代顿哈德森和马歇尔菲尔德”。《时尚》杂志上的时装设计师广告被贴上了“代顿的椭圆形房间和菲尔德 28 店”的标签。甚至菲尔德独有的弗兰戈斯（Frangos）薄荷糖现在也可以在哈德森甚至是塔吉特的代顿餐厅买到。当菲尔德推出一款新的“环保”棕色购物袋时，顾客们都很反感，菲尔德后退了一步，又开始提供它的招牌猎装绿手提袋。

在实施这些变动时，管理层对顾客们的差评并没有足够的准备。“芝加哥的客户讨厌这些变化，”接替米勒担任菲尔德总裁的加里·维特金（Gary Witkin）回忆道：“人们有一种心理上的感觉，认为菲尔德不再是芝加哥人所有。它为人们创造了一种寻找他们从未见过的差异的敏感性。顾客说：‘你在搞砸我的马歇尔菲尔德。’”

随着越来越多的芝加哥人意识到菲尔德是在明尼阿波利斯经营，诺德斯特罗姆（Nordstrom）看到了赢得他们的机会。在广播广告中，诺德斯特罗姆强调了它对芝加哥坚定不移的承诺：“我们的买家是你的邻居。”

但无论买家是住在隔壁还是几百英里外的明尼阿波利斯，都无关紧要。百货商店零售业不再是买方市场。20 世纪 70 年代的惯例已经一去不复返了，当时买家只要花一半的时间到商店去了解每个社区的当地特色。零售商们相信，美国是完全同质的，比如说芝加哥人也会喜欢底特律人的时尚，所以在大多数的分店里都能买到同样的商品。不管怎么说，要去遍布美国中西部的 66 家马歇尔菲尔德、代顿和哈德森商店旅行是不现实的。“如果我们的买家每年能到每家店一次，那就太幸运了。”1992 年以来担任菲尔德总裁的丹·斯柯达解释道。

简而言之，顾客再也不能自由地将自己的意愿（或品位）强加给那些将绩效底线置于一切之上的商店。

这是 20 世纪 90 年代的服装生产线，它把时尚永远抛在了一边。60 年代，“在电视和通信技术主导许多时尚之前，百货公司曾经是你第一次与时尚视觉接触的地方，”1993～1998 年担任联邦百货公司（Federal Department Stores）董事长的艾伦·奎斯特罗姆（Allen Questrom）说：“你到店里来看看有什么东西。那时候，买家花了很多时间在时尚艺术上，他们更了解合身、结构和面料。他们可以为特定的顾客挑选适合他们商店环境的东西。他们认识了那家商店的顾客。市中心的商店和后来的购物中心都有广告和促销活动，这使商店成为了权威。”

到了 70 年代，这种零售惯例消失了，那是设计师热潮和全国性的时尚品牌广告的时代。一旦设计师在服装、配饰、香水和床上用品等领域家喻户晓，他们的品牌“创造了 20 年前没有的顾客们的终极需求，”菲利普·米勒（Philip Miller）说：“百货公司曾经是向顾客介绍商品概念的媒介，但今天是品牌。设计师现在正通过全国性广告、社论和时装秀与顾客直接沟通。在许多情况下，顾客和我们零售商一样很快地看到了时尚信息。”

在 20 世纪 80 年代，随着设计师品牌登上舞台的中心，百货公司放弃了按照“裙子”或“女性运动服”等类别组织销售楼层的做法。地板按照品牌精品旗帜被重新配置，如莉兹克莱本（Liz Claiborne）、艾伦特雷西（Ellen Tracy）或琼斯纽约（Jones New York），这些都是美国最受欢迎的品牌。随着如此强大的品牌开始主导百货商店，顾客不太愿意尝试新的、不熟悉的品牌，而且很可能会忽视这些品牌。“大多数人都没有时尚感，他们也缺乏安全感，”奎斯特罗姆说：“有能力住在丽思卡尔顿（Ritz Carlton）酒店的人不会去尝试一些他们从未听说过的高级酒店，他们需要一个权威，如今权威就是品牌，人们对标签有信心。”

## 3

代顿哈德森不像米勒领导下的菲尔德那样，喜欢奢华的福利。相反，在 20

世纪90年代末，该公司悄悄地将每年5%的税前利润直接捐赠给慈善机构，即每周大约100万美元。然而，代顿哈德森知道与芝加哥社会保持联系的重要性，所以菲尔德延续了每年秋天举办大型时装秀的悠久传统。传统上，菲尔德的时装秀既时髦又优雅，在那里，高级定制时装的原创作品出现在芝加哥的顶级模特身上，年轻的辛迪·克劳馥（Cindy Crawford）曾是秀场上的宠儿。但是代顿哈德森认为，菲尔德的节目需要更加平民化，以迎合管理层现在想要吸引的广大观众。

1991年8月，菲尔德在其日历上增加了一项新的时尚秀——“掌声的理由”（Cause for Applause），这个时尚秀被宣传为“一场娱乐和时尚潮流，而不是秀台上展示的设计师时装”。该节目模仿了代顿的年度“苦恼重击”（Fash Bash）音乐节目，该节目多年来一直深受明尼阿波利斯观众的欢迎。

“掌声的理由”时装秀在州街菲尔德附近的芝加哥剧院举行，这确实成为了一个被各大报纸放上头条的时尚秀，但并不是代顿哈德森所期待的那样。当晚的主持人是演员曼迪·帕汀金（Mandy Patinkin），他是芝加哥本地人，一个性格活泼的主持人。当他把一盒盒的弗兰戈斯（Frangos）薄荷糖分给前排的人时，大家都笑了。这个夜晚持续了近两个小时，60名模特和舞者展示了新的秋季服装，其中包括日本的新日隆（Nippon）、J. H. Collectibles和艾德丽安·维特塔尼（Adrienne Vittadini），但是并没有耀眼的晚装。显然，黄金海岸的人群没有多少理由鼓掌。

《论坛报》的时尚编辑吉纳维芙·巴克（Genevieve Buck）在她的评论中讽刺道，“掌声的理由”（Cause for Applause）显然开启了菲尔德的新时尚时代，她写道：“高档次的卡尔文·克莱恩（Calvin Kleins）、奥斯卡·德拉伦塔斯（Oscar de la Rentas）、乔治·阿玛尼（Giorgio Armanis）和伊夫·圣·罗兰（Yves Saint Laurents）等过去的时装秀一去不复返了，这些时装秀在劳动节过后的秋季拉开帷幕。”

1992年又举办了一次“掌声的理由”时装秀，当狂欢节的杂耍艺人们与模特们共同登台演出时，观众们报以热烈的掌声。巴克和她的黄金海岸读者们则对此表示了不满。代顿哈德森（Dayton Hudson）在那之后就放弃了，而菲尔德又回到了秋季的高格调时装表演中。

但这并不意味着菲尔德20世纪80年代的做法就会回来。“我们今天的做法是不一样的，”1997年，代顿哈德森的商店规划执行副总裁杰拉尔德·斯托奇（Gerald Storch）解释道：“我们的最终目标是拥有大多数顾客想要的商品，像唐纳·卡兰（DKNY）、达纳·布赫曼（Dana Buchman）、佩里·艾利斯（Perry Ellis）和汤米·希尔费格（Tommy Hilfiger）这样的全国性品牌。”

但美国顾客真正想要的是什么呢？自20世纪80年代以来，设计师品牌的业绩一直不尽如人意，因为它们一直在努力专注于要生产的产品，而百货公司却不确定哪些产品应该降价，哪些产品应该全价出售。

尽管如此，连锁店还是不断地增加。到了90年代初，全国的零售空间以惊人的速度迅速增长。美国遍布着成千上万的购物中心，但顾客却越来越少。1992年，美国有超过35000家购物中心，统计上每个男人、女人和小孩的零售面积为18平方英尺，几乎是1972年的3倍。80年代末，随着美国郊区移民的放缓，在购物中心购物的年轻女性数量也开始减少。供给越来越超过需求，但谁也不会限制，零售商在不断开设更多的分店。

零售咨询公司管理视野（Management Horizons）的经济学家卡尔·斯蒂德曼（Carl Steidtmann）表示：“过去，零售商赚钱的方式是每季都开新店，他们如此执着于这种做法，以至于很难改变。”

从20世纪70年代开始，零售商就有了一个快速扩张的理由：新一代婴儿潮时期的职业女性，她们的衣橱里塞满了上班穿的衣服。于是，莉兹·克莱本（Liz Claiborne）、琼斯·纽约（Jones New York）、施特劳斯（Chaus）和J. H. Collectibles等女性品牌开始出现爆炸式增长，它们在百货商店的女装楼层占据了主导地位。这些大品牌都加入了数十家专业连锁品牌的行列，如Limited以及它的姊妹品牌Express，还有Casual Corner和Ann Taylor，它们都有自己的品牌时尚系列。马歇尔百货（Marshall's）、劳曼百货（Loehmann's）、T. J. Maxx零售折扣店以及大卖场（Outlet Mall）都有大量打折女装，而西尔斯百货（Sears）和潘尼百货（Penney's）则加强了她们的时尚选择。甚至沃尔玛都忍不住了。1992年，总部位于阿肯色州本顿维尔的电力公司每年的销售额达到820亿美元，其中近300亿美元来自服装、床单和毛巾。

讽刺的是，最终让零售业走下坡路的也将是时尚。1987 年秋天，当设计师们齐心协力地推出短裙时，充满活力的女性服装行业迎来了一个低谷。在此之前的几年里，女性一直在为自己的小腿下摆设计服装。1987 年春天开始的迷你裙复兴在时尚展台上得到了广泛的认可，并在诸如《王朝》（*Dynasty*）这样黄金时段播出的电视剧中得到了检验。布鲁明戴尔（Bloomingdale）报纸上的一则广告用三英寸高的字体打出了“短”的口号：“永远不要徒劳地炫耀自己的一条腿，我们为膝盖上方的裙摆呼吁喝彩。”为了追赶潮流，莉兹克莱本花了数十万美元来缩短已经在生产中的裙子，以备秋季交货。

但那一年，这艘小游艇遭遇了一场巨大的事故，因为数百万女性都不喜欢。国家公共广播电台的尼娜·托滕伯格（Nina Totenberg）就是其中之一，她对此大为恼火。她在广播中敦促女性不要相信这种炒作。女人间的姐妹关系的确是强大的。10 年来第一次，女性服装的销量出现了下降。时尚作家艾琳·达里亚（Irene Daria）总结道：“美国女性似乎一夜之间成熟了。”

服装市场营销者们被难住了，他们变得惊慌失措。随着越来越多的女性普遍抵制时尚和衣架上的短裙，上衣和毛衣都卖不出去。克莱本（Claiborne）有限公司、Limited 和美国鞋业公司（U. S. Shoe）指出，时尚是他们 1987 年利润下滑的原因。几年后，短裙终于在大多数女性中流行起来，但服装营销者们开始学到了一个惨痛的教训：他们不能像过去那样主宰时尚。

也许如果他们更努力，或者让时装更便宜，生意就会重新火起来。但可惜的是，在 20 世纪 90 年代，第七大道继续遭受着一连串设计师失败的困扰，比如“花哨”的褶皱天鹅绒衬衣、蓬乱的“邋遢”服装，以及不对称的下摆裙。

服装行业打破了自己的时尚周期，为这场反抗奠定了基础。时尚圈总是促使女性更新自己的服装。通过倡导“个人风格”和“投资着装”的理念，设计师们无意中说服了女性不要再买那么多衣服了。

到 1994 年，服装行业连续第三年下滑，零售商和设计师都对此感到困惑。1993 年，女性服装价格同比下降 4.4%，为 1952 年以来的最大降幅。1994 年圣诞节期间，莉兹·克莱本揭露了事情的糟糕之处：克莱本只有 20% 的时装在百货商店以全价出售。

相对于那些不断购物的狂热者来说，很多女性买的衣服少得多，付的价钱也低很多。1994 年，一件连衣裙的平均零售价从 1991 年的 39. 30 美元下降到 35. 78 美元；夹克衫从 41 美元跌至 37 美元。

女性服饰的衰落更多地与职业女性有关，而非时尚。随着每个人都转向了偏好穿休闲衣服，女性很容易开始对时尚不屑一顾。事实上，美国女性更关注自己的职业而不是自己的衣着。20 世纪 80 年代初，纽约广告公司 Wells，Rich and Green 调查了数百名女性的时尚习惯，得出的结论是："越自信、越独立的女性越不喜欢购物；他们越喜欢自己的工作，就越不喜欢自己的衣服。"人口因素是另一个重要因素。随着美国人口老龄化加剧，许多女性的衣橱里已经塞满了她们仍然可以穿的衣服。此外，她们还背负着抵押贷款和儿童教育账单。因此，跟上最新的时尚潮流已不再是首要任务。

这些信号让服装市场营销者非常痛苦，他们意识到，女性对时尚的冷淡态度可能是永久性的。1994 年，经济学家卡尔·斯蒂德曼（Carl Steidtmann）在接受《华尔街日报》采访时表示："在女装方面，你在很多方面看到的是一个时代的终结。在过去 15 年里成长起来的企业，在这个行业飞速发展，一切似乎都运转良好，如今却处于一个没有增长的时代，而他们所做的一切努力似乎都不起作用。"

在美国，有太多的零售商在销售太多的衣服，而很多女性却在缩减衣橱。从 20 世纪 90 年代初开始，零售业的大洗牌就开始了。1990 年拥有 3300 家门店的 Limited 集团开始关闭旗下商店。一些最受欢迎的服装营销者，如吉莉安（Gillian）集团都破产了。就连实力强大的莉兹克莱本（Liz Claiborne）也被迫关闭了旗下 75 家门店。

然而，并不是所有的零售商都被时尚所迷惑。随着越来越多的女性购买价格实惠、舒适、休闲的服装，她们将目光转向 Gap。凭借其精心制作的经典服装、合适的价格和时尚现代的形象，Gap 已经成为数百万男女的新时尚目的地。Gap 及其姊妹品牌香蕉共和国（Banana Republic）和 Old Navy 在 20 世纪 90 年代获得了不可思议的市场份额，成为仅次于 Levi's 的全球第二大服装品牌。1998 年，Gap 在美国的 2237 家门店实现了 83 亿美元的销售额，其中包括 953 家 Gap 门店、637 家 Gap Kids 门店、258 家香蕉共和国（Banana Republic）门店和 282 家 Old

Navy 门店。此外，Gap 还在日本、英国、加拿大、法国和德国开设了门店。

1997 年 12 月，《女装日报》的编辑帕特里克·麦卡锡（Patrick McCarthy）讲道："多年来，我们和其他很多人都把时尚定义为'品牌货'，但时尚已经不再是'品牌货'。这个大转变始于 18 年前，但直到最近5～7 年才实现。时尚从品牌货变成了大众货，有时介于两者之间。现在，人们把 Gap 和香蕉共和国（Banana Republic）定义为时尚，尽管这些店的一件衣服只卖 30 美元。"

Gap 成立于 1969 年，由加州房地产开发商唐纳德·费舍尔（Donald Fisher）创立，他在旧金山开设了自己的第一家 Gap 专卖店，销售 Levi's 的牛仔裤和打折的唱片和录像带。随着 Gap 逐渐流行起来，并在接下来的十年里扩展到数百家门店，费舍尔在 1983 年买下了香蕉共和国（Banana Republic），并且聘请了安·泰勒（Ann Taylor）的前总裁米奇·德莱克斯勒（Mickey Drexler），这是他职业生涯中做出的最佳决定。德莱克斯勒是一个工商管理硕士，拥有设计师的直觉和非凡的眼光，他聘请了设计师来设计 Gap 的大量牛仔裤、T 恤和各种尺码和颜色的毛衣。于是 Gap 开始了反时尚的大爆炸。

Gap 朴实无华的"真正衣服"姿态反映了 20 世纪 80 年代末美国顾客态度的变化。Doneger 集团驻纽约的零售咨询顾问大卫·沃尔夫（David Wolfe）表示："90 年代，时尚界一度陷入停滞，Gap 正以一种巨大的力度引领着休闲的潮流。"Gap 延缓了时尚的演变。每隔六周，Gap 就有一个全新的分类，不一定是基于新设计，有时是基于新颜色。你走进 Gap 商店，顾客马上就能感觉到变化。

但与 Gap 朴实的衣服一样重要的是它的形象。Gap 从黑白广告"个人时尚"开始，让金·贝辛格（Kim Basinger）穿上 Gap 品牌的超大号白衬衫，让吉莱斯皮（Gillespie）穿上 Gap 的仿高领毛衣。Gap 在 1984 年凭借其无处不在的诱人广告，创造了自己的时尚时刻：一件售价 12.5 美元的 T 恤，继续成为数百万美国人衣橱里的主要服饰。紧随其后的是 Gap 的经典照片，照片上的名人"亨弗莱·鲍嘉（Humphrey Bogart）穿着卡其裤"，"戈登·帕克斯（Gordon Parks）也穿着卡其裤"。根据 Gap 的说法，在这个世界上，时尚已经超越了衣服本身，而是关乎穿着它们的人。

随着 Gap 的信誉不断攀升，这家连锁店成为零售业最强大的时尚权威，取代了百货公司多年来一直霸占的地位。Gap 不需要设计师、不需要势利、不需要高价。Gap 无视时尚的旋转门，但仍赚钱，因为它的服装每年都不会过时。顾客不断地回来购买更多的 Gap 基本款，并受到了 Gap 新推出的颜色和其他花哨款式的吸引，Gap 通过保持其时尚风格的新鲜感，它的营销魔力加以突出。

就像马歇尔菲尔德（Marshall Field）在其全盛时期那样，Gap 在两个领域都有很大影响。无论富人还是工人阶级，人们都自豪地承认他们的衣服来自 Gap。他们是现代精英中的一员：个人的安全是他们自己的风格，而不是设计师的炒作。“这是时尚界的一大转变。现在人们认为廉价的中等价格的衣服很时髦。”麦卡锡说。

百货公司只能向 Gap 学习。

20 世纪 90 年代初女装的崩溃，以及 Gap 及其众多效仿者的成功，加速了百货公司业已下滑的命运。更多的生意转移到折扣店，他们成为了零售业的主力军。到 1996 年，折扣店在一般零售销售额中所占的比例约为 41%。

1987 年销量增长 27%。沃尔玛现在的服装销售额超过了所有百货商店的总和。百货公司的整体市场份额从 1987 年的 20% 下降到 14%。

正是在这种背景下，许多根深蒂固的本地百货商店要么被赶出市场，要么被迫与曾经的竞争对手合并。1997 年，超过半数的百货商店销售额来自四大集团：联合百货（包括布鲁明戴尔（Bloomingdale's）、梅西百货（Macy's）、伯丁百货（Burdines））、梅百货（May Department Stores）、迪拉德百货（Dillard's）和诺德斯特龙百货（Nordstrom）。

利用规模优势，这些企业集团学会了如何通过更有效的经营来赚取更多的钱。它们集中了它们的购买流程操作，在任何一个地方销售的商品有 85% 都可以在连锁店的其他商店销售。

19 世纪美国第一家百货商店的起源方法，再加上 Gap 成功的原因，两者合并后的连锁店进一步民主化了时尚。联邦百货（Federated）从几乎所有的商店都撤下了高端商品。“除了布鲁明戴尔，我们有一种名牌产品的护目镜。”联邦百货（Federated）总裁特里·伦德格伦（Terry Lundgren）说。1997 年，在联邦百货的 420 家门店中，只有 45 家拥有二线（Bridge）品牌，如艾伦·特蕾西（Ellen Tracy）、伊曼纽尔（Emanuel）、安·克莱恩（Anne Klein）和 DKNY 的定价低于顶级设计师品牌。在联邦百货的其他地方，像莉兹·克莱本就是最高级的品牌了。

百货商店的零售业已经越来越注重最小化时尚风险。但是即使百货公司改变了它们的策略，它们也永远不会再次统治制高点。1997 年，管理视野（Management Horizons）的经济学家预测，百货行业“在可预见的未来可能不会增长”。管理视野（Management Horizons）预计，1996 ~ 2001 年，百货公司的销售额将以每年 0.5% 的速度增长，而 1991 ~ 1996 年的增幅为 2.2%。

百货公司现在依赖于从它们的主要供应商，即所谓的“矩阵”品牌网（“matrix” brands）中获得时尚权威。以男装为例，三巨头分别是拉尔夫·劳伦（Polo Ralph Lauren）、汤米·希尔费格（Tommy Hilfiger）和诺蒂卡（Nautica），后者 1997 年在百货公司销售的男装运动服中占了 40%。分析师罗伯特·布坎南（Robert Buchanan）解释说：“商店的电脑系统里大概有 8 个关键的女性服装品牌，以及 3 ~ 4 个男性品牌。该矩阵品牌网让商店可以自行管理运营，让买家不必参加那么多会议。对商店来说，以这种方式运营更容易、更有效。”

另外，商店也依赖矩阵品牌网来从事它们以前的许多业务。纽约设计师艾琳·费舍尔（Eileen Fisher）就是一个典型的例子，她设计的宽松女性休闲服饰的价格从 40 美元到 250 美元不等。费希尔在 1984 年创立了自己的公司。她觉得自己很幸运，能在菲尔德的矩阵品牌网上卖服装，她的服装系列在菲尔德的 14 家商店中都有出售。她依靠从百货商店获得大量订单来运行，因为那些 20 世纪 80 年代从她那里订货的小零售商们在 90 年代都纷纷倒闭了。

费舍尔代表着 90 年代的现代时尚之家。她把自己的生意设计得和她的风格一样直截了当而保守。费舍尔没有因为举办昂贵的时装表演和与媒体的亲密接触而分心。她知道，要想在女性中受欢迎，她首先必须在百货公司里扮演重要角色。

因此，费舍尔自己负责整个业务流程，包括设计、制造和将商品运送到商店。她分担了在百货公司里建造店内商店的费用，每个要花费几千美元。她还花费了数千美元补贴用于报纸广告和商店商品目录，让自己的商品在广告上登出或列入商品目录。

费舍尔派出了自己的零售协调团队去拜访每家分店，就像过去的买家那样在百货公司设立店内陈列并引导销售人员熟悉产品。设计师也尽了自己的一分力确保费舍尔的时装在降价前就能卖出。当全价销售下降到一定水平时，费舍尔不得不以折扣的形式支付给百货公司。她表示："零售商非常认真地对待自己的利润率。"

这就是为什么费舍尔花了更多的精力去弄清楚电脑系统无法告诉她的东西，比如她的服装系列缺少什么风格，女人是否喜欢丝绸而不喜欢人造丝，等等。费舍尔根据顾客的反馈意见对她的服装细节进行修改，这些反馈均来自她自己的分店而不是菲尔德百货店。"在百货公司，他们的买家不在现场，无法了解实际情况。"费舍尔说。

随着各大百货公司将越来越多的业务转向像艾琳·费舍尔（Eileen Fisher）那样强大的矩阵品牌网，百货公司开始变得相似。萨克斯百货（Saks Fifth Avenue）和梅西百货（Macy's）前时尚总监埃林·萨尔兹曼（Ellin Saltzman）说："百货商店里发生的最糟糕的事情是，它们被分割成一个个的店内精品店。这让商店变得无聊。"

然而，就是这种无聊使五月（May）百货商店取得了成功。这家拥有 240 家门店的连锁百货公司在 20 世纪 90 年代的年度增长率是百货店中最高的。业内专家将五月百货对矩阵品牌网的积极大胆使用戏称为五月百货公司的"（May－on-naising）"。

五月百货旗下包括纽约的罗德和泰勒（Lord & Taylor），休斯敦的福利（Fo-ley's），华盛顿特区的赫克特（Hecht's）和洛杉矶的五月/罗宾逊（May/Robin-son）。五月百货商店干净、明亮、整洁，而且有最受欢迎的主流品牌——那些保守样式，价钱低廉，受顾客喜爱的商品。"五月百货从未有过任何伪装，"零售顾问阿伦森（Aronson）解释道："这是一个中产阶级的西尔斯（Sears）在圣路易斯市被迫做出的决定。"

五月百货甚至还设法让折扣店大赚了一笔。举个例子，罗德和泰勒经常会将已经打折的商品再次给顾客降价 20%。在这样的促销活动中，一件原本标价 180 美元的礼服可能只卖 54 美元，比原价低 70%。

但如果罗德和泰勒能够以如此高的折扣送出一件衣服，那这件衣服是不是一开始就标价 180 美元？这样的销售方式使更多人持怀疑态度。衣服的原价已经和音响等商品的“标价”差不多了，这些商品的价格大幅上涨，以便它们日后可以降价。

随着越来越多的购物者被训练得坚持购买最好的商品，降价确实成为了一种生活方式。在1996年对6300个家庭进行的顾客调查中，80%的人说他们购买衣服的动机是为了买打折商品，而1992年这一比例为71.7%。“顾客们说，‘我可以等到下次打折，如果今天要买那就去工厂的大型购物中心’”，菲尔德的总裁丹·斯柯达说。

由于太多零售商保有着定量的时尚商品，降价确实是保持商品流通的唯一途径。莉兹克莱本（Liz Claiborne）每4～6周就会给百货店送去新鲜的商品。大多数百货公司在这些衣服上架9周后就开始降价（有可能更早）。这种做法背后的理由是，货架上的商品挂得越久，销售起来就越难。因此，零售商们不会在长时间没有卖出的旧款服装上浪费时间，他们会订购新款服装并以全价出售。

但这扇促进商品流通的“旋转门”策略（降价）也不利于时尚。当一种新潮流服装不能在商场里迅速销售时，这种风格在顾客还没来得及赶上之前就会消失。1995年，管理视野（Management Horizons）的一项研究发现，在这个连锁店“迫切需要变得更加独特”的时代，“降价效应”事实上阻止了时尚新款进入百货商店。“零售商”关注的是保持商品流通，而不是尝试可能会让他们与竞争对手区分开新品。令人不快的结果是，许多百货公司看上去惊人的相似，有可能被规模较小的创新专卖店夺走市场份额。

那么，如果传统的百货商店已经变成了千篇一律的拥有同样品牌的商店，那么最优秀的设计师时装又会怎样呢？今天的28店在哪里？菲尔德的28店仅在两个地点继续营业：州街和水塔广场。但是，90年代的28店与它辉煌的昔日形象相去甚远，在州街，特殊的电梯和圆形大厅都不见了，这家28店只是位于第8层的一个部门，由伊夫·圣·罗兰（Yves Saint Laurent）、克里斯蒂安·拉克鲁瓦（Christian Lacroix）和比尔·布拉斯（Bill Blass）设计的服装聚集在金属T形支架上。

在20世纪90年代末，那些设计师服装销售最好的便是一些高端专业连锁百货商店，即萨克斯第五大道（Saks Fifth Avenue）、内曼马库斯（Neiman Marcus）和纽约巴尼斯精品店（Barneys New York），还有一些私人设计师，如古驰、艾斯卡达（Escada）、吉尔·桑达（Jil Sander）和乔治·阿玛尼（Giorgio Armani），他们在与纽约类似的城市如芝加哥、休斯敦、洛杉矶和旧金山开设了自己的商店。

与此同时，90年代初涌现出来的艾萨克·米兹拉希（Isaac Mizrahi）等年轻设计师，已经没有多少零售商支持他们了。例如，布卢明戴尔百货公司（Bloomingdale's）过去几年一直通过推出赔钱的系列来培养新设计师，直到他们开始火起来。“如果我们真的相信设计师的设计，我们会继续购买几季，即使这一系列销量不佳，”布卢明戴尔百货公司的时装总监卡尔·鲁特斯坦（Kal Ruttenstein）说。据他回忆，早在1989年，布卢明戴尔甚至在《纽约时报》上买了一个大广告，帮助把艾萨克曝光给公众。“但今天，我们不会再这样做了。”鲁特斯坦哀叹道。现在每个人都知道，即使是受到布卢明戴尔的赞助，也不可能在10年后拯救艾萨克。

随着时尚周期进一步压缩，新的设计师品牌变得来去匆匆。当有许多其他新设计师的产品在销售上有更好的机会时，站在一个销售缓慢的新人后面是没有意义的。“我们会给他们一年的时间，如果他们做不到我们的预期，我们就会放弃他们。”内曼·马库斯（Neiman Marcus）的时尚总监琼·卡纳（Joan Kaner）说。

与此同时，时尚界的权威正准备引领下一个千禧年的潮流，那就是Gap。Gap是一股强大的力量，通过它的各个部门，满足顾客对服装、鞋子、化妆品、香水和内衣的各种需求。在金字塔的顶端，90年代末，Gap每年价值10亿美元的香蕉共和国（Banana Republic）连锁店在20世纪90年代后期是众多设计师品牌的一个强大竞争对手，其280家门店的零售销售额约为每平方英尺636美元，是同类购物中心连锁店的两倍多。

1998年秋天，当香蕉共和国在它的零售店内摆满了绒面革夹克、衬衫、裤子和背心时，这家零售商掀起了一场史无前例的时尚潮。香蕉共和国无视来自巴黎、米兰或第七大道的服装趋势，决定将一种最近没人使用的材料麂皮绒（suede）作为一项重要的时尚推行。Gap首席执行官德雷克斯勒（Drexler）说：“我们觉得市场上有机会，我们可以大量使用麂皮绒作为服装面料，麂皮绒是一种奢华的面料，它向顾客展示了高质量。”

Gap再次以自己最擅长的方式进行设计，将自己熟悉的休闲服饰、衬衫、夹克、背心和裤子塞进意大利进口的牛油绒面革面料，价格合理地定在 100～400 美元。随后，香蕉共和国在杂志和电视广播中播放了大量的广告，广告上醒目地刊登了这款奢华运动服的图片，标题是“香蕉共和国，麂皮绒”。这家商店提供了对麂皮绒的免费改造，在降价前，几乎所有商品都是通过这种方式出售的。在香蕉共和国的影响下，第七大道上一些精明的商人开始窃窃私语准备模仿香蕉共和国，在 1999 年秋天推出他们自己的绒面革时装。香蕉共和国（Banana Republic）已经有效地将麂皮绒变成了被零售业称为“类别杀手”（Category Killer）的东西，它创造了这样一种需求，单是麂皮绒商品就能吸引成千上万的购物者走进这家商店。

时尚的终结直接导致了 Gap 的诞生，Gap 掌握了一种现代的服装营销方式，它的运作遵循马歇尔菲尔德（Marshall Field）很久以前就向员工灌输的原则：“给女士她想要的东西。”借用 1998 年《财富》（*Fortune*）杂志的封面标题“Gap 知道怎么做”，这意味着顾客得到了他们想要的东西。

1995 年，马歇尔菲尔德（Marshall Field）在代顿·哈德森（Dayton Hudson）的领导下度过了第 5 个年头，但没有什么值得庆祝的。菲尔德的“13 小时”低价促销活动让它变得更加大众化，但人们对菲尔德的新鲜感逐渐消失了，因为芝加哥的其他商店都在像菲尔德那样积极地低价促销。“我们在 90 年代因为低价促销而出名，但感觉不太好，因为我们也好像没有竞争对手们做得好，”菲尔德总裁斯柯达承认：“我们不断从客人那里听到这不是他们想要的，这不是他们在这里购物的原因，他们说‘我想要更好的商品、更好的服务和令人兴奋的新事物，我希望马歇尔菲尔德有我们想要的东西。’”

最后，管理层重新开始寻求一种新的解决方案，以失去那些追求便宜货的顾客为代价来恢复其高端形象。第二阶段开始时，菲尔德撤销了很多店面的促销活动，导致销量暴跌，代顿哈德森报告表明：在 1995 年，菲尔德所有百货公司的营业利润相比 1994 年下降了 41%。

当代顿哈德森（Dayton Hudson）管理公司最终看到了菲尔德的变化以及其可以更多满足家乡市场的智慧策略时，他们将 25 位买家转移回了芝加哥。斯柯达说：“芝加哥是中西部的时尚之都，这里有更多的买家可以让我们感受到时尚之城和密歇根大道的脉搏。”

菲尔德在提高时尚品位和形象方面做了很多努力。根据市场研究公司系列行业研究系统（Series Industry Research Systems）的数据，菲尔德曾与诺德斯特龙（Nordstrom）、克瑞特（Crate）和巴雷尔（Barrel）一起名列前茅（调查结果是基于对顾客的电话采访），而在90年代，顾客给菲尔德的分数较低。1997年9月，电视剧行业的克里斯·奥林格（Chris Ohlinger）在接受《芝加哥论坛报》（*Chicago Tribune*）采访时表示：“我们不再关注凯马特（Kmart），因为他们已经从精英阶层中消失了。”即便如此，在质量和服务方面，菲尔德的排名仍领先于布鲁明戴尔。

当菲尔德、代顿和哈德森在改建翻新时，代顿哈德森有足够的耐心，因为其核心业务塔吉特（Target）商店的增长速度比以往任何时候都快，并且支撑了公司的资产负债。截至1997年，塔吉特的736家门店占了代顿哈德森营业收入的170亿美元，占其营业利润的80%，而百货商店的营业收入占12%，利润占8%。

塔吉特通过提供服装和家居用品而开辟了高端折扣店的细分市场，并成为美国最成熟、最高效的零售运营商之一。塔吉特采用了与超市相同的策略：他们确切地知道每个货架上有多少空间被某一品牌的除臭剂占据。

就像Gap的老款海军蓝一样，塔吉特赋予了10美元的针织衬衫和19.99美元的牛仔裤以时尚形象。塔吉特的服装和家居用品超出了预算，但它的商品看上去并不俗气，富裕的购物者去他们昵称为“Tarjay”（塔吉特法语发音）的店购物成了一种时尚。

1997年，塔吉特推出了一款名为“时尚与家居用品”（Fashion and House）的高端时尚广告，吸引了顾客的眼球。第一个广告中，一个秃头男人穿着一件7.99美元的针织衬衫，后背上挂着一把18.99美元的扇子。塔吉特成为第一个成功地将自己定位为时髦商店的店。

菲尔德、代顿和哈德森得益于成为塔吉特家族的一员，不仅因为它的利润，还因为它的模式效率。因此，百货公司部门在1997年削减了5000万美元的开支，精简了供应商名单，并雇用了更多的销售人员。此外，该部门最大限度地提高了生产率。“在过去，我们可能要花三四天的时间才能卸下一辆53英尺高、满载商品的拖车，”菲尔德百货公司区域总监汉克·洛朗特（Hank Lorant）在1998年说：“现在我们可以在三四个小时内把所有的货物卸下来，送到销售台上。”

菲尔德百货公司也在忙着为自己设计一个新的形象，作为一家提供价值和客户服务的百货公司，它的形象充满了魅力。其中有一个大胆的广告策略在目标市场上创造了奇迹。1997年，菲尔德推出了一个新的广告标语：“还有别的地方吗？马歇尔菲尔德。”这则广告在这个历史悠久的州街（State Street）的大型商店里随处可见，目的是为了凸显只有在菲尔德百货才能买到各种各样的商品。在胡桃屋（Walnut Room）餐厅的一个电视广告中，有三个时髦的霍莉·戈莱特丽（Holly Golightlys）身着黑色紧身连衣裙，戴着黑色大礼帽，坐在一张桌子旁。播音员气喘吁吁地背诵着“伊夫·圣·罗兰（Yves Saint Laurent）、温加罗（Ungaro）、艾斯卡达（Escada）、米索尼（Missoni）和薇薇安（Vivienne）”，薇薇安指的是那个突然出现而且面带微笑的女服务员。

这则商业广告传达出的信息反映了公司对培训销售人员履行特定职责的重视——菲尔德员工旨在为他们的顾客服务。一些员工被分配到“攻坚小组”，他们的工作是对降价产品进行重新安排，而其他人则全职专注于销售。菲尔德也第一次向时尚服装和鞋类等关键领域的员工支付个人佣金，这吸引了更优秀的销售人员。

尽管菲尔德仍坚持使用自己国产品牌组成的矩阵品牌网，但这家店成功吸引芝加哥的众多买家并开始从中受益。斯科达说：“这些买家通过参加当地的社交活动而发现市场的趋势，并把他们的发现传达给我们在明尼阿波利斯的合作伙伴。”

虽然这样的修修补补开始生效，但菲尔德还有很长的路要走。1997年，唐纳·卡兰（Donna Karan）同意成为菲尔德年度秋季时装品牌的主打设计师。但在唐纳·卡兰国际公司的高管们拜访了菲尔德之后，这位设计师改变了主意，退出了那次活动。卡兰婉言谢绝了，理由是她的日程安排得特别满，活动时间与他的日程有冲突，但这并不是她不来的真正原因。

“我们简直不敢相信菲尔德是怎么垮掉的，”一位唐纳卡兰的工作人员回忆起他在菲尔德的经历说：“他们把一件圣罗兰的衣服挂在衣架上就称之为设计师部门，商店里几乎没有名牌商品。因此做那个活动对唐纳的形象会有负面影响。”

但如果唐纳·卡兰的工作人员一年后回到芝加哥，他们对菲尔德的感觉可能会好一些，菲尔德的进步开始显现。菲尔德的顾客凯西·罗宾逊在 1998 年 7 月告诉《芝加哥论坛报》，她最近在州街的菲尔德买了家具、鞋子和衣服。“他们慢慢地但是成功地吸引了我，如果我要去百货公司，那肯定是菲尔德。”罗宾逊说。

菲尔德的改变不仅是在表面上，代顿在报告中提到，1997 年，该百货公司的业务增长令人印象深刻，税前利润同比增长 59%，达到 2.4 亿美元。1998 年也是辉煌的一年。1998 年 8 月，家乡的竞争对手卡森皮里斯科特（Carson Pirie Scott）在《芝加哥论坛报》（*Chicago Tribune*）上对菲尔德表示了罕见的称赞。“他们意识到自己并没有朝着应该去的方向发展，他们对此采取了一些措施并且似乎取得了成功。”负责营销的卡森皮里斯科特执行副总裁埃德·卡罗尔（Ed Carroll）说。

凭借最近的好运气，菲尔德百货商店信心十足地开启了 1998 年 9 月 11 日的时尚之旅。这是一个似曾相识的夜晚，以黑领结小礼服（Black Tie）而闻名的设计者卡罗琳娜·埃雷拉（Carolina Herrera）在距离水塔广场大厦只有几个街区的当代艺术博物馆（Museum of Contemporary Art）进行募捐，罗琳娜在十年前就亲身体验了菲尔德那场最令人难忘的狂欢。

在一场以埃雷拉（Herrera）、索尼娅·瑞基尔（Sonia Rykiel）、温加罗（Ungaro）和卡尔文·克莱恩（Calvin Klein）等著名设计师为主的时装秀结束后，委内瑞拉出生的埃雷拉穿着白色缎带的衬衫和一条灰色的塔夫绸裙，捧着一束白色的马蹄莲，在 T 台上鞠躬致谢。

美国当代艺术家安迪·沃霍尔（Andy Warhol）的一幅著名的设计师埃雷拉（Herrera）的肖像挂在博物馆走廊的墙上，晚餐时间博物馆提供了羊排、烤虾沙拉等美食，当晚气氛优雅而低调。晚上 11 点左右，客人们带着装有两款小埃雷拉（Herrera）香水样品的礼包回家。

虽然一些芝加哥人仍然相信，如果没有代顿哈德森，菲尔德的境况会更好，但事实是，如果没有哈德森，菲尔德将永远无法独立生存。在代顿哈德森管理时期，虽然菲尔德最初的表现比较糟糕。但后来通过对典范业务塔吉特折扣店的运作重塑了百货店的未来。

在派对上工作的是金发碧眼的芝加哥名媛休格·劳特伯德（Sugar Rautbord），20 多年来，她一直是芝加哥黄金海岸的常客，穿着菲尔德提供的一件钢灰色埃雷拉长袍。她玩得很开心，微笑着向摄影师摆姿势。她似乎一点也不介意聚会不是那么奢华。

“谢天谢地，80 年代已经过去了！”她说：“现在一切都缩减了，人们都不想铺张浪费，这是 90 年代做慈善的聪明方式。菲尔德又回来了。这家店正在复兴。”最后，劳特博德让大家知道她又喜欢去菲尔德买东西了。

# 第六章 牛市冲击：唐纳·卡兰进军华尔街

**不，我不是你眼中典型的首席执行官，远非如此。但把一个公司从零变为7亿美元市值，足以看得出我们运营得当。我们是否以平直狭窄的方式去做事？当然不是。我们减少了偏见，我是一个有远见的创造性思维者。**

—*唐纳·卡兰*（Donna Karan），1997 年 5 月

**我不看股票价格。股票价格就像裙摆。它时长时短。**

—*唐纳·卡兰*（Donna Karan），1996 年 10 月

## 1

对于唐纳·卡兰来说，1996 年 10 月的最后一个星期非常忙碌。这位美国时尚界的第一夫人再次陷入了制作两大时装秀的狂潮中。她在这周初推出了一款作为试验品的前卫的运动装系列 D，并以她的唐纳·卡兰纽约文化系列的时装秀结束了一周的工作。虽忙碌于各种时装秀之间，但唐纳必须抽出时间，尤其是在星期三晚上，当时她与一群华尔街的资金经理——一群不属于她的时尚圈的人在一起。

10 月 27 日开始的那一周，在纽约公共图书馆后面的布莱恩特公园内设立的时装秀帐篷下，比尔·布拉斯（Bill Blass）、托德·奥尔德姆（Todd Oldham）、妮可·米勒（Nicole Miller）以及其他 40 位设计师一起揭开了他们的 1997 年春

季女装系列。那天下午，D 服装系列在一个特别的帐篷下首次亮相，该帐篷是按照唐纳严格的规格要求而设计搭建的。

大帐篷现在是一间米色的书房，它的天花板和墙壁上覆盖着数百码薄纱。一排排折叠椅已经不见，取而代之的是长椅，每个坐垫都覆盖着奶油色的平纹细布。现场气氛亲密而飘逸，这与唐纳最近接受的灵性主义和新时代哲学相一致。薄纱背后是正在忙碌的模特、美发师、化妆师和技术人员，他们一起正为这个耗资 50 万美元的 20 分钟的演示努力着。

在米色的房子中坐着大约 650 名时尚编辑、摄影师和零售商。最受人瞩目的莫过于坐在最前排的女演员黛米·摩尔（Demi Moore），她还留着在《魔鬼女大兵》（*G. I. Jane*）中的短发。那年早些时候，她和她的丈夫布鲁斯·威利斯（Bruce Willis）曾在唐纳的平面广告中做过模特。放在每个座位上的新闻稿都以 D 开头的词汇描述和赞美 D 系列服装："方向性的（Directional）、确定的（Definitive）、与众不同的（Distinctive）、市中心的（Downtown）和大胆的（Daring）。"在 T 台上，模特们穿着透视而不对称的上衣和紧身的筒形裙来回穿梭。

在观众中许多时尚神枪手的心目中，D 系列服装也是模仿他人的衍生品。当他们发现该系列服装参考了极简主义设计师赫尔穆特·朗（Helmut Lang）和吉尔·桑达（Jil Sander）的设计时，他们便开始交头接耳。在几个星期前的巴黎和米兰时装展示会上，零售买家到处都能看到这种类似的服装，让他们感到困惑的是 D 系列服装要比唐纳自己的运动型 DKNY 系列贵很多，很难卖给女性。无论如何，谨慎地讲，媒体对这次展示的评论总体上是乐观的。咪咪·艾文（Mimi Avins）在《洛杉矶时报》上评论道："女性将决定她们是否喜欢唐纳所设计的纤瘦的、紧贴身体的服装，以创造出一种轻松的效果。"

与此同时，在唐纳位于纽约第七大道 550 号的服装区中心地带，员工们争先恐后地为她的展示厅做准备。作为周五时装秀和周三晚宴的场地，位于第 14 层由长长的黑墙隔开的空间将会额外拥挤，到时候会有 50 位华尔街顶级投资者出席。

唐纳常常忙于招待客人，虽然她并不想这样做，但在当时，她不可能拒绝摩根士丹利（Morgan Stanley）。4 个月前，摩根士丹利以 2.58 亿美元首次公开募股（IPO），将她的时装公司带到了华尔街。摩根士丹利服装行业分析师乔西·埃斯奎威尔（Josie Esquivel）说服了她，坚称对首席执行官唐纳而言，结识一些将对她的股票有重要影响力的关键人物是个好主意。

星期三晚上，唐纳像往常一样，全身穿着黑色，她的头发像拉拉队队长一样，梳着长长的刘海，与她信任的首席运营官斯蒂芬·鲁佐（Stephen Ruzow）在一起。他们俩带领一群人参观了整栋大楼，还参观了东39街240号附近的许多办公室，从而让他们了解唐纳系列产品的背后都有什么：女性和男性服装、太阳镜、手袋、运动鞋、背包、香水和化妆品。之后，每个人都在秀场的展台上坐下。秀场这时昏暗而舒适，两边放着唐纳收藏的几十支摇曳不定的香薰蜡烛。在他们享用鸡肉沙拉的时候，两名模特穿着周五要展示的春季文化系列服装走了出来。

华尔街套装给卡兰带来了什么样的成绩？可以说介于令人满意和不完整之间。

一位当时在场的投资组合经理回忆道："这一切都非常奢华，并令人印象深刻，但我可以告诉你，我并没有对她的股票前景感到更加乐观。"

该投资组合经理和其他基金经理人有足够的理由对唐纳的国际化持怀疑态度。在6月，该公司在纽约证券交易所（New York Stock Exchange）上市时，投资者们兴奋不已，排队购买1080万股股票，占该公司50%的股份，这些股票在首次公开发行（IPO）中出售。由于投资者认为唐纳是本季最时尚的人物，导致股票的开盘价为每股24美元。

但人们围绕唐纳股票（DK）的激动情绪并没有持续太久。6月28日，也就是交易的第一天，DK迅速涨至30美元一股，然后以28美元的价格当天收盘。这使许多投资者随后抛掉手中的股票，得到一天利润后便不再理会。在30天之后，DK股价跌至21美元的发行价之下，随后又跌至谷底。

截至10月，DK股价已跌至15.50美元，原因是该公司第三季度利润低于预期。几个月后，更多坏消息浮出水面，第四季度净亏损170万美元。公司此时注意到了一些令人不安的迹象，如业务过于集中，内部支出大大超过了预算。首席执行官唐纳发誓要大幅削减成本，她命令"管理层采取措施，确保这一趋势不会继续下去"。但是1996年底，开市后的6个月，DK股价便已跌至9美元区间。

随着有关DK将走向崩溃的猜测甚嚣尘上，股票经纪人开始对光鲜的时尚问题议论纷纷，就像一个放置得很好的垫肩一样具有欺骗性。在股票交易中，DK碰巧还有另外一个意思“不知道”（Don't Know）。当一个经纪人因为认不出某次交易并且不知道是谁做的而无法完成交易时，这就是所谓的被“DK”。DK的股票无疑是一个谜。

唐纳开始全身心地处理股票事宜，华尔街令她非常苦恼。无法回避的现实是，她已经无法像往常那样做生意了，她这时已经被迫在繁忙的时装周时期招待那些华尔街人士，这确实敲响了唐纳的警钟。

许多认识唐纳的人一点也不感到意外，他们觉得这位47岁的设计师还没有意识到作为首席执行官需要承担起的巨大财政责任所带来的压力。他们的想法是对的，唐纳对华尔街的规则一窍不通，上市以后，公司正承受着保持收入、收益和股价等一切持续增长的压力。没有什么可以隐瞒，因为证券法规要求上市公司发布季度收益报告，同时要及时披露任何可能影响未来收益的重大进展，如资产出售、诉讼和高管变动等。每当有坏消息传出时，人们的反应是迅速的，先是股价暴跌，接着是一连串的负面新闻报道。

唐纳习惯于设定自己的日程，并尝试着让她和她的时尚品牌在人们面前充满乐观、活力的形象。但她还没有为华尔街的黄金时间做好准备，因为她感觉就像生活在一个鱼缸里一样毫无隐私权。她不习惯人们质疑她的能力。时尚编辑们不时地会拒绝她的时装秀，但他们从不追问她的商业问题。

那么，为什么唐纳会不辞辛劳地将她的时装公司公之于众，并将自己置于如此严厉的打击之下呢？她其实毫无选择。塔基海奥（Takihyo Inc.）是一家资助唐纳的金融公司，1985年帮助唐纳创立了公司，并拥有该公司50%的股份。塔基海奥公司的两位合伙人头托米奥·塔基（Tomio Taki）和弗兰克·莫瑞（Frank Mori）与唐纳就公司的商业策略发生争执后便对她非常不满。

当合作伙伴双方即将解散时，上市是显而易见的选择。“不幸的是，我们从来没有真正讨论过我们为什么要上市以及这意味着什么，这不仅是为了得到钱，”塔基海奥公司的一位合伙人塔基回忆道：“现在，我们的目标与她不同……投资银行家事先已经向她解释了一切，但我觉得她并没有意识到这一点。”

在上市后，塔基和莫瑞将他们的股份（800万美元现金和25%的上市公司流通股）拿了出去并退出合作，这迫使唐纳在公司成立11年来需要第一次独当一面。

唐纳一直担任首席执行官的职务，但她在很大程度上只是一个礼仪角色，没有真正的受托管理人的责任。早在 1993 年，当唐纳首次提出上市的想法时，华尔街的分析人士立即对她在没有塔基海奥公司两位合伙人塔基和莫瑞的情况下执掌公司的能力表示担忧。但她没有在意这个警告，她当时拒绝放弃首席执行官的头衔。1996 年她又拒绝了。她非常喜欢这个头衔，她非常自信地认为她的首席运营官斯蒂芬会一如既往地在金融事务上继续进行繁重的工作。

多年来，唐纳一直很喜欢自己在公司中扮演的富有创造力、艺术性的角色，这对她来说是一个很好的形象。《时尚》杂志的编辑安娜·温图尔（Anna Wintour）认为，她的读者可能更希望看到唐纳作为即将上市的首席执行官的近况。为了吸引投资者对 DK 股票的兴趣，唐纳和斯蒂芬在美国和欧洲的机构投资者面前做了 60 场路演，这期间她一直在写日记。DK 的上市新闻被刊登在 1996 年 9 月的《时尚》杂志上。

唐纳取笑自己是一个被困在一个充满西装的世界里的时尚生物，她讲述了自己是如何在往返的长途飞机上快速崛起的，并记住了诸如“税前收入”（EBIT）之类的会计术语。她对这些专业基金经理的多管闲事表示怀疑：“上市的真正含义是，所有人都想控制你的企业。”

她在俄勒冈州波特兰市的《第六日》（*Day Six*）节目中说：“这些家伙真的对利润最感兴趣——什么赚钱，公司如何成长，如何支持它的成长等，而不是关于奢华、羊绒、布料和颜色。这是底线。”

虽然这位设计师首席执行官在《时尚》杂志上给人的印象很有趣，但读到这篇文章的股东们却笑不出来，因为他们的 DK 股票正在下跌。塔基被激怒了，他在谈到这篇文章时说：“听她的讲述就像是一个游戏，大家都认为她对如何做 CEO 一无所知。投资者们在想，‘她是首席执行长，我指望她用我的钱来管理公司？’这真的是太荒谬了！”塔基和莫瑞在股票首次公开发行（IPO）后，必须持有他们的那一大块股份至少一年才能开始变现。他们的等待将是痛苦的。1996 年 9 月中旬，他们的 DK 控股自 6 月上市以来已经损失了 4000 多万美元。

1997 年 7 月，在股票市场经历了整整一年的沉重打击之后，唐纳在一次面向时尚行业高管的演讲中表达了自己的不满：“我做了 10 年的首席执行官，但我的经历并没有让我准备好迎接上市的挑战。”就像有了孩子一样，不管你得到多少建议，读多少书，除非自己经历过，否则你不会知道会发生什么。

那时，唐纳担任首席执行官的日子已经屈指可数了，但是，这个著名时尚品牌能在华尔街保持多久还没有定论。

20 世纪 90 年代，“蒙太奇”（monastic）外观服装、“落拓风”（grunge）式的街头服装和鱼尾裙都是短暂的时装潮流之一，它们几乎没有持续一季就消失在时尚的遗忘中。但真正流行起来的是每一家时装公司都希望尽快完成的事情——上市。在低利率和不可阻挡的牛市中，新股票发行的环境是完美的。从 1992 年开始，零售业和时装业的上市数量达到了创纪录的水平，从 1995 年 10 月到 1997 年 11 月，共有 40 家这样的公司上市。

除了唐纳·卡兰，纽约证券交易所和纳斯达克场外市场的新来者还包括古驰（Gucci）、汤米·希尔费格（Tommy Hilfiger）、圣约翰·克尼特（St. John Knits）、琼斯服饰集团（Jones Apparel Group）、肯尼斯·科尔制片公司（Kenneth Cole Productions）、拉尔夫·劳伦（Polo Ralph Lauren）、莫西莫（Mossimo）、玛丽萨·克里斯蒂娜（Marisa Christina）、STARTER、赫洛集团（He－Ro Group）、斯菲斯（North Face）、诺帝卡（Nautica）和盖尔斯（Guess）。

这里其中一些公司似乎不太可能维持上市公司应该维持的长期增长和利润。其中之一便是西海岸的休闲男装生产商莫西莫（Mossimo），该公司最出名的产品是售价 28 美元的带有搞笑文字标识的排球短裤。另一个可能有问题的商家是赫洛集团（He－Ro Group），该公司专门生产“奥莱格卡西尼”（Oleg cassini）品牌的鸡尾酒裙，这对大多数女性来说并不熟悉。卡西尼（Cassini）的辉煌发生在 30 多年前，当时他给第一夫人杰奎琳·肯尼迪（Jacqueline Kennedy）配穿衣服。与这些公司相比，唐纳·卡兰国际公司看起来非常稳固。尽管如此，唐纳·卡兰还是很容易受到不稳定因素的影响的，因为她 70% 的生意都来自女性和男性的昂贵时尚服装。

传统上，一些表现最好的服装股票背后的公司都往往展现出一种不可被摧毁的光环。例如，威富公司（VF Corp.，1998 年销售额 55 亿美元）销售的商品——Lee 和 Wrangler 牛仔裤和 Vanity Fair 的胸罩——这些都是数以百万计的人永远需要更换的东西，不管他们的风格是什么的。同样，沃纳科集团（Warnaco Group Inc.，1998 年销售额为 20 亿美元）也拥有稳固的时尚授权品牌：维多利亚的秘密内衣（Victoria's Secret）、拉尔夫·劳伦（Ralph Lauren）的 CHAPS 男士香水和卡尔文·克莱恩（Calvin Klein）的内衣。20 世纪 80 年代初以来，莉兹·克莱本（Liz Claiborne）公司一直是这家百货公司的长期根据地（1998 年销售额为 25 亿美元）。作为上市公司，这种一贯表现出色的公司是很正常的。

尽管如此，20 世纪 90 年代的股市繁荣时期，华尔街向一些打破传统的企业伸出了欢迎之手。"市场已经被拓宽了。"来自专门评估新股发行的文艺复兴资本公司（Renaissance Capital Corp.）的琳达·基利安（Linda Killian）说。当你回顾 60 年代、70 年代和 80 年代时，在二级市场公开募股（IPO）的公司一般都是生物科技公司和高科技公司。一些从未被视为适合二级市场的公司，在 90 年代突然变得具有吸引力，宠物超市、互联网股票、游戏和时尚都是 IPO 市场的新贵。

尽管时装界瞬息万变且变幻莫测，但在 20 世纪 90 年代，越来越多的服装公司被视为有吸引力的投资，因为设计师品牌和时装品牌已成为市场上强有力的推动力。基利安解释说："品牌资产是公司估值的一部分，时装公司现在不仅可以在高端市场，还可以在较低的价格点获得多种产品的授权。"

服装公司从未有过这样的影响力。例如，成立于 1981 年的盖尔斯（Guess）公司是在设计师牛仔裤热潮中获利的数百家服装生产商之一。盖尔斯通过德国名模克劳迪娅·希弗（Claudia Schiffer）为它一条名为 three - zip Marilyn 的性感紧身"梦露式"女性牛仔裤做广告。随着对设计师牛仔裤的需求逐年减少，盖尔斯应该很容易被时尚忽略。但相反，盖尔斯花了数百万美元做广告后，已将自己定位为一个强大并成熟的时尚品牌，这吸引了许多持牌人。1995 年，也就是该公司上市的前一年，盖尔斯的销售额为 4.4 亿美元，其中 4800 万美元来自它从 26 家特许经营商那里收取的版税，这些特许经营商制造盖尔斯婴儿和儿童服饰、眼镜、鞋类、运动服、床单和毛巾。

随着时尚进入流行文化的最前沿，华尔街被设计师界名人们所吸引。唐纳·卡兰（Donna Karan）的最佳设计作品也成为了她为投资者的路演。她的活动始于一份股票招股说明书，上面有一个不寻常的黑色封面，看上去很像她的时尚秀邀请函。参加了发布会的投资者们每人回家都带回一顶 DKNY 棒球帽、一幅太阳镜、一件 T 恤和化妆品。

在唐纳的巡回路演中，她大部分时间是站在人群中和观众互动。她没有给观众讲课，而是用自身魅力征服他们。在时装秀上，她先向观众们为自己不像是超模而道歉，随后在讲台附近的一个折叠屏幕后开始迅速变换，她把夹克从黑色换成白色，再换成青绿色，以展示她标志性的“简洁七件”（seven easy pieces）的多样性。接下来她给观众放了一段视频剪辑，里面的主角是唐纳和她的朋友芭芭拉·史翠珊（Barbra Streisand）。1992 年，美国第一夫人希拉里·罗德姆·克林顿（Hillary Rodham Clinton）身穿唐纳著名的黑色“冷肩”（cold shoulder）礼服，主持了她在白宫的首次国宴。

摩根士丹利的埃斯奎维尔（Esquivel）回忆道：“投资者们都很吃惊地盯着她看，她感觉就像是个明星。每个人都觉得必须和她一起做生意。”

基利安说，魅力因素“最初肯定有助于卖出股票”，但最终，时尚股会随着时间的推移而回归。换句话说，“投资者想要的不是他们的时尚或群体的称赞，而是更稳定的金融增长和良好的管理”。

和以往一样，在变幻莫测的时尚界，过去的表现从来都不能保证未来的结果，这就是为什么时尚总是被看作高风险投资。

第七大道大型会计师事务所马奥尼科恩（Mahoney Cohen）的负责人阿诺德·科恩（Arnold Cohen）断言：“时尚公司可以是优秀的家族企业，但大多数都不是上市公司。”科恩从他多年来担任普利坦（Puritan）时装公司首席财务官的经历中知道了这一点，普利坦是一个在 20 世纪六七十年代很流行的纽约服装制造商。1965 年，当普利坦开始在纽约证券交易所交易时，其年销售额超过 1 亿美元，其最畅销的服装品牌“永远年轻”（Forever Young）则由以《日落大道》（*Sunset Boulevard*）的不老之星命名的授权品牌格洛丽亚·斯旺森（Gloria Swanson）推出。但在 60 年代末，时尚风向正好相反，裤装的开始流行让普利坦有点措手不及，匆忙将注意力转至宽松长裤。科恩记得：“普利坦无法在当时的环境下生存。”

多亏有远见卓识的普利坦的主席卡尔·罗森（Carl Rosen），他坚韧不拔的精神使这个服装制造商得以坚持下来，甚至在 20 世纪 70 年代末得以复兴，罗森一跃成为卡尔文·克莱恩（Calvin Klein）旗下的牛仔裤品牌。但就像许多服装公司一样，普利坦没有真正的行政管理部门，因此，当罗森于1983年去世时，卡尔文克莱恩公司（Calvin Klein Inc.）便立刻并购了普利坦以保护克莱恩的核心牛仔裤业务。

科恩讲述了他的一个客户的故事：他的客户是一家私营的女装生产商，多年来，这家公司一直保持着良好的销售业绩，直到两个连续的暖冬打击了销售，导致该公司积压了太多未售出的库存。于是，店主决定大幅削减1997年生产的大衣数量，这一决定导致他的年销售额从1亿美元骤降至7400万美元，没有人给过他建议，如果有的话，那将是他再次提高产量的时候。“现在这家公司一点都不像是一家上市公司，不是吗?”科恩问道。“一旦你成为上市公司，你就不能倒退，即使底线是7400万美元比1亿美元对公司生存更好。”上市公司将一直面临着增长的压力。

尽管如此，上市仍为公司提供了许多好处，比如当年长的创始人准备从他们的业务中获利时，或者当更多的时装公司在美国以外寻求增长时（这是20世纪90年代的另一个趋势），作为一家上市公司，它会拥有更强的融资能力，使其更容易在国际上扩张。

20世纪90年代初，几家时尚公司的首次公开募股（IPO）引发了投资者蜂拥至华尔街。纽约琼斯女装公司（Jones New York women’s Apparel）的生产商琼斯服装集团（Jones Apparel Group）在1991年以每股14美元的价格上市，琼斯的财富随着股价的上涨而增加，其创始人西德尼·坎摩尔也变得更加富有。1991~1997年，通过出售他所持有的股份，坎摩尔（Kimmel）个人获得了超过3亿美元的收益。股东们也收益颇丰，如果在1991年5月的发行中，给琼斯公司投资1000美元，到1997年3月就会价值5607美元。

1992年，汤米（Tommy）出现了。男装生产商汤米希尔费格公司（Tommy Hilfiger Corp.）在纽约证券交易所（New York Stock Exchange）进行了每股15美元的IPO。在接下来的几年里，汤米的零售时装大受欢迎，这个流行品牌赢得了大量市场份额，成为百货商店里排名前三的男装品牌之一，另外两个是拉尔夫·劳伦（Polo Ralph Lauren）和诺帝卡（Nautica）。假如一个人在汤米股票发行（经股票分割调整后）时投资1000美元，到了1997年3月，便已经价值6866美元了。

以上是为数不多的时尚界公司上市成功的案例，第七大道上的每家公司都重复上面的成功案例作为上市的理由。但一些最受追捧的时尚公司上市之后也搞砸过，它们的股票在进入市场的一年内就崩溃了。1996 年 8 月，盖尔斯公司进行首次公开募股（IPO）时，该公司的 1000 美元投资在 1997 年 3 月已缩水至 611 美元。同样，1996 年 2 月花在莫西莫股票上的 1000 美元在 12 个月后仅价值 548 美元。唐纳 1996 年 6 月 IPO 后仅 9 个月，1000 美元的 DK 投资价值就贬值到了 458 美元。

唐纳糟糕的表演给整个行业蒙上了阴影。1998 年，高盛（Goldman Sachs）服装分析师玛格丽特·玛格尔（Margaret Mager）在接受《女装日报》采访时表示："唐纳·卡兰的首次公开发行（IPO）在很大程度上损害了当今投资者对服装行业的看法。"后来，在唐纳·卡兰（Donna Karan）之后出现的新问题比较少，因为华尔街开始对时尚失去兴趣。

显然，唐纳·卡兰（Donna Karan）的痛苦经历是其业务所独有的，但华尔街并不一定认同这种说法。为了平息怀疑者，至少有一家服装制造商为其首次公开募股采取了新的策略。当俄勒冈州波特兰市（Portland）的哥伦比亚运动装（Columbia Sports）于 1998 年初上市时，它煞费苦心地与唐纳·卡兰（Donna Karan）和莫西莫（Mossimo）等划清界限。在向机构投资者展示的道路上，哥伦比亚避开了时尚两个字，他们更喜欢把衣服描述为"户外"服装，而不是时尚。

高端时装和华尔街就像油和醋，它们混不到一起。纽约时尚产业顾问艾伦·米尔斯坦（Alan Millstein）说："最好的上市公司，如莉兹·克莱本（Liz Claiborne）、琼斯服饰（Jones Apparel）和圣约翰克尼特（St. John Knits），都比其他公司更安全，因为它们不依赖 T 台上的服装。"但对于唐纳·卡兰（Donna Karan）来说，展台是她时尚界的中心，通向公众的大路就是从这里开始的。

1985 年，唐纳大张旗鼓地打开了她的时装店的大门，在创纪录的时间里，她一跃成为美国最知名的设计师，深受女性高管的喜爱。她是最后一个成为知名品牌的女性设计师。从那时起，出现了很多有前途的、精通媒体的人才，如艾萨克·米兹拉希（Isaac Mizrahi）、马克·雅可布（Marc Jacobs）、迈克尔·科尔斯

(Michael Kors)、托德·奥尔德姆（Todd Oldham）和辛西娅·罗利（Cynthia Rowley)。但他们都没有非常成功，远远不到每年1亿美元的销售量。许多甚至倒闭了，尤其是著名的艾萨克，他在经营了十年服装生意但无利可图后于1998年关闭了公司。“唐纳是革新者，她是继安妮·克莱恩（Anne Klein）之后唯一一位走出第七大道的世界级设计师。”

在唐纳之后，仿佛有一只看不见的手拉起了吊桥。事实上，大多数人之所以没有唐纳的成功是因为他们没有唐纳作为设计师和市场营销者的非凡才华。唐纳很幸运，她的这些优点大大促进了她的升迁。

时机是她成功的重要因素。在20世纪80年代的设计师浪潮中，唐纳进入时尚界，当时她能够满足新一代富有女性的需求，其中许多女性都是广告高管和投资银行家，年龄超过30岁。这些女性可以穿由比尔·布拉斯（Bill Blass）或奥斯卡·德拉·伦塔（Oscar de la Renta）这样的顶级设计师设计的作品，他们是南希·里根（Nancy Reagan）和贵妇们的最爱。但很多有能力的婴儿潮一代希望有一个代表他们这一代的设计师，他们没有很多选择。这时阿玛尼才刚刚进军女装业。所以这些女人便被唐纳所吸引，唐纳给她们的衣服是迷人的、精致的、非常现代的。更重要的是，唐纳的目标客户很容易就会认同这位已婚且有女儿的有抱负的职业女性设计师。

此外，唐纳还有幸得到了年轻设计师们再也得不到的东西——财力雄厚的私人投资者，他们也是服装制造业经验丰富的经理人。20世纪60年代末，拉尔夫·劳伦（Ralph Lauren）和卡尔文·克莱恩（Calvin Klein）进入商界时，他们并不需要一个富有的赞助人。他们每个人自己都能凑齐约1万美元，成立一家时装公司。但那是在市场被时尚设计师淹没，进入市场的价格大幅上涨之前很久的事。90年代，在纽约创办一家久负盛名的设计师企业，需要至少100万美元的资本。因为建立一个新的时装公司需要花费数年的时间，而成功是如此的难以得到，所以很少有独立的投资者愿意接受一个未经考验的设计师，因为他更有可能失败，而不是成功。

像塔基和莫瑞这样的金融家非常罕见，我也是最近才知道。十多年来，他们向唐纳·卡兰投入了1000多万美元的资金，他们的商业智慧把唐纳的梦想变成一个欣欣向荣的企业。

人们常说时装设计师是天生的，不是后天养成的。和传说一样，唐纳·艾薇·法斯克（Donna Ivy Faske）在她的血统中流有时尚。她20世纪60年代在长岛的伍德米尔郊区长大，她的母亲海伦·里奇·法斯克（Helen Richie Faske）被称为“奎妮”（Queenie），她是纽约服装区制造商的展示模特和销售代表。在她3岁时去世的父亲是一名裁缝，而她的继父哈罗德·弗莱克斯曼（Harold Flaxman）则在服装业的混乱中苦苦挣扎。

年轻的唐纳承认自己是个很糟糕的学生，为了找到第一份工作，她逃课、谎报年龄，14岁时在附近的一家服装店卖衣服。“我一直在打工，”她回忆道：“我知道时尚是我生命的一部分，无论我是零售商还是设计师。我知道我很有艺术天赋。但我的艺术天赋是否足够我成功在我的脑海里是一个真正的问题。”

由于高中成绩不佳，唐纳不得不利用母亲与第七大道设计师切斯特·温伯格（Chester Weinberg）的关系才能进入纽约帕森斯设计学院（Parsons School of Design）。后来唐纳在帕森斯学院的同学路易斯·戴尔·奥利奥（Louis Dell Olio）、比尔·罗宾逊（Bill Robinson）和威利·史密斯（Willi Smith）都成为了出色的设计师。唐纳凭借自己的设计赢得了学生奖，她吸引了设计师安妮·克莱恩（Anne Klein）的眼球，她是当时美国运动装的设计师。克莱恩看中了这位朝气蓬勃的年轻才子，唐纳便从帕森斯学院退学，成为她的助手之一。

但唐纳并没有把注意力放在工作上，事实证明，对挑剔的克莱恩来说，唐纳是个棘手的问题。几个月后，克莱恩解雇了唐纳。在接下来的18个月里，唐纳终于重新振作，并搬到了另一家运动服店，然后安定下来，嫁给了长岛的精品店主马克·卡兰（Mark Karan）。1974年，她回到安妮身边，安妮给了她第二次机会。

一年前，一位名叫托米奥·塔基（Tomio Taki）的东京富商来曼哈顿买了一家时装公司。塔基塔基海奥集团（Takihyo Group）是一家有着200年历史的服装、纺织和消费品公司，总部位于日本名古屋（Nagoya）。

1960年，塔基的父亲对他进行了一次测试。年轻的塔基不得不在冲绳开了一家服装厂，那里的劳动力成本很高。塔基首先必须确定冲绳工人能够高效生产哪些服装，还能创造健康的利润率。他决定生产棉质雨衣，这家工厂最终向美国出口了数千件。

在纽约降落后，塔基又一次不得不自力更生。他开始做一些实用的市场调查，在几位商业人士的帮助下，他派了几十名普通女性去购物，而她们最喜欢的高档设计师会偷偷地把衣服上的吊牌剪下来，从而发现最受欢迎的设计师。参与调查的设计师包括比尔·布拉斯、哈尔斯顿和安妮·克莱恩。塔基通过调查研究锁定了投资目标，最终从投资者冈瑟·奥本海姆（Gunther Oppenheim）和桑迪·史密斯（Sandy Smith）手中买下了安妮·克莱恩公司（Anne Klein & Co.）50%的股份，并让设计师安妮·克莱恩（Anne Klein）和她的丈夫奇普（Chip）持有另一半股份。

冈瑟·奥本海姆是一位传奇的服装区经理，他喜欢不费太多周折地快速赚钱，安妮克莱恩公司的前首席金融官德克斯特·列维（Dexter Levy）回忆道，他的口号就是“得到订单，制作，出货”。作为美国最著名的服装设计师品牌，安妮·克莱恩一直是百货公司的畅销品。因此，冈瑟对销售毫无怨言。

但让冈瑟愤怒的是克莱恩在设计工作室花费了大量费用，她在那里花费巨资购买面料和样品来创作自己的系列。德克斯特记得：“安妮以飞遍世界而闻名，她不惜一切代价寻找最好的面料。”据他估计，安妮每年花在样品面料上的钱高达 100 万美元，而当时该公司的销售额约为 1000 万美元。当工作室的账单随着她的创意而膨胀时，冈瑟勃然大怒。“冈瑟总是和安妮争吵，告诉她‘你得卖掉这个，我不是你的银行！’”列维回忆道，并补充说，冈瑟之所以痴迷于成本，是因为“公司一半的钱是他的，他很吝啬”。

当塔基出现的时候，冈瑟已经 70 多岁了，他刚刚再婚，并准备好通过安妮·克莱恩服装品牌赚钱。列维说：“冈瑟再也不想和安妮和奇普两口子争吵了。塔基给了冈瑟和史密斯两位投资者一个公平的报价，随后他们便离开了公司。”

1974 年 10 月，塔基参与安妮·克莱恩公司不到一年的时间里，安妮突然死于癌症。塔基迅速提拔了她的高级助理唐纳·卡兰，这时她只有 26 岁，即将生下她的第一个孩子。他还聘请了她的牧师朋友路易斯·戴尔·奥利奥（Louis Dell'Olio）来帮助她。塔基最终从安妮的丈夫奇普手中收购了安妮·克莱恩的其余股份。

据列维说，起初，塔基更多的是安妮·克莱恩的被动投资者，他大部分时间都在东京打理家族生意。1975 年，他聘请了一位经验丰富的服装行业资深人士——哈佛大学 MBA 弗兰克·莫里（Frank Mori）来管理安妮·克莱恩。列维指出，在唐纳和戴尔·奥利奥（Dell' Olio）的领导下，这家时装公司继续蓬勃发展，唐纳很快获得了信心。“唐纳在工作中快速成长。当萨克斯买主进店看衣服时，她自己在展示室里很快就可以将货卖掉。她开始认为她是安妮·克莱恩的化身，她代表了这个组织。”

唐纳和她已故的导师安妮一样，花钱大手大脚。“她学到了安妮的所有坏习惯，”列维说：“大概在 70 年代，有一次我去进行时装表演排练，回来第二天，发现唐纳一宿没睡，完全改变了排练好的时装秀的下半场。唐纳和莫里经常因她浪费金钱的嗜好而激烈争论，他们经历了一些生死挣扎，但通常唐纳会向莫里屈服。”

塔基海奥美国公司的两位合伙人塔基和莫里在生意上相处得很好。“这里没有什么权力游戏。”莫里曾经这样评价他们的关系。塔基低调而理智的风格与第七大道受到严格控制的家族企业形成了鲜明对比。当管理人员参观塔基在纽约的办公室时，他们不会感觉不适应。他的办公室里没有一张传统的桌子，取而代之的是一张周围有着四把扶手椅的圆桃花心木桌子。塔基会对客户们说“坐到你想坐的任何地方”。

在接下来的十年里，唐纳和戴尔·奥利奥证明了安妮·克莱恩商标非常有价值，可以长时间拥有。这个强大的设计二人组赢得了三个科蒂奖（Coty Awards），科蒂奖在时尚界相当于奥斯卡。他们还设计了安妮·克莱恩二线系列（Anne Klein Ⅱ），这是第一批桥梁系列之一，定价低于设计师品牌，并在百货商店出售。安妮·克莱恩品牌拥有 20 多个珠宝、围巾、皮带等产品的特许经营商，其年销售额在 20 世纪 80 年代末达到顶峰时增至 4 亿多美元。

1983 年，唐纳觉得自己已经超过了安妮·克莱恩，可以独立做自己的事情了，她想通过自己的高级时装系列来展示自己。莫里发现她变得越来越难以管理，很快就解雇了她。唐纳有一份年薪 100 万美元的雇用合同，这意味着莫里和塔基有义务支付她剩下几年的合同。

“唐纳把这件事推到了边缘，使他们意识到了责任，”列维说：“于是他们和她商量，用遣散费偿还她的生意。他们觉得这样可以使自己的责任得以掌控，并可以控制他们在生意中投入的资金。他们并不担心，因为唐纳是一个伟大的设计师，一个有能力做好公司的人。”

1985 年，莫里和塔基将唐纳转到了自己的旗下，并留下戴尔·奥利奥继续管理安妮·克莱恩品牌。唐纳现在拥有了一切，她和马克·卡兰（Mark Karan）离婚，嫁给了她的老情人斯蒂文·韦斯（Stephan Weiss），斯蒂文是一位雕刻家，是有两个孩子的离婚男士。这时唐纳有了自己的时装店，她不仅是一个雇员，还是一个平等的合作伙伴。

唐纳一直持有公司 50% 的股份，这似乎非常不寻常，因为喜欢赚钱的人通常不会那么慷慨。金融支持者总是保留多数股权，以便保留控制权。但当唐纳与塔基和莫里进行谈判时，她坚持持有自己同名公司一半的股份。塔基在商业交易中以慷慨著称，他后来甚至同意唐纳在合资企业中持有大量股份。塔基回忆说：“我希望她充满自信，拥有公司一半的股份就会让她有这种自信。我鼓励她建立自己的股权基础。”但是后来他很后悔自己的慷慨。

塔基还认同唐纳一个观点，那就是首席执行官职位对公司形象非常重要。尽管他们从来没有书面协议，塔基说：“大家都知道唐纳做市场营销和时尚决策，我们做财务决策。”这就是它应该的样子。这在一开始并不是问题，一开始，是我们三个，通常，如果我们对任何事说不，她就不会再说什么了。

但在唐纳的丈夫韦斯加入公司并且参与越来越多的事情后，这种和谐就会改变。在最初的几个服装季，当时装屋陷入生产和交付问题的泥沼时，韦斯出手帮忙。“我需要一顶消防头盔，因为我一整天都在灭火。”他在 1993 年告诉《职业妇女》（*Working Woman*）杂志。韦斯也承认，他所处的位置让他成为与唐纳对抗的角色让他感到不自在，那是他所不喜欢的。最终，韦斯退出了公司的日常管理工作，将精力转移到指导公司的新业务和授权上。

塔基将韦斯定义为一个勤奋的、努力的员工，一个在工作中学习时尚商业的人。有一次，韦斯找到了塔基，为自己在唐纳·卡兰公司争取股份。塔基回应道：“去和唐纳谈谈。”唐纳最终给了韦斯 50% 的权益。很快，韦斯就参加了合伙人的季度计划会议，公司所有的关键决定都在会议上做出。

随着韦斯的加入，会议变得更具对抗性，因为唐纳现在有了一个盟友。塔基记得，“不幸的是，唐纳和韦斯之间的合作问题比较多，有时候唐纳和韦斯反对我和莫里，有时候韦斯和莫里反对唐纳，很多时候我不得不让他们冷静下来”。

唐纳非常容易激动，经常会因为得不到塔基和莫里的支持而争吵。据塔基说："她会坐在沙发上，尖声大叫甚至哭泣来影响我们，她甚至会退出会议，我们该怎么做呢？大多数情况下我不得不说'好吧，唐纳'。换句话说，唐纳总是能得到她想要的。"

对一些观察家而言，唐纳已经得到她想要的东西。当唐纳终于到达第七大道时，所有的时尚编辑和零售高管都支持她，其中包括波道夫·古德曼（Bergdorf Goodman）的公司总裁道恩·梅洛（Dawn Mello）。她的时装在市场上热销，先是批发商们，然后是零售商店。塔基海奥拥有安妮·克莱恩品牌非常有利于百货公司的买家，每一个出售安妮·克莱恩的大型零售商都倾向于让唐纳的时装在销售场上大展身手。

零售商很容易就被说服，因为唐纳设计的衣服很特别，也很畅销。她的时尚理念是建立在男士衣橱理念之上，即可以互换的上装和下装，而不是全套服装。女人喜欢唐纳的衣服，如紧身衣、塞进裤腰里的合身衬衫、一条修长的裙子、一件裹身裙、一条裤子和一件夹克衫。所有服装颜色都很精致，如海军蓝、黑色、勃艮第酒色（紫红色），并且面料都用奢华的丝绸、羊绒和上等羊毛所制成。这套服装的价格——从 150 美元紧身衣到 2000 美元的裙子、夹克，它们都带有一种都市气息，而且带一抹性感。此外，唐纳还从她最早的名人客户那里得到了很多好处，如坎迪斯·卑尔根（Candice Bergen）、黛安·索耶（Diane Sawyer）和芭芭拉·沃尔特斯（Barbara Walters）。

但对纽约的唐纳而言，最好的榜样还是她自己。她拥有极高的可信度。她有着宽肩大臀、穿 12 码衣服的健康身材，看上去像她的顾客们。她的设计既苗条又讨人喜欢：她的褶边裙遮住了肚子，而她的楔形连衣裙让女性看起来更高。女人也非常喜欢唐纳·卡兰的不透明连裤袜，由美国大型内衣制造商哈内斯（Hanes）制造。这个设计是一项突破，使用莱卡（Lycra）对织品进行强化，让女性的腿看起来更结实、更修长，所有的针织品制造商都争相效仿。

的确，唐纳能够点石成金。唐纳承认她从来没有做过任何市场调查，"我的设计灵感来自我的直觉。在季节转换之前，我打开我的衣橱，看看里面少了什么。然后我开始设计我想穿的衣服"。她的本能催生了另一款成功系列，即休闲而文雅的 DKNY 运动服，在 1989 年的第一年就拥有 1 亿美元的销售额，最终成为了她公司的支柱产品。DKNY 这个朗朗上口的名字是唐纳自己想出的，她说 DKNY 说起来很顺口，就像纽约警察局（NYPD）那样。

但与唐纳精明的时尚感相伴随的是她古怪的工作习惯，这个习惯给她公司带来了障碍。唐纳的服装系列总是姗姗来迟，她的服装总是比其他设计师的服装晚好几个星期出现在销售大厅。延迟交货是一个长期的问题，从一开始就困扰着公司，公司成立 10 年后也一直存在这一问题。唐纳总不能赶上最后交货期限似乎不合逻辑。

“在我看来，唐纳是市场上最杰出的设计师。”斯蒂芬·鲁佐（Stephen Ruzow）说：“唐纳的服装系列是她自己的签名服装，而且在不断地随着她本身的改变而变化。”其他设计师通常可以及时准备春季系列，允许买家在 2 月订购 6 月的时装，但唐纳的时装系列直到她 4 月的时装秀结束后才开始准备，这使客户无法快速周转。“零售商一直在抱怨这个，但唐纳有自己的时间规划。”斯蒂芬解释说。为了改变她的习惯，公司专门创建了另一个名为唐纳·卡兰签名（Donna Karan Signature）的品牌，该品牌由她最亲密的助手团队设计，在她设计好自己的系列之前，该品牌就已经进入了商店，从而确保商店的货架不是空的。幸运的是，作为她销售利润主要来源的 DKNY 系列，是由另一名员工所设计的，通常会及时交付给商家。

延迟交货对一个商店的影响很大，不只是造成不方便。20 世纪 90 年代，设计师们每隔几周就会加快向商店交付新品的步伐，为了迅速让下一批货上架，商家会给销售缓慢的产品打折。唐纳按照自己的时间计划行事，破坏了商品的流通法则，经常导致公司错过销售旺季。在 20 世纪 80 年代，德国时尚品牌艾斯卡达（Escada）以每年 7 亿美元的规模建立起了庞大的服装生意。艾斯卡达不举办时装秀，但是由于制定了自己严格的制作时间表，艾斯卡达服装总是能打败其他设计师品牌。

尽管如此，零售商们还是忍受了唐纳多年来的延迟交货行为，因为在大多数季节里，她的衣服一到货就能卖得很好，这证明了她对女性的巨大吸引力。唐纳建立了一个由富有女性组成的崇拜团体，她们从头到脚穿着唐纳每季提供的服装。唐纳本人就是一个完美的销售员，她在波道夫百货商店扮演私人导购员的形象就是她做销售的典型形象。1993 年 2 月的一个早晨，唐纳以私人导购员的身份出现在波道夫（Bergdorf）百货商店，她脚下生风，在一间间试衣间中不停穿梭着，告诉陌生人该穿什么、该买什么，就像陪闺蜜在购物中心购物一样。波道夫的客户们都睁大了眼睛，密切注意着她说的每一个字，很多人都带着装满唐纳衣服的购物袋离开。在唐纳扮演私人采购员的那段时间里，短短几天内，波道夫百货公司就卖出了价值80万美元的商品。

唐纳通过提升自己的个人时尚形象吸引了很多忠实的客户。20世纪90年代，形象营销是时尚品牌的一个标志。唐纳、卡尔文·克莱恩和拉尔夫·劳伦是其中最好的代表。早在1984年，唐纳就已经在考虑如何塑造自己的形象了，当时她还没有开自己的时装屋，但已聘请了广告能手彼得·阿内尔（Peter Arnell）帮忙。彼得帮助她塑造了一个可以渗透一切的个人形象，首先他帮唐纳设计了公司商标，是一个由黑色与金色组成的圆滑的图案。唐纳的广告很能唤起人们的共鸣，她甚至在广告上不需要展示服装，比如在雾蒙蒙的日子里拍下布鲁克林大桥（Brooklyn Bridge）的黑白照片。在早年，唐纳在她的时装秀上总是选择歌曲《纽约之魂》（*A New York State of Mind*）作为背景音乐，这首歌是她朋友芭芭拉·史翠珊（Barbra Streisand）演唱的。

唐纳的广告还有她自己理想化的形象。在一个广告中，黑发模特罗斯玛丽·麦克格罗莎（Rosemary McGrotha）在一辆高速行驶的豪华轿车中，平衡着一个菲洛法克斯（Filofax）备忘记事本和一个婴儿。另一个令人难忘的广告是“我们信任女人”，广告上罗斯玛丽以总统的身份宣誓就职，从她的上衣中露出了黑色蕾丝紧身衣。另外，唐纳通过与她的粉丝们在《女人对女人》杂志上的对话，强化了她女权主义、积极进取的精神。以下是一个典型的摘录：

“对我来说，未来服装完全看个人风格，而不是设计师说了算。我的职责是为女性提供自由和工具，永不过时的简洁款式奢华而灵活，适合任何时间场所穿着，可以从早上一直穿到晚上，她们可以以一种现代的、性感的方式穿着搭配，这不是一个季节服装秀，这代表我的一切……这就是为什么我认为这些衣服是对个人风格的弘扬展示，从一个女人到另一个女人，不同人的风格可以不同。”

唐纳眯眼微笑着，一件毛衣束在她的腰间，依偎在她英俊的艺术家丈夫身旁，这时她似乎拥有了一切。她给人的印象是一个具有精明头脑的聪明人。1989年9月，作家詹妮特·康纳特（Jennet Conant）在《曼哈顿公司》（*Manhattan*

*Inc.*）杂志封面故事中指出："唐纳对公司的底线了如指掌。"

但四年后，在另一次采访中，她更诚实地向《职业女性》透露："对我来说，生意不是关于事实和数字，而是公司的形象，一切都始于产品。当我看到资产负债表时，小字印刷让我发疯。对我来说，一切都必须是看得见的。"

当唐纳把自己包裹成产品的一部分时，莫里、塔基、斯提芬和其他一些人就会注意到细节上的细微差别。正如内曼马库斯（Neiman Marcus）前高管罗恩·弗拉斯奇（Ron Frasch）向《职业女性》（*Working Woman*）杂志解释的那样：斯蒂芬"确保了一家拥有创意头脑和多样化部门的公司能够团结在一起，但主要还是唐纳的功劳"。

每个星期，唐纳都会背离一次自己的创意日程。她和斯蒂芬有一个习惯，每周在她曼哈顿的公寓里会面一次，她会从她那塞满东西的皮包里拿出一长串要做的事情的清单，审查商业事务。通常，鲁佐不得不约束她，以免她承担太多新项目。斯蒂文说："她明天可能会做任何事，因为她非常富于创造力。我的工作就是把这些业务集中起来。"

作为一家私人公司，唐纳卡兰时装公司设计得很巧妙，就像唐纳的裤装那样用她的优势弥补她的缺点。回想起安妮·克莱恩的年代，塔基和莫里总是会反对设计工作室离谱开支，设计工作室确实是每家时装公司的黑洞。

在高级时装系列设计和反复试验过程中，设计师们需要花费数十万美元为每一件时装制作样品服装。唐纳的工作室就像她的婴儿一样，是她最喜欢待的地方，在那里她创造了她的时装系列，她的自我价值和艺术声誉都悬此一线。因此，唐纳排除了所有反对的意见，像她的导师安妮·克莱恩那样在服装设计上花了大量的钱。唐纳在 1996 年 10 月直言不讳地说："我们这些创意型的人喜欢花钱。"

唐纳和她的设计团队每年都会前往巴黎参加首屈一指的巴黎纺织品贸易展（Premier Vision）。这种商务旅行以及到伦敦和米兰的短途旅行都会给她带来丰厚的回报，她带回了很多 7 米长的布料样品和大量的研究材料，她会去拍卖场、跳蚤市场和最时髦的独立精品店购买服装，位于伦敦的艾格（Egg）是唐纳最喜欢去购物的商店。

唐纳一回到她的纽约工作室，就和图案设计师、缝纫师、模特和其他设计助理一起开始讨论服装系列的设计细节。有些设计师，如戴尔·奥利奥（Dell'Olio），专注于自己的草图设计工作，他们在草图中设想了完整的服装系列。这是一种有效的设计方法，可以将需要制作的样品服装数量降到最低，从而降低成本。

但是唐纳一般不会很好地画出草图，她的每件样品服装几乎都要修补很多次。因为这些样品都是在意大利和纽约制造，并且途中做了很多改变，使成本迅速上升。

"唐纳是最杰出的艺术家，但她经常犹豫不决，"她的一位前工作室助理说："直到时装秀的前一天，她还在不停地对要展示的服装进行修改。"根据这位助手的说法，唐纳在这个过程中的重负荷工作让她非常劳累，在时装秀开始前，她会以倒计时的方式做准备，她常常通过注射维生素 B12 使自己有充沛的精力，她还鼓励助手们也这样做。设计团队已经习惯了公司精打细算的财务人员，他们会对"过度抽样"问题和削减开支的必要性进行审查讨论。"但从来没有发生过什么，因为从来没有人对唐纳说'不'，"这位前员工说："她会把上百种面料钉在墙上看看它们放在一起是什么样子。"

那么，为什么在唐纳一而再再而三地超出预算时，没有人阻止她呢？当唐纳超支时，塔基和莫里忍气吞声，但他们并没有停止对唐纳的支持。在创造经济成功的过程中，你必须支持有创造力的人和他们想要做的事情，这是一种义务。

于是，斯排芬的任务就是与唐纳进行交涉。"每当成本超出预算时，我们就会向商店运送更多的货物，卖出更多产品带来的利润可以确保财务底线。"

但是因唐纳的过度消费行为引起的不断争吵让塔基和莫里精疲力竭。1992年，当唐纳准备推出她的第一款香水时，这出戏终于达到高潮。

20 世纪 80 年代以来，设计师香水就像一个印钞票的许可证。一款广受欢迎的名牌香水每年都能带来丰厚的利润。它的美妙之处在于它只需设计一次。鉴于唐纳·卡兰的个人魅力和神秘感，她做一款香水一定是必然的事情。要想成功推出这款香水，需要在广告和营销上投入数千万美元。这是卡尔文·克莱恩（Calvin Klein）连续成功推出一系列畅销香水的原因，如迷恋（Obsession）、永恒（Eternity）和 CK One，卡尔文把营销工作留给了专家，这些人便是他的香水的许可持证人，卡尔文的授权交易是一个典范，联合利华（Unilever）负责所有的开发成本和广告。卡尔文只是在开发阶段卷起袖子努力开发，香水开发完成后，他每年都可以坐收渔利，收取相当于数百万美元的版税，而且没有任何成本。

但这不是唐纳的风格。她和该行业专家雅诗兰黛（Estee Lauder）、露华浓（Revlon）和考斯麦尔（Cosmair）进行商谈后，对结果并不满意，她想要更高的版税。这也不奇怪，因为她想要完全的控制权。她和丈夫韦斯商量了一下，认为他们自己会做得更好，香水得由服装屋设计。

这使塔基和莫里的忍受到达了极限。他们是服装制造商，有自己的局限性，即使唐纳不知道，他们知道。塔基说："很多人想付钱代做唐纳的香水，我们不需要自己动手。"

但唐纳有自己的方式。韦斯是个雕塑家，他为唐纳的纽约香水设计了黑色与金色的瓶子外形，这款香水的目的是模仿从背部看到的裸体女性的躯干。用唐纳的话来说，这款高概念香水混合了羊绒、绒面革、卡萨布兰卡百合以及"我丈夫脖子后面"的味道。气味很微弱，也许太微弱了。唐纳告诉《时尚》杂志："香水是为我和我丈夫设计的，而不是给房间里的其他人或电梯里的另一个女人。"

"我知道这不是通常的香水的发明方式，但是我们想要做一个特别珍贵的东西，它需要很多温柔的关爱。我们从无做到有，如果我犯了错误，希望是一个小错误！因为它可能会破坏我们整个公司的形象。"

这是她著名的临终遗言。唐纳·卡兰纽约香水成为了一个经典故事，警示人们不要做自己不擅长的事情。在前 6 个月，香水的销售额为负 590 万美元，并且还有 410 万美元的货卖不出去。这似乎令人难以置信。没有像唐纳那样高调的设计师曾经在香水上赔过钱！

唐纳确实犯了一个低级错误，她的经历可以作为一个关于廉价香水的研究案例。她没有登任何广告，甚至连杂志里插入的香水条也没有。此外，她的粉丝们不得不千方百计去找这种香水，因为这种香水最初只能在布鲁明代尔百货商店或通过免费邮购进行购买。接受订单的电话推销员甚至连设计师名字的发音都说不准，用爽朗的"你好，唐纳·库兰"来问候来电者。而且韦斯设计的雕塑喷雾瓶很容易渗漏，这让很多顾客非常不满意。

香水的失败是一个分水岭，塔基和莫里已经厌倦了与唐纳之间的争执。作为幕后支持者，他们准备退出。

是时候去华尔街了，在贝尔斯登（Bear Stearns）投资银行家的帮助下，公司开始为首次公开募股做必要的准备。1993 年 8 月提交的初步招股说明书显示，塔基和莫里将会退出该公司，唐纳和韦斯将成为该公司的联席首席执行官。该公司当时的年销售额为 2.585 亿美元，净利润为 2900 万美元，其中 90% 的销售额来自 DKNY 和其他女装。所有的新产品包括童装、男装和香水那时都不赚钱。

可以理解的是，读过招股说明书初稿的机构投资者都不愿参与进来。尽管唐纳时装公司很受欢迎，但它还有很长的路要走，以证明能够成功地销售除女装以外的其他商品。未来的领军人物将是唐纳和韦斯这两位创意十足的非商业人士。

就在华尔街人士开始密切关注唐纳·卡兰风格背后的本质时，许多潜在投资者却退缩了。一些令人不安的消息打击了莱斯利费伊（Leslie Fay）公司的支持者们。

1993 年，这位备受尊敬的第七大道的设计师卷入了一场混乱的会计丑闻。当年 1 月的年终审计中，莱斯利费伊的公司财务总监承认，他和其他后台部门的人一直在虚报公司的销售额和收入，并在公司的账目上做了虚假记录。2 月，当莱斯利费伊抛出这一令人震惊的消息时，其股价在纽约证交所（New York Stock Exchange）暴跌。到了 4 月，这家陷入困境的公司被迫按照破产法第 11 章进行重组。

在接下来的几个月里进行的莱斯利费伊的内部调查中，传出了太多坏消息，以至于该公司的声誉永远被毁。事实证明，莱斯利费伊多年来一直在做假，他最后不得不重申过去三年的收益，这一下抹去了此前从未有过的 8100 万美元的净收益，瞬间股价跌至每股 1 美元以下，迫使该公司退出纽约证券交易所（New York Stock Exchange）。财务总监和公司的首席财务官最终被联邦大陪审团起诉，而首席执行官约翰·波梅兰茨（John Pomerantz）声称对该事件一无所知，他设法逃脱了指控，并在调查后最终被无罪释放。莱斯利费伊的秘密仍在继续，因为这两项指控尚未导致任何惩罚性赔偿或监禁，这是在事实发生 7 年后才发现的。

当莱斯利费伊公司的丑闻在 1993 年爆发时，第七大道上的所有人都惊呆了。莱斯利费伊代表了老式时装公司的那种丑陋的刻板印象，他们总是表现得既快速又松散。合法服装制造商多年来一直在试图摆脱这种印象。因为莱斯利费伊丑闻，1993 年对于唐纳卡兰来说几乎是不可能上市的。

唐纳·卡兰也有自己的问题需要解决，因为她的女装系列在那一年开始销量下滑。时装屋看样子也绝对不可能实现其内部盈利预期。任何股票发行都是在这种背景下进行的，如果真的能够勉强通过而上市，也会降低公司的整体价值。因此，唐纳、韦斯和莫里在纽约召开了新闻发布会，暂时停止了股票发行。

在上市失败之后，公司又回到了正常营业的状态。韦斯现在是高管，他和唐纳是公司的联席首席执行官。当韦斯在办公室里四处发号施令时，他受到了公司里的许多人尤其是莫里的抵触。业内大多数人都认为这位从艺术家转型而来的首席执行官非常自大。

“他不可信，”咨询师米尔斯坦（Millstein）说：“他没有经验……他得到这份工作是因为他的妻子希望他每天穿西装打领带上班，而不是穿艺术家的工作服。”

唐纳在 1996 年 5 月对《纽约》杂志说，很多人对韦斯无理由的抨击“令我惊讶，我真不敢相信，这么多年过去了，大家还在讨论我的丈夫，他真的很出色……如果有人认为公司是我独自管理的，我会让他知道我们两个都很重要”。

唐纳渐渐开始有了宗教信仰。在 20 世纪 90 年代早期，她开始了新的自我反省之旅，并通过东方哲学和新时代大师迪帕克·乔普拉（Deepak Chopra）的圣训来探索她的灵性。最终，唐纳将新发现的信念融入了她的生意。她的时装表演音乐也变得更加空灵，就像模特们要走下 T 台去听迪帕克朗诵诗歌一样。她设计的衣服也开始显得超凡脱俗。唐纳几乎放弃了她标志性的性感时尚，开始尝试看起来邋遢的长裙和宽松的上衣。很多零售商和顾客都怀念唐纳的性感形象，但唐纳似乎并不在意。她必须不断发展创新。

考虑到她与莫里和塔基之间不顺畅的关系，唐纳不得不将她的公司团结在一起，以便在华尔街上市成功。1995 年，古驰首次公开募股轰动一时，看到这一切，她感到很振奋。这家意大利时装公司一直与当时最炙手可热的设计师汤姆·福特（Tom Ford）关系密切，股票价格也增长得很快。1987 年，总部位于巴林的投资银行 Investcorp 以 2.45 亿美元收购了古驰，并通过 1995 年公开募股和 5 个月后的二次发行在二级交易市场获得了 16 亿美元的利润。

到 1996 年春天，唐纳服装公司发展得很好，并准备再次进军股市。该公司的资产负债表现在已被清理干净，而时装屋看起来也更有前景：年销售额为5.1亿美元，约为1993年销售额的两倍。男装销售也不再亏损而且还在慢慢增长，停止了不赚钱的童装。公司现在只有2个美容分支，香水、润肤露和护肤品的销售仍然没有盈利。

1996年的公开募股时，唐纳已经被列为公司的董事长和唯一的首席运营官，而韦斯成为了公司的副董事长，继续负责公司的美容业务、法律和许可部门。招股说明书含糊地定义了他的新角色："虽然韦斯不一定是一位全职员工，但他将花大量时间担任副董事长一职。"没有人明白这是什么意思。

令人惊讶的是，此次的一个提议，向唐纳和韦斯支付特许权使用费在潜在投资者中获得了通过。特许权使用费是与该公司最有价值的资产即商标有关。公司的商标是唐纳和韦斯通过加布丽尔（Gabrielle）工作室设计的，公司是以唐纳的女儿命名的。对于"唐纳·卡兰""DKNY"和"DK"商标的使用，上市公司同意按销售额的百分比支付每年的特许权使用费，从最初的2.5亿美元开始，再加上未来5亿美元销售额的2.5%等。唐纳和韦斯对商标的所有权表现得非常贪婪，这是公司除了唐纳本人以外拥有的最宝贵资产。在汤米·希尔费格（Tommy Hilfiger）、莉兹·克莱本（Liz Claiborne）和拉尔夫·劳伦（Polo Ralph Lauren）等其他上市设计师公司，商标是属于公司而非设计师的。

其实是这样的。在这次股票发行中，唐纳和韦斯获得了与塔基和莫里相同的5800万美元，每人拥有上市公司25%的股份。此外，这对富有创造力的夫妇还有权获得来自加布丽尔工作室500万美元的版税。IPO之后，唐纳每年继续从加布丽尔工作室收取数百万版税。

本次交易的主要承销商摩根士丹利（Morgan Stanley）与塔基和莫里都反对这种安排。但唐纳和韦斯断然拒绝放弃版税，声称毕竟唐纳是公司的远见卓识者，应该拥有她自己创造的商标。塔基为此非常生气，他反驳说，如果任何人都应该分享商标的所有权，那就应该是他和莫里，他带着这家时装公司步入正轨，并多年来一直需要忍受唐纳的坏脾气。

但是，支付版税似乎并没有让那些急切的投资者们感到困惑，他们迫不及待地想拿到DK股票。后来，当公司的财富开始蒸发时，大多数机构股东都觉得自己被骗了。

DK 的股东们一直期待的一个亮点是该公司计划通过利润丰厚的许可协议实现增长。1996 年初，唐纳·卡兰与牛仔裤生产商设计师控股公司（Designer Holdings Inc.）签署了生产 DKNY 牛仔裤的协议，一切都步入正轨。设计师控股公司最初向上市公司支付了 600 万美元，并同意在未来四年再支付 5400 万美元，外加每年 7% 的特许权使用费。

最近在纽约证券交易所（New York Stock Exchange）上市的设计师控股公司（Designer Holdings），与卡尔文·克莱恩的合作做得很好。在短短两年的时间里，设计师控股公司将卡尔文·克莱恩牛仔裤的销售额增加了两倍多，在 1996 年销量达到逾 4 亿美元。设计师控股公司的董事长阿诺德·西蒙（Arnold Simon）发誓要对 DKNY 牛仔裤采取同样的做法，1995 年，DKNY 的销售额约为 5000 万美元。西蒙认为在三年之内他就可以将其转变成价值 3 亿美元的 DKNY 牛仔裤生意。

但 DKNY 牛仔裤交易在签署几个月后便被解除了。1997 年 3 月，唐纳·卡兰和设计师控股公司以“意想不到的困难”为由，同意终止合作关系。消息传出的当天，DK 的股价跌至 11.25 美元，不到发行价的一半。

后来西蒙泄露了背后的故事，在与唐纳和公司的一些高管打交道时，他感觉非常沮丧，他必须反反复复地交流同一样事情，每一个人都想把自己的观点加入合同条款中，其中最关键的一点是唐纳希望限制设计师控股公司让他们只生产牛仔裤，西蒙坚持要做一个牛仔装系列，就像他对卡尔文克莱尔所做的那样。

西蒙说：“根据那份合同规定，与业内其他牛仔装许可证持有者一样，我将拥有一个牛仔装许可证。我当然知道那是什么意思。我不能只做五口袋的牛仔裤，我想要做许多包括上装和下装系列的服装。但是他们只让我做牛仔裤和两件 T 恤。就靠这几件衣服怎样经营生意?”

但斯蒂芬坚称，与设计师控股公司的交易是“非常明确的”，因为唐纳从未打算让被许可方生产牛仔装系列产品，因为那样将会蚕食公司的 DKNY 运动装系列。“西蒙很清楚这一点并在合同上签了字，他知道自己最终会得到自己想要的。”

在取消合同时，唐纳·卡兰同意将 600 万美元的付款返还给设计师控股公司，并再返还 400 万美元的开发成本。但是，当时唐纳已经把这笔 600 万美元的意外之财纳入预算，她已经在一个由黛米·摩尔（Demi Moore）和布鲁斯·威利斯（Bruce Willis）主演的新广告宣传活动中大肆挥霍。明星们的报酬是服装，她还花费了230万美元购买广告空间，这些花费主要用于欧洲，因为公司准备在斯德哥尔摩、莫斯科、阿姆斯特丹、柏林和巴塞罗那等地开设专卖店。据斯蒂芬说，管理层认为他们可以在广告上花更多的钱，因为“我们正在为今年的广告预算做准备，而且这些图片非常棒。这是一次千载难逢的拍摄机会，我们觉得这是增加曝光率的好时机”。

但在年底，唐纳并未能实现这一年的盈利目标，这些广告支出成为了公司损益表上的一块痛处。DK股东对与设计师控股翻脸事件反应强烈。他们迅速向联邦法院提起集体诉讼，指控唐纳和她的高层管理人员管理不善。诉讼在1998年被驳回。

因为塔基海奥集团仍然拥有唐纳卡兰服装的竞争对手安妮·克莱恩，塔基和莫里在法律上被禁止参与唐纳的内部事务。但莫里太沮丧了，他无法袖手旁观，眼睁睁地看着塔基海奥集团持有的540万股DK股票不断贬值。莫里呼吁董事会放弃这一限制，让他重返董事会，以便重组他所创建的公司。但唐纳卡兰董事会成员拒绝了他的要求。尽管如此，董事们还是被触动了，他们开始寻找新的首席执行官来取代唐纳。

唐纳接到了39岁的候选人约翰·伊多尔（John Idol）的电话。约翰当时是拉尔夫·劳伦的授权部门的主席。这位精明的高管，长得像年轻的哈里森·福特（Harrison Ford），决心赢得凯伦和董事会的支持，他做到了。1997年5月，公司宣布任命约翰担任首席执行官职务，唐纳告诉记者她对约翰的印象非常深刻，她说他也很“可爱”。唐纳继续担任董事长和首席设计师的工作。

可以肯定的是，任命约翰为首席执行官令斯蒂芬很不满意，多年来，虽然没有头衔也没有唐纳的授权，但斯蒂芬一直是默认的首席执行官。在公司公开募股中，斯蒂芬因为多年的努力获得了500万美元的一次性报酬。但斯蒂芬不可能接受约翰的管理，因此他辞去了公司的职务，后来他成为手袋设计公司凯特斯佩德（Kate Spade）品牌的首席执行官，3个月后，他离开了凯特斯佩德公司，成为了沃纳科集团下属的卡尔文克莱恩内衣公司的总裁，该公司持有卡尔文克莱恩产品特许证。

为了让公司能在华尔街上市，约翰很快就开始对公司进行重组完善。他注册了莉兹·克莱本（Liz Claiborne）公司专门制造 DKNY 牛仔裤，并且让雅诗兰黛在 1997 年接管了陷入困境的美容部门。1992 年以来，美容部门估计损失 1 亿美元，其中包括一系列皮肤治疗产品和命名为“混沌”（Chaos）、“水雾”（Water Mist）、“冰”（Ice）、“阳光”（Sunlight）和“雨”（Rain）的香水。

约翰还开始削减公司成本，每年削减约 4000 万美元的开支，其中包括裁员 285 人，约占员工总数的 15%。员工们看到了他们的许多福利，如服装津贴和手机等都消失了。公司再也不会随便送给像芭芭拉·史翠珊（Barbra Streisand）这样的电影明星免费服装了。约翰决定改善服装的交付时间，推出一套新系统，将服装早点交付到商店。1997 年大规模的重组使该公司陷入巨额亏损，销售额为 6.39 亿美元，净亏损 8140 万美元。尽管如此，唐纳和韦斯还是获得了丰厚的报酬，他们除了总共得到 300 万美元的工资外，加布丽尔工作室的版税收入达 1760 万美元。

公司重组完成后，约翰承诺在 1998 年公司就会有美好的前景并实现利润，但是过度消费并不是唐纳家族唯一的问题，时尚也是其中问题之一。唐纳卡兰的男装部门年收入 3700 万美元，应该还是可以的，但到了 1997 年，唐纳突然对西装革履的男士服装起了兴趣，一切开始改变了。

当唐纳决定改变她的男装轮廓时，她真是在玩火自焚。她的男式套装价格不菲——800 美元甚至更高，其吸引力很大一部分就是有宽松的、披着褶皱的轮廓，让 40 多岁的男人感到骄傲，这是她的目标市场。但唐纳对普拉达（Prada）和古驰（Gucci）的流行趋势非常着迷，这两家公司的夹克都很紧，有高高的袖孔，配着紧身裤。于是紧身成为了当季的流行，影响了几乎所有唐纳卡兰的男装。

可是结果在纽约巴尼斯百货（Barneys New York）和萨克斯第五大道（Saks Fifth Avenue）等商店都是灾难性的。据说有些零售商甚至连降价都不做，他们只是把这个系列直接退回给了唐纳卡兰。在清仓销售期间，唐纳·卡兰的粉丝们很高兴在男士服装店里找到了便宜货，但也局限于那些可以穿上紧身衣的粉丝。

随着唐纳卡兰品牌的男士服装在客户中失去信誉，男士们转而去买杰尼亚（Zegna）和阿玛尼（Armani）等其他品牌男装，其影响更为惊人。“男装的一致性至关重要，”斯蒂芬说：“一旦让客户失望了，就很难再赢回他们。”

约翰从未打算做过紧身衣，所以他毫不犹豫地批评这种做法是“一次性时尚”，他说：“这种情况再也不会发生。我们将继续在时尚界开辟新天地，但在未来，我们将努力发展现有产品，而不是彻底转向新的领域。”

公司的整改也涉及现有的女装产品。约翰叫停了试验性 D 系列女装产品，这个系列的服装从来就不受欢迎。过去，公司不加区分地向许多商家运送 DKNY 运动服，以提高服装销量，而没有考虑到 400 美元的运动夹克在有些商店里永远无法售出。约翰最终停掉了 100 家门店，并将 DKNY 的价格削减了约 1/3。他指出：“当香蕉共和国（Banana Republic）以 68 美元的价格出售 DKNY 的卡其布裤子时，DKNY 的价格竟然是 130 美元，这太荒谬了。”更重要的是，唐纳卡兰开的 50 多家直销店的商品质量太差，根本赚不到钱。约翰在 1998 年 9 月的高盛全球零售会议上向投资者承诺：“不会再有这样的事了。新唐纳卡兰从此诞生了。”

约翰有很多东西需要证明，并且需要获得胜利的动力。89.8 万美元的年薪为他提供了基于公司未来股价的利润丰厚的股票期权。他承诺：“我认为这将是华尔街的重大转机之一。”但随着股价在 1998 年底跌至 5～7 美元，他仍有很多事情要做来改变公司处境。

与此同时，唐纳是绝不可能被人拒绝的。她会自己掏腰包来弥补设计工作室预算的不足。1998 年，据说唐纳仍在大量消费，继续购买她想要的昂贵布料。“我自己付钱，”她这样告诉她的一个助手。后来，此事在公司文件中披露，1997 年底，唐纳向公司提供了 700 万美元的个人贷款。这笔贷款被认为是公司的“现金储备”。“我们可能得再向她借钱。”首席财务官约瑟夫·帕森斯（Joseph Parsons）在一份声明中解释道。

但是当公司再次向唐纳借钱时，她收起了支票簿，提供的是礼物而不是贷款。她在卡尔文克莱恩公司对面的六十大街和麦迪逊大街的拐角处找到了一个绝佳的位置，她在那里建立了她的第一家旗舰店，于 1999 年开业。她的宽宏大量的承诺，花费“数百万”自己的钱为商店提供资金，这是在华尔街周围发生的另一个 DK 玩笑。

与此同时，约翰还在继续努力实现他的盈利目标。1998 年，公司实现了 12.8 万美元的利润，相当于每股盈利 1 美分。1999 年 3 月 24 日，也就是 1998 年财报发布的那一天，约翰宣布了这条好消息。

不过，华尔街却不为所动，DK 股票仍处于 7.25 美元的低位。

1998 年对唐纳·卡兰而言应该是关键的一年，她的承销商摩根士丹利（1997 年成为摩根士丹利迪安威特）曾预计，DK 股票将在 1998 年的 30 多美元范围开始出现泡沫。1998 年 5 月，一位参与该股票发行的投资银行家事后评论道："如果我当时知道我后来所知道的，我就不会建议当时进行股票发行。"

## 2

虽然唐纳·卡兰的艰辛努力一直占据着新闻头条，其他时尚类的股票也难以维持下去，包括盖斯尔（Guess）、玛丽莎·克里斯蒂娜（Marisa Christina）和莫西莫（Mossimo）。"有些公司上市后的表现一直很糟糕，"专注于时装类股票的佩恩韦伯（Paine Webber）总经理伊丽莎白·伊韦拉德（Elizabeth Evillard）说："对于之前一个季度、两个季度或三个季度，如果该公司不做出分析师预期的估计，市场将是无情的。"

当唐纳卡兰国际公司不断地出现喜剧性的错误时，位于加利福尼亚州尔湾市的排球短裤制造商莫西莫成为了时尚界的荒谬剧场明星。这个让华尔街大起大落的莫西莫（Mossimo），是过度投资的、陷入了过热股票市场的设计师的比喻。

这只股票的价格就像抛物线一样。1996 年 2 月，莫西莫以每股 18 美元的价格上市，在莫西莫的扩张计划的支撑下，几个月内稳步飙升至每股 51 美元。但由于莫西莫未能兑现所规划的扩张并开始出现问题，该股在一年后暴跌至 10 美元以下。到 1998 年 10 月，莫西莫的股价跌至 2.50 美元。

莫西莫的传说有一个故事书般的开头，充满了离奇的运气，不同凡响。1987 年，莫西莫·詹努利（Mossimo Gianulli）从南加州大学（University of Southern California）退学，从他的景观设计师父亲那里借了 10 万美元，在一间车库里开始了一项规模不大的服装生意。莫西莫更像是一个推销员，而不是设计师，他侥幸中了头彩。他在自己生产的 T 恤和短裤上写上自己的名字"莫西莫"，并用黑色粗体涂鸦。很快，莫西莫的签名就成为西海岸冲浪店最酷的标志。接着莫西莫开始大张旗鼓扩张，他聘请设计师帮助他将业务扩展到编织衬衫和休闲运动服。

莫西莫在1994年的销售额达到4400万美元，他的成功并不是因为时装创新，而是归功于推销自己的能力。鼠帮（Rat Pack）乐队的摇摆乐歌手迪恩·马丁（Dean Martin）是莫西莫的偶像，他把自己推销为一个现代版本的迪恩·马丁。莫西莫皮肤黝黑，外表帅气，留着蓬蓬的背头发型及连鬓胡子。1994年，莫西莫被珍妮特·杰克逊（Janet Jackson）邀请在《你想要这个吗?》（*You Want This?*）音乐剧中扮演角色。莫斯（Moss），正如他的朋友们称呼他的那样，是好莱坞明星圈子里一个口齿伶俐、爱喝马提尼酒的人，在西海岸的X代人（出生于1965～1980年这个年代）中，他成了一个受人膜拜的人物。当他出现在商店时，年轻的女人们和男孩会列队迎接他。

公司上市时，莫西莫加入了唱片公司。32岁时，他成为纽约证券交易所上市公司中最年轻的首席执行官，他所有的高级管理人员都是30岁出头，而且没有人经营过上市公司。莫西莫的股价在股市上仅3个月就上涨了1倍，达到37美元。莫西莫拥有公司70%的股份，他的净资产超过5亿美元，这也让他在1996年被《福布斯》（*Forbes*）列为美国400位最富有的人之一。

这位自大的年轻时尚大亨立志成为下一个卡尔文·克莱恩。莫西莫从太平洋太阳服（Pacific Sunwear）商店和冲浪者杂志中脱颖而出，进入了布鲁明戴尔（Bloomingdale's）、GQ百货店和《时尚》杂志的世界。他的运气一直延续到1996年，当时莫西莫的销售额增长了30%，达到1.08亿美元，净收入为1070万美元，这也反映出莫西莫进军休闲男装和新女装系列的成绩。

但过度扩张和缺乏经验最终产生了负面影响。1997年初，该公司在设计问题、成本超支、交货延迟和零售销售下滑的多重压力下开始走下坡路，莫西莫的标志现在看起来就像一个高脚杯里的啤酒。到了1997年秋天，股东们向法院起诉莫西莫，指控该公司的官员对莫西莫的财务状况做出了虚假和误导性的陈述。他们的集体诉讼指控称，随着莫西莫的扩张，他已经失去了对运营和财务的控制。莫西莫否认这些指控，并发誓将在法庭上对这些指控进行抗辩。

1998年3月，莫西莫辞去公司首席执行官的职位，而转变为公司的“未来打造者”。现年55岁的约翰·布林科（John Brinko）接替他担任首席执行官和总裁。约翰·布林科是一位扭转乾坤的专家，他帮助在1996年陷入困境并宣告破产的纽约巴尼斯连锁酒店（Barneys New York Chain）步入正轨。

但直到 1999 年 1 月，莫西莫的股票才开始显示出新的生命迹象。当时，该公司聘请了汤米·希尔费格公司（Tommy Hilfiger Corp.）前首席执行官、1994 年退休的埃德温·刘易斯（Edwin Lewis）出任首席执行官。为了迎接新的挑战，埃德温挖走了一些他信任的汤米希尔费格公司高管，帮助他将莫西莫打造成下一个汤米希尔费格。埃德温上任的消息使莫西莫的股价在 1999 年初升至 7 ~ 9 美元。

尔湾市碰巧也是纽约证券交易所（New York Stock Exchange）最强大的时尚公司之一——圣约翰克纳特（St. John Knits）的所在地。1996 年，圣约翰克纳特的销售额为 2 亿美元，该公司在时尚界是独一无二的，它生产售价 1200 美元的女性针织套装，这种服装 30 年来都被保守派禁止生产。

首先，圣约翰克纳特已经积累了一批忠实的商界女性高管，她们喜欢以香奈儿为灵感的套装，后来成为时尚经典。在萨克斯第五大道（Saks Fifth Avenue），圣约翰克纳特的销售额升至 7500 万美元，成为萨克斯最赚钱的商家。

1962 年，罗伯特·格雷（Robert Gray）和玛丽·格雷（Marie Gray）组成的夫妻档团队创立了圣约翰克纳特公司。他们发明了一种名为桑塔纳的人造丝，并获得了专利。桑塔纳丝给圣约翰克纳特服装带来极大的优势，可以使衣服在保持其形状的同时具有褶皱的外观，这使圣约翰克纳特服装成为了高层主管们的最爱。圣约翰克纳特几乎没有无法控制的质量问题，该公司在尔湾市的一个庞大工业园区自己纺织并染色桑塔纳丝，自己生产其所有服装、纽扣和珠宝。

圣约翰克纳特在《时尚》《时尚芭莎》等杂志上都登过广告，但对第七大道上的广告宣传则避而远之。“我从不相信时装秀，”1997 年 11 月，圣约翰克纳特的首席执行官罗伯特·格雷（Robert Gray）说：“每当你在这些节目中看到媒体宣传时，它总是来自一些令人发指的设计师——我们不制作令人发指的时装。我们不是那个场景的一部分。如果你想创造一种‘时尚’，那就很难创造出一种与众不同的东西。我们做的东西是稳定的，有三种不同的裙子长度，适合女性。我们尽力满足最大的客户群。”

在很长一段时间里，因他们的设计师女儿凯利（Kelly）而加入商界的格雷夫妇并不认为他们的公司是华尔街的候选人。“在我的上市计划中从来没有出现过这种情况，”格雷说：“我们所有的增长都来自内部。我们一直把钱存回自己的公司。我觉得自己开自己的船感觉很好。”

1989 年，格雷夫妇以 5600 万美元的价格将他们圣约翰克纳特 80% 的权益卖给了德国时尚品牌艾斯卡达（Escada），但格雷夫妇仍然继续经营圣约翰克纳特，他们利用这些资金在欧洲和亚洲开设了 17 家精品店。但当艾斯卡达陷入自身的财务困境时，他们在 1993 年 3 月以 1.17 亿美元将圣约翰克纳特剥离到纽约证券交易所，使华尔街陷入一片混乱。

在圣约翰克纳特的首次公开募股前的路演中，格雷并没有像唐纳那样，以时尚业的魅力吸引潜在的投资者。格雷直截了当告诉他的投资者：“我是一个做产品的人，我想做的是销售产品。我们拥有一支具有 35 年经历的团队。我们知道我们在做什么。我们并不是要推销时尚，也不是要重新发明它。我们试图研究投资女性喜欢穿的衣服。”

圣约翰克纳特五年收益增长率（平均每年 31%，销售额增长 24%）令人印象深刻，机构投资者垂涎于更高的收益。格雷知道他可以把更多的商品推出市场，但他要做的是长远的考虑。他目睹了太多的奢侈品牌因为在太多的商店里销售而失去了声望。“我们不会让商品遍布市场。”他说。

但即使是坚如磐石的圣约翰克纳特也应验了那句古老的第七大道格言“你在商店里的表现最多只和上一季一样好”。1998 年春天，这家针织品制造商因设计更复杂、更时尚的服装而陷入困境。吸引年轻女性加入圣约翰克纳特的时尚圈是明智之举，但太多的新款式裙子太短了，这是传统顾客不喜欢的。更让粉丝失望的是圣约翰克纳特的春天系列服装质量参差不齐，如不匹配的染料、弯曲的口袋和松脱的纽扣。公司极度羞愧，从愤怒的零售商那里召回了这些不正常的商品。不出所料，华尔街是无情的，当圣约翰克纳特披露这是五年来第一次无法实现盈利目标时，该公司股价在同一天下跌了 11.5%，降至 39 美元。

1998 年秋季服装市场动荡不定，圣约翰克纳特苦苦挣扎的阿门华迪（Amen Wardy）家居用品部门的其他内部问题也影响了当年剩余时间的收益。股东们还提出了一起令人尴尬的集体诉讼，指控管理层误导了投资者。圣约翰克纳特极力否认诉讼中的指控。1998 年 10 月，当格雷来到纽约，与华尔街的基金经理们交谈时，他明显很不高兴。“你知道，最近有太多的负面报道。”

当圣约翰克纳特挣扎着阐明最近所犯的错误时，我们有理由对它的未来感到乐观。在经历了漫长的稳定运行后，圣约翰克纳特因时尚和生产问题而偏离轨道，撞上了冰山。但这家公司仍在盈利，而且很快就会稳定下来。喜欢这个品牌的女性会很有耐心，至少会有一段时间，因为圣约翰克纳特提供了一种独特的时尚风格。然而，华尔街会让圣约翰克纳特为其错误付出代价，直到该公司再次证明自己，股票才会复苏。

但格雷并没有等到圣约翰克纳特的股票反弹。1998 年 12 月，格雷和他的家人以 5 亿美元的价格收购了他们尚未持有的所有圣约翰公司的股票，此举是为了再次成为一家私营企业——远离华尔街的窥探目光。

很明显，华尔街是一个公平的竞争环境，让所有类型的公司都走上同样的轨道，并期望他们每个季度都能实现业绩增长。20 世纪 90 年代中期，华尔街受到时尚问题的困扰，就像飞蛾扑火一样，这类股票是一个谜，魅力十足，但极不稳定，很有可能失去你的投资。相反，唐纳等时尚公司将华尔街视为一台提款机，却没有考虑到机构投资者本质上是不了解时尚周期的赌徒。每当疲软的服饰类股表现不佳时，所有人都会付出代价，整个时尚类股都会受到冲击。

但这就是华尔街的时尚——坚韧而快速。那些进军华尔街的时尚企业提高了自己的标准，让自己的品牌承受着财务压力，而不是像以往那样，在设计和猜测顾客品位方面面临着日复一日的挑战。上市的时尚公司必须达到财务标准，这一标准与传统上定义的时尚不一致，因为时尚是不可预知的产品。当一家公司走向上市，那就是时尚道路的终结。这意味着为了时尚而穿紧身裤和时装的终结。这意味着只要生产一批批的商品（如 Polo 马球衫、牛仔裤、毛衣和上衣），年复一年地畅销，这样的一致性使莉兹克莱本（Liz Claiborne）、沃纳科（Warnaco）、VF 集团（VF Corp.）等公司的盈利和股价持续上涨。

20 世纪 90 年代中期，莉兹克莱本的销售额达到 22 亿美元的峰值，其股价却跌至每股不到 30 美元。利兹克莱本从民众入手来调查原因，它们花了 100 万美元对 600 多名顾客进行了详尽的市场调查研究，研究对象大多是焦点群体。这项研究是由纽约 Arc Research 在 1995 年和 1996 年进行的。研究聘请了一些心理学家，他们上门拜访女性，查看她们的衣橱，和她们一起购物。利兹克莱本收集了女性在面料、款式、合身程度、配饰和颜色等方面的偏好。这一策略奏效了，因为利兹克莱本公司的销售额和利润在1996年开始再次上升。

但唐纳·卡兰不能放弃时尚。唐纳·卡兰的困境根深蒂固。约翰·伊多尔（John Idol）的大规模重组消除了大部分浪费，但他的计划只是一个脚手架。他无法解决核心问题，那就是唐纳·卡兰自己。她是老派时尚的受害者，多年来，塔基和莫里一直容忍甚至培养她的坏习惯。

当唐纳开始她的个人时尚之旅时，她违背了自己的诺言："从一个女人到另一个女人。"她的粉丝们依赖且易穿的华丽七件套去哪儿了？它被排挤了，取而代之的是"扭曲的降落伞"裙子、棉衣和D系列管状上衣。约翰·伊多尔承诺：唐纳卡兰将为女性提供她们想要的东西。但就像代顿·哈德森（Dayton Hudson）在尝试改造马歇尔菲尔德（Marshall Field）超市时学到的那样，顾客会在你做对的时候告诉你。唐纳的时装屋路途还很遥远，还需要很多的发展来改变自己的处境，而新时代的唐纳还没有发现自己信奉华尔街。

# 第七章 出其不意：卓然

**做时尚，你不必是一个科学家，但你必须会销售，就是这样。**

——卓然（Zoran），1998 年 2 月

## 1

1998 年 11 月 6 日，纽约大学（New York University）举办了一场时尚研讨会，200 名时尚爱好者出席了这次会议。他们的目的是为了迎接奥斯卡·德拉伦塔（Oscar de la Renta），一位来自多明尼加、负责维护美国社会名流和第一夫人希拉里·罗德姆·克林顿（Hillary Rodham Clinton）形象的时装设计师。因他奔波于巴黎的巴尔曼时装秀和他自己在第七大道的秀场之间，德拉伦特不得不在最后 1 分钟取消出席研讨会。纽约服装设计师卓然·拉得可比克（Zoran Ladicorbic）代替他出席了会议。卓然给了现场所有人一剂令人兴奋的时尚刺激，大多出席者当时可能并不知道他卖的衣服比德拉伦塔还要贵。在时尚界，大家都只叫他卓然（Zoran）。牌子的商标中的“Z”是一个醒目的斜线，一个剑客的标志。如果曾经有一个划破时尚界既定秩序的设计师，那人就是卓然。

卓然当天上穿一件宽松的黑色套衫，下着一条西裤，加上灰白色头发和浓密的胡须，看起来就像现代的爱因斯坦。卓然没有发表演讲，而是回答了大家的问题。他阐述了他所崇尚的时尚极简主义风格以及这种风格 20 多年来给他带来的辉煌。他用粗糙的斯拉夫口音滔滔不绝地讲着，一个金发模特在房间走动，展示

了一组他设计的奢侈风格的服装，包括一条纱裙，一件绗缝夹克，一条长裤和一件落地长袍，全部用羊绒、丝绸缎、塔夫绸或羊毛制成。大约 30 分钟后，卓然转向舞台左侧并问模特："你准备好了吗?"她向他走过去，手中提着一个洛杉矶律师们整天携带的零哈里伯顿（Zero Halliburton）公文包。

公文包中包括一组她所展示的服装，每一件都叠得整整齐齐，观众席中立刻一片哗然，唏嘘不已，许多女性都站了起来以便看得更清楚。卓然想出了这个小小的噱头来展示他所谓的"时尚包"。一个"卓然衣箱"，里面装着从白天到晚上需要的穿着——不仅时尚，而且便携，可以装入一个小包里，随时放进飞机的行李架中。

"这有什么大惊小怪的，一点都不实用，"观众中一个女人贸然说："衣服都塞进那个小小的盒子里，肯定会起皱。"卓然反驳说他的精美面料绝不容易起皱，此外他说："女人到达酒店之后，把衣服挂在淋浴间，皱纹就会自然消除。"研讨会结束后，卓然立刻将公文包合上并离开，像是保护着一个重要的机密。

卓然是一个谜一般的人，一个比小说更离奇的时尚生物。他的人生充满色彩，但有时张狂并很难与人相处。他是一个住在纽约的南斯拉夫移民，一个全身毛发比较重的波西米亚人，他有一个绰号"拉斯普丁"（Rasputin），拉斯普丁是 19 世纪神秘的俄罗斯精神导师。卓然确实是另类，他与其他的古怪设计师一起将时尚业发展到今天这样前卫的地步。对于卓然这样的"奇异鸟"，时尚业一直是他的一个避难所，但自然规律注定大多数珍奇异种都是要灭绝的。这些时尚设计师往往华而不实，他们通常会在舞台上迸发出辉煌的时刻，但很快会燃烧殆尽，为下一波年轻的天才创造空间。

卓然的情况并非如此。他虽然古怪，但却很有目的性。他非常规的方式并没有阻止他打造美国最成功的高端时尚企业之一。1976 年卓然推出他的第一个服装系列以来，他一直稳步发展，并在最艰难的行业——昂贵的女性服装上赚了不少钱。卓然是通过自有的方式而不是第七大道的方式而成功。他独特的成功来自两个方面，即对客户的深入了解以及运用适用公司规模的商业方法。

与伊曼纽尔·温加罗（Emanuel Ungaro）用华丽而花哨的饰物装饰起来的"昂贵"高级定制服装相比，卓然设计的时装比较简单，缺乏所谓的"衣架魅力”。在没有剪裁、垫肩或衬里的情况下，这些衣服看上去非常简陋，耷拉在衣架上。例如，卓然的弹性腰带套穿裤子用最好的塔斯马尼亚羊毛制成，每码60美元（一码相当于3英尺，约91.4厘米），该面料市场零售价是他的10倍；或者，一块长长的叠成方形的面料就可以成为一条华丽的价值1000美元的丝绸围裙，一件优雅的半正式礼服的下半部分。但事实证明，卓然那些简洁设计恰到好处，近年来获得了越来越多富裕女性的喜爱。

更重要的是，卓然的经济成就和他的设计成就一样出人意料。从一开始，卓然的衣服就很显眼，因为他们总是卖光。到了20世纪90年代末，和卓然同一时代的人，如卡尔文·克莱恩（Calvin Klein）已经售出了数百万条牛仔裤和内衣（很少售出高级时尚服装），而卓然仍然专注于一款单一的系列，这个简约风格服装系列在90年代达到了时尚的巅峰。萨克斯第五大道（Saks Fifth Avenue）成为卓然主要的批发途径；他的服装系列于1998年在萨克斯55家分店中的20家出售。仅在萨克斯，卓然的销售就已达到了3000万美元，这意味着卓然的销售额超过了其他任何高端设计师的服装。更让人吃惊的是卓然的利润空间，他的时装总是以全价出售，从来没有过打折。卓然在没有降价的情况下取得如此的成功是时尚界的一个反常现象（在萨克斯第五大道，一般情况下不会有超过50%的名牌服装会以全价售出）。

卓然经营着一家堪称典范的时装公司，为大大小小的设计师设立了一个成功的商业模式。他证明了一个细分市场的销售者可以在残酷的市场中生存，在细分市场，富裕女性只购买少数设计师的服装，而且在她们购买时更倾向于降低了价格的服装。卓然的生意是这本书中讲到过其他设计师的完美结合，他拥有其他人的许多优点，并避免了他们的大部分错误。

卓然的名声与财富的确不及德拉伦塔（de la Renta）、布拉斯（Blass）或拉尔夫·劳伦（Ralph Lauren），但他仍是一位千万富翁，他成功地和这一行业的顶级设计师做着相同的事情。秉承阿玛尼的设计精髓，卓然推出了一些高质量的风格简约的服装，散发着有形与无形的高贵品质，满足了他的高级客户的需求。卓然不断重复着同样的风格，使他成为像阿玛尼和盖璞（Gap）这些优秀的重复时尚服装设计师的极端版本。就像早年的唐纳一样，卓然给自己设计了一个公式，该公式围绕着一些衣橱的基本功能。受人尊敬的圣·约翰·克纳特（St. John

Knits）没有向时尚界媒体献艺也没有举办时装秀，卓然也没有。卓然出道后的第19年才在杂志上刊登了他的第一次付费广告，即便如此，他还是以最经济、最低调的方式做广告，与萨克斯第五大道共享着服装市场。

与他的同行们不同的是，卓然坚持把自己的生意保持在小规模，只将他的商品分销给他精选出的最好的零售商。卓然知道他自己的极限，也明白奢侈品的局限性，这些奢侈品的吸引力大部分源于稀缺。这种策略是基于现实的思维游戏。昂贵的服装总会有一个有限的市场。

卓然的专注使他能在最高效率下工作并避免了很多麻烦，他一直抵制住了改变他标志性风格的想法，这为公司节省了数百万美元的研究和设计费用，也避免了让自己像唐纳·卡兰（Donna Karan）那样受到太大的创造性压力。

在时尚界发生的事情也在卓然身上发生，他的生意让人想起了高级定制服装界的传奇叛逆者克里斯托巴·巴伦西亚加（Cristobal Balenciaga）。时尚编辑们经常用“巴伦西亚加自在”来表达他的风格的耐磨性和舒适性，卓然也是如此。

卓然于1947年出生在贝尔格莱德附近的一个富裕家庭里，他的父亲是一名土地拥有者，也是一名银行家。1971年离开南斯拉夫之前，他曾在贝尔格莱德大学学习建筑学，当已移民到长岛的姐姐送给他一张飞往美国的机票后，卓然开始了他的美国旅程。

在纽约，卓然进入了时尚业的快车道。他最先是在一家糖果店检查外套，后来去了设计师皮埃尔·巴尔曼（Pierre Balmain）的麦迪逊大街（Madison Avenue）时装店做服装销售，并与设计师斯科特·巴里（Scott Barrie）合作过。在那些日子里，卓然是一个喜欢穿昂贵衣服、戴拉丁式软呢帽的花花公子，他是一个无忧无虑的派对男孩，每晚都在外面游荡，直到想到下一步要去那里。

1976年，哈尔斯顿（Halston）的圆滑简约风格正在风靡一时，当年卓然想出他自己的基本款配方，最初他以8美元一码的价钱出售真丝双绉（silk crepe de chine）面料。卓然回想起当时他花了100美元购买面料，然后雇用了曼哈顿一家手帕制造商以每件3美元的价格缝制服装。他很幸运地与马里恩·格林伯格（Marion Greenberg）谈成了他的第一个零售订单，马里恩是亨利·本德尔（Henri Bendel）的热情买家，本德尔第一次从马里恩那里购买了40件衣服并很快把它们销售一空，于是他立即订购了更多。卓然声称，他第一年的批发销售额约为4万美元。

格林伯格是卓然早期的一个十分宝贵的赞助商，但两个人在1983年分道扬镳。格林伯格将卓然告上法庭，她起诉称她是卓然生意的口头协议平等合作伙伴，卓然走到如今这步少不了她的努力与付出。纽约州法官最终在1995年驳回了诉讼。

虽然格林伯格有她的贡献，但不可否认的是，卓然更多受益于时尚媒体早期对他的报道。几年来，卓然甚至成为《女装日报》编辑约翰·费尔德森（John Fairchild）最爱的设计师之一，“最初他对卓然印象深刻，”当时担任《女装日报》时尚编辑的本·布兰特利（Ben Brantley）回忆道：“卓然的衣服很上镜。他善于聘用能够让衣服看起来更漂亮的模特，如埃斯米（Esme）和乔西·波林（Josie Borain）。卓然的很多照片上了首页，很多办公室女性也穿起了他的服装。”

但《女装日报》的记者们总是在追求时尚的新奇，而卓然则没有做到这一点，这意味着他不再具有新闻价值。布兰特利回忆说：“费尔德森（Fairchild）对卓然的热情开始退却，开始嘲笑卓然的衣服普通，称其为‘家具套’。费尔德森热爱巴黎高级时装，不认为卓然是一个真正的工匠。费尔德森最终对卓然失去兴趣。”布兰特利说，他回忆起《女装日报》的一个照片布局，模特身着修女服，旁边的标题是“无聊的主席”。最终，卓然从《女装日报》的页面上消失了。在没有自己的公关机制的情况下，卓然不再被媒体报道。

但是卓然并没有为此寝食难安。那时，他已经经营着一个生意兴隆的小生意，所以他不在乎《时尚》和《时尚芭莎》不对他登门拜访。他有他的忠实客户，而卓然如何招揽了这些客户又是一个精彩的故事。

卓然总是选择潜伏在时尚雷达之下，他多次拒绝美国时尚设计师协会（著名的纽约时尚产业贸易集团）对他的邀请。他厌恶时尚界的大型派对、炒作，他称之为“喧嚣”的媚俗之道。他是像嘉宝（Garbo）那样喜欢独处的人，这其实给了他帮助。与第七大道保持距离使他成为了纽约最有神秘感的时尚艺人。大多数人在他周围都会小心，因为他们听说了那些关于卓然古怪脾气的故事，他们不想冒被侮辱的风险，更不想被他拒绝。每当卓然的名字出现时，许多时尚界人士就把他贬为酒鬼和疯子。

“卓然是一个情绪波动很大的人，”布兰特利说：“我看到过他对别人非常友善和慷慨，我也看到过他残忍的一面。他其实并不是刻意去变残忍，但是和别人与众不同，他必须与外界对抗。”

卓然是一只夜猫子，他只要有心爱的斯托里克纳亚伏特加陪伴，每天就可以少睡几个小时。1994 年 11 月的一个深夜，在他曼哈顿住宅下层的陈列室里，卓然举办了他的私人服装沙龙，出席者是一些朋友及客户，大多数人都穿着他设计的衣服。当话题转到头发上时，明尼阿波利斯的一位买家苏珊娜·奥伦斯坦（Suzanne Orenstein）漫不经心地问卓然，她是否应该继续让她齐肩的头发增长，卓然讨厌女人留长发，所以她知道他会说什么。

“不!”卓然爆发了：“现在你需要剪短它”。他从椅子上跳了起来，留下一缕万宝路烟雾，并消失在长长的白色墙后。不一会儿，卓然带着两把巨大的织布剪刀回来了，他从附近的一张桌子上一把抓起桌布，把它放在奥伦斯坦周围，在烛光下，卓然开始剪起她的头发。卓然并没有喝醉，当他剪到她的脖子时，他放慢了速度。“卓然总是在剪别人的头发，他也曾给我剪过一次。”一位女子说。

十分钟后，卓然剪完了。奥伦斯坦抓起了一面手镜检查她的与耳齐平的头发，有点点偏斜，但她的头发看起来好多了。她笑着给了卓然一个大大的拥抱，每个人都鼓了掌。可她为什么让他这么做？奥伦斯坦坚持说她从来没有对卓然起疑心。“他想这么做，”她说：“我知道他意志坚定，我对他有信心。”

有一个晚上，在布鲁克林的彼得鲁格餐厅吃完牛排晚餐几小时后，恶作剧在卓然心里开始发作。那顿晚餐是为了给他新闻界少有的朋友兼《名利场》的时尚作家凯茜·霍恩（Cathy Horyn）庆祝生日。他们在凌晨两点左右走进曼哈顿下城的一家酒吧，虽然霍恩说她准备回家了，但卓然不想。他一边说着再喝最后一轮酒，一边又点燃了另一支万宝路。

酒吧里疲惫的客人并不知道卓然是谁。这个看起来无家可归的家伙是谁？为什么他不能安静地坐着？他为什么不闭嘴？卓然把注意力转移到两个城市环卫工人身上，他们把垃圾车停在外面后，现在正坐在酒吧里。

“我想你们开垃圾车把她带回酒店。”他用他那刺耳的、浓重的口音说道。

环卫工人头也没抬。卓然继续坚持：“我想让凯茜坐你们的垃圾车，”他把手伸进口袋，掏出一张崭新的100美元钞票："为了她的生日。"

过了一会儿，凯茜在大街上向卓然挥手告别，她坐在卡车司机旁，那人在她记忆里"非常可爱，非常英俊"。当白色的卡车驶过寂静的街道开向温德汉姆酒店时，凯茜感到很开心，但也有点伤感。"我真希望有人看到我从卡车里走出来。"

当卓然贪玩的时候，激情与幽默能概括他这个人，有时他也很有心计。女演员劳伦·赫顿（Lauren Hutton）回忆起她在80年代初在卓然工作室的那个晚上，当时她不久就要出席主持奥斯卡颁奖典礼。"我告诉他我打算穿这条蓬松的红色哈斯通裙。"赫顿说，卓然走到一堆衣服前，拿出了一些他设计的衣服，"看看这个怎么样"。他说道。

"那是一条精美的金色材质的长款四角裤，搭配一条运动衫上衣。他说，'我认为这看起来更好'。"赫顿记得："然后我就穿上了它。"

在一片身着华丽服装的人群中，赫顿穿着显得非常简单，然而在舞台上她却光彩照人。她的奥斯卡时尚秀的照片出现在许多出版物中。"当我回到家时，人们不停地给我打电话，我收到了许多关于我穿的衣服的留言。"她回忆道。卓然也接到了一些朋友的电话，他们在电视上认出了那是他设计的衣服。在阿玛尼征服奥斯卡很久之前，卓然就已经做到了。

然而在卓然咆哮而冷漠的外表下却有着一颗对时尚界敏感的心，但他不断追踪时尚圈内的纷繁复杂的人物和潮流。他每天都打很多电话，与他圈子里的亲密客户、买家和一些时尚编辑闲聊。卓然的朋友们常常惊讶他怎么知道那么多内部消息。通常，卓然总是最先告诉他们唐纳·卡兰（Donna Karan）的股票价格什么时候会下跌，或者谁在阿玛尼最近的商店开幕式上露过面。

在经营他的生意时，卓然就像狐狸一样疯狂。在昂贵服装的世界中，卓然已经掌握了营销奢侈时尚服装的艺术，这是一种最能赚钱的艺术。他在没有附带生意的前提下完成这个任务，他没有推出任何卓然香水、牛仔裤或手袋，没有像布拉斯（Blass）这种设计师那样整日推出杂项，为了弥补他们从顶级服装设计中赚不到的钱。

卓然的成功是时尚终结的一个例证。他证明了高级时尚依然存在，但在一个其实早已过时的新的高级时尚定义下，即回到了巴伦西亚加（Balenciaga）时代，高级时装屋规模小而精致。卓然通过专注于自己的细分市场，而且不贪心，确保了他的公司在十多年的时间里稳步增长盈利。20 世纪 90 年代是卓然生意最火爆的时期，他的业务发展迅速，突然之间，越来越多的富裕女性对卓然的简约休闲风格产生了兴趣。

卓然的富有建立在最基本的方法之上，他的时尚配方的本质就是一个顶级 Gap——T 恤、上衣、长袍、裤子、裙子、宽松直筒连衣裙和宽松的夹克。这些衣服是你只要穿上就行，不需要任何装饰和紧固件，没有拉链，没有纽扣。所有服装都只有一个尺寸，而且总是用最好的面料。喜欢从 Gap 买 50 美元一件宽松棉质毛衣的女士们，终于可以买到卓然设计的最佳经典款，用最昂贵的棉布制成，售价约 600 美元，或者用四层羊绒制成，售价 1200 美元。这是一种匿名的、有点单调的、对势力最强大最富有的人很有吸引力的一种奢侈品。女士们每年花 3 万美元购买卓然奢侈品服装是很常见的。1992 年，在《名利场》杂志中，本·布兰特利（Ben Brantley）在描述卓然的一篇文章中写道："他们对便宜而俗艳的服装毫不掩饰地不屑一顾，这或许也是他们最自命不凡的着装。"

他的时装也是最性感的。有趣的是，卓然的宽松、不显露的风格对有些男人能带来刺激感。有一次，布兰特利（Brantley）惊讶地观察到一群男人如何对一位穿着卓然的女士做出反应。"有一种女性吸引力从她身上泛出，使男人们为他痴迷。我认为一部分的吸引力是因为这些衣服看起来会很容易滑落。"

卓然想让每个人都认为他从一开始就已经想好了他的成功之策，但他并不那么精明，他只是固执。他喜欢简单朴素的衣服，他觉得没有理由每一季都换不同款式的衣服。事实证明这是一个绝妙的商业策略。卓然的经典款式为他建立了一个消费群体，有效地将他的标签变成了一个强有力的商标。

时尚界的"拉斯普丁"卓然也是一位大师，他向他最忠实的客户灌输恐惧、尊重和坚定不移的忠诚，大约有 100 名女性被称为卓然追随者，她们是他最忠实的信徒。这些女士结队参观卓然在市中心的展厅，首先参观了在沙利文街（Sullivan Street）的展厅，然后参观了钱伯斯街（Chambers）的展厅。她们还去拜访了卓然，卓然告诉她们需要穿什么衣服（当然是他自己设计的衣服），在卓然允许她们照镜子之前，她们就在他的面前试穿，"我是你的两只眼睛，我告诉你什么好看。”他说。

卓然对女性的评价非常坦率。如果有人太胖或衣服太紧时，他总是会指出来。当卓然看到一位喜欢穿短而紧的衣服的记者时说：“你穿着看起来像个荡妇。”短而不用打理的发型是卓然喜欢的发型，这就是为什么他如此开心地为别人剪一个俏皮的短发头。他告诉他的追随者把多余的装饰品卸下来，包括她们的围巾和腰带，省下的钱给佣人们买点好东西。

卓然对鞋子要求也很严格，他禁止女人穿细高跟鞋和露背鞋。“女人应该像男人一样。”他说。当然他的建议一般都是些可以搭配他设计的衣服的鞋，如他自己400美元的高鞋舌仿麂皮休闲鞋。他说：“没有什么比一个不需要考虑自己将要穿什么衣服的女人更时髦的了。我不会去说服她们穿简单朴素的衣服，你要明白你应该穿什么，否则我不卖给你。”

听起来有点像是个邪教，不是吗？但是卓然追随者们说：她们粗鲁的领袖没有对她们洗脑，他只是简单地清理了一下她们的时尚感，并增强了她们自己的个人风格。“卓然有一副难以置信的眼睛，对穿衣的比例感非常强，他可以只看你一眼就能告诉你穿什么适合你。”前华盛顿说客安·弗里（Ann Free）这样说，她在1985年买下了她的第一件卓然品牌的衣服。“这些都非常朴素并被低估的衣服。一旦你睁开眼睛并熟悉了他的方法，你就会感到简单而朴实，这就给了你真正的自信。随着女性年龄的增长，她们会变得更聪明。你会找到适合自己的风格。一旦你到了那一步，那真的就毫不费力了。”

像巴伦西亚加一样，卓然很久以前就发现了那些昂贵衣服的真正顾客——35岁以上的富有女性，那些努力工作并积极社交的人不会是时尚的受害者。同样地，卓然的风格让成熟女人感到受宠若惊：没有任何东西是紧绷的或贴身的。他设计的短裙和裤子腰部都是有弹性的，他的长裙、夹克和宽松的外套在一个女人走路时显得格外优雅。

和阿玛尼一样，卓然也有他的一些著名客户，如格洛丽亚·范德比尔特（Gloria Vanderbilt）、坎迪斯·伯根（Candice Bergen）、黛安·冯·芙丝汀宝（Diane von Furstenberg）、劳伦·巴卡尔（Lauren Bacall）、伊莎贝拉·罗西里尼（Isabella Rossellini）、约旦的努尔王后（Queen Noor of Jordan）、伊丽莎白·泰勒（Elizabeth Taylor），以及已故的杰奎琳·奥纳西斯（Jacqueline Onassis）。杰奎琳

在亨利本德尔卓然服装店购买了她的第一件卓然服装，但从未见过卓然本人。

但名人并不是卓然最喜欢的顾客。明星们需要进行高度维护，这对他来说太麻烦了。卓然喜欢坐在他的宝座上等待女人寻找他，而不是追逐她们。他不会拍任何人马屁，除了少数例外，他从未给明星们赠送她们期待的服装。他厉声说："如果她们想穿我设计的衣服，就像伊丽莎白·泰勒那样，自己去萨克斯买。"

比起明星们，卓然对他白手起家的百万富翁邻居印象更深刻。她是一位优雅、低调的着装者，她就是花旗集团（Citicorp）的执行副总裁罗伯塔·阿雷纳（Roberta Arena）。从20世纪80年代中期开始，罗伯塔就成为了一个狂热的卓然追随者，她留着短发，身材苗条。她拥有数百件卓然设计的衣服，她提供的每种面料中都有她最喜欢的款式，还有Gap的几件毛衣她也很喜欢。她经常搭机外出，经历了数十万英里的商务旅行。她经常带着一个装满卓然衣服的手袋，里面的衣服够她参加两个星期的董事会、晚宴和鸡尾酒会。她和卓然相处也很融洽。他们平常在佛罗里达的那不勒斯聚会，在那里他们都有度假屋。

另一位卓然的长期粉丝是畅销书作家南希·弗莱德（Nancy Friday），她在她的书中提到过她最喜欢的卓然服装。在她1996年出版的书《美丽的力量》（*The Power of Beauty*）封面上，她穿着一件黑色的高领毛衣和一条裤子，都是卓然设计的服装。南希说："我觉得穿上卓然衣服后能让我看起来最出彩。"南希身高178厘米，留着短短的金发。她说他穿卓然服装不是为了融入群体，而是为了脱颖而出。"卓然的衣服很普通，就像毕加索的线条画一般，真是优雅完美。我的一些卓然服装已经20多年，但我还总是穿它们。"南希和她的丈夫、时代公司（Time Inc.）主编诺曼·佩尔斯廷（Norman Pearlstine）在卓然市中心的工作室里共享过鸡尾酒。她会在那里慢慢欣赏一件又一件卓然设计的服装。

当然，卓然的古怪性格使人们对他更加好奇。他虽然为好多女士都剪过头发。但绝大多数他的客户还是没有过这种待遇。一位来自本德尔的客户每年都在卓然服装室花费3万~4万美元，终于才在10年后的1996年与这位设计师会面。

时尚潮流一直是时代的标志。卓然在20世纪90年代后期的崛起是因为更多富有的女性放弃了80年代有大量装饰的服装，重塑自己严肃的形象。"她们正在把购买的物品和自身形象分开。这些女性不需要用昂贵的珠宝来证明自己的价值。"纽约管理顾问史蒂夫·巴奈特（Steve Barnett）说。史蒂夫的客户包括很多国际奢侈品营销商。

因此，卓然高度细致的“狗哨时尚”召唤出了那些可以从很远就能辨别出价值 2200 美元的羊绒开衫和其他任何毛皮一样珍贵的女人。史蒂夫说：“识别它的群体越小，它就越奢华。”

卓然自命不凡的吸引力和威望经久不衰，是因为他看到了长期保持小型化的优点。他从未忘记当著名极简主义者哈尔斯顿在 70 年代变得贪婪并向杰西潘妮（JCPenney）推出了廉价的哈尔斯顿Ⅲ系列后发生的事。托尼·波道夫·古德曼（tony Bergdorf Goodman）立即抛弃了哈尔斯顿的时装系列，金色的哈尔斯顿商标隔夜便开始变质。卓然没有重蹈覆辙，他敏锐地意识到他的简单公式的局限性，如果尝试将它拉得太远，随之而来的就是灾难。

事实上，卓然已经目睹过这样的崩溃。1987 年，一位雄心勃勃的年轻的达拉斯设计师桑德拉·加勒特（Sandra Garratt）推出了“多样”（Multiples）系列，这是一套廉价的涤棉针织运动服，成为 80 年代流行趋势中最热门的品牌，被称为“模块化”着装。

“多样”系列的“连点”概念非常简单且经济实惠：只要 200 美元，女性就可以买到包括裤子、衬衫、裙子、连衣裤等 24 件服装系列中的几件，并搭配出自己的时尚、多功能衣柜。每一件都只有一个尺寸，装在一个塑料袋子里，里面有一张图纸交女性尝试混合搭配，这很容易做到。

事实证明，“多样”系列也是抄袭卓然的，至少卓然是这样认为的。他认为桑德拉并不是一位创造力非凡的天才，她其实是卓然的一位前雇员，打了几个月工后便辞职了。桑德拉一直坚持说，在卓然开业前几年，她已经构思出了模块化服装。早在 1974 年，在洛杉矶时装学院（Los Angeles Fashion Institute of Design and Business），桑德拉便获得了“最有前途明星”学生奖，她的获奖项目是针织运动服系列。桑德拉说，卓然当时正是因为她的作品而雇用了她。

在 20 世纪 80 年代后期，桑德拉成为了聚光灯下的焦点，而卓然却坐到了一边。桑德拉设计“多样”系列后的第一年便从其销售额 1 亿美元中获得了 200 万美元的专利使用费。卓然却认为“多样”系列的风光只会是昙花一现，很快就会淡出人们的视线。这是一个合理的猜测。时尚噱头往往都不会长久，“多样”系列也不例外。事实上，“多样”系列的针织衫在几次机洗之后就几乎不能再穿，这个问题导致许多早期的狂热者不愿再购买更多产品。

此外，“多样”系列的理念很容易执行，以至于很容易被别人抄袭。“多元素”（Elements）系列、“交换”（Switches）系列和“联合”（Linkup）系列品牌就是几个例子。具有讽刺意味的是，“多样”系列品牌的最大竞争对手是桑德拉自己创立的Units品牌。1986年，在风险投资伙伴的帮助下，桑德拉成立了此子公司。但是几个月后，桑德拉便和她的保险公司分道扬镳，后者保留了对Units品牌的控制权。他们后来把这个牌子卖给了杰西潘尼（J. C. Penney），而杰西潘尼将其拓展成了由200个连锁店组成的精品连锁店。

几个月后，达拉斯服装制造商杰勒尔（Jerrell Inc.）向桑德拉提供了一份授权协议，建立了一个和Units品牌类似的公司。“多样”系列品牌就这样诞生了。但在经历了一年的成功销售后，桑德拉起诉了杰勒尔，声称杰勒尔自己旗下的仿冒品正在损害她的业务。在法院的和解协议下桑德拉只剩下13万美元，到1989年10月，她便已破产。Units品牌运营到1994年才最终倒闭。

卓然很高兴地叙述了“多样”系列的短暂成功与最终的失败，用此强调他对市场的了解，最终还是他笑到最后。卓然解释说：“我知道如果我做便宜的衣服，短期内就能赚大钱，但我的眼光是长远的。”要想年复一年地控制高级定制时装的价格，唯一的办法就是像卓然那样，保持独家性，保持最高的质量，并设计出女性想要的风格。

当一家时装公司像卓然一样，一次性完成几十组而不是上千组订单时，质量就更容易维持。卓然的女裁缝们手工裁剪每件服装，然后用机器把边缘完美的直线缝合起来。最后轻轻地放上他的签名标签，这使标签很容易被移除（假如它不自己先掉下）。这其实是卓然故意的，因为正如他喜欢说的：“标签毁掉衣服。”但这一决定后来也为他带来了麻烦。当联邦贸易委员会确定卓然衣服上缺少正规织物标签时，在不承认或否认罪行的情况下，卓然于1998年支付了14000美元与联邦贸易委员会和解。然后，他便开始在衣服上贴上“只干洗”的标签。

谈到天然材料，卓然是一位纯粹主义者。他拒绝使用阿玛尼等设计师们青睐的新型高科技合成材料。“我的客户期待最好的面料，必须百分之百无合成。”

当卓然的追随者们为他的重磅“双层乔其纱”丝绸付出高昂的价格时，她们自己也不希望看到自己不停地在卓然服装和其他品牌服装之间来回切换。卓然很明智，他只生产少量的服装。女人们不可能轻易地走进诺德斯特姆（Nordstrom）或罗德与泰勒（Lord & Taylor）购物中心随便买几件卓然。美国只有萨克斯（Saks）精品百货店销售卓然。1999 年秋天，内曼马库斯（Neiman Marcus）百货店成为了第二家。

卓然在全球只和大约 60 家零售店做生意，通常每个城市都不会超过一家专卖店。在整个纽约州，卓然服装只在曼哈顿可以买到，而且只在两家商店出售——萨克斯第五大道（Saks Fifth Avenue）和波道夫古德曼（Bergdorf Goodman）百货店，波道夫古德曼代替了原来的亨利邦杜（Henri Bendel）。萨克斯和波道夫古德曼两家店业务都不忙，对于这两家商店来说，平均一天之内可以卖出 4 万美元左右的卓然。

这种影响力让卓然在零售客户面前占了上风，他把商品运送到商店，不一定是在他们要订单的时候，而是在他认为会卖掉的时候。零售商时常要求设计师们早早交付季节性时尚服装，如在 12 月就交付春季服装，而这个时候顾客们往往还在购买冬季服装。卓然认为这很荒谬，他拒绝这样做。他在 7 月中旬才会运亚麻衣服去给零售商，这个时候夏季商品价格往往被商家下调 50%，但由于他的零售商直到季末才会对亚麻衣服打折，这样卓然就不用担心衣服什么时候卖出。尽管如此，这些衣服经常很快被一抢而空。

## 2

早在 1983 年，卓然还在靠更多零售商的小额订单赚钱时，有一天他突然发怒，并且取消了那些他认为在出售仿品的零售商，如波道夫古德曼和萨克斯以及旧金山的爱马格宁（I. Magnin）百货商店。

琳达·德累斯顿（Linda Dresner）在公园大道（Park Avenue）和密歇根州伯明翰（Birmingham）经营着多家精品店。在与卓然合作八年取得了巨大成功后，琳达决定放弃与卓然合作。讽刺的是，她放弃合作的原因便是女人买卓然的原因，她说："我们的销售业绩不佳，因为卓然老是做同样的衣服，我们的客户需要更多的改变。"她还对卓然对女性的粗鲁表示愤怒："卓然对人有时非常粗鲁，他会告诉她们去减肥。我猜这些人喜欢被侮辱，但我觉得这样也太过分了。”

尽管卓然如此专横，他仍然满足了芝加哥的阿尔蒂莫（Ultimo）精品店。阿尔蒂莫与卓然20年的商业关系在20世纪90年代后期发展成每年200万美元的生意。由于卓然亲自跟踪他所有零售商的销售情况（商店每天给他发传真报告），他可以巧妙熟练地满足阿尔蒂莫的管理者琼·温斯坦（Joan Weinstein）的需求。琼认为卓然“比任何人都更了解他自己的产品”。

多年来，琼自己也转变成了卓然追随者，她95%的时间都穿着卓然品牌服装。金发碧眼的琼长得像法国国宝级女演员珍妮·莫罗（Jeanne Moreau），她通常以自己的风格穿黑色或木炭色的卓然服装，如把一件丝绸上衣不对称地搭在肩上或系在腰间。她还把成堆的朱砂手镯堆在每个手腕上（这是卓然忽略的商业机会——配饰）。“卓然的品牌涵盖了所有的基础服装，”琼说：“你可以穿着性感，也可以看起来年轻，卓然服装让每个人看起来都不一样。”

长期以来，卓然也保护着阿尔蒂莫在当地的垄断地位，卓然很多年从不卖货给芝加哥的其他商店，直到1998年，卓然终于软化了态度，在芝加哥增加了萨克斯。琼对此并不满意，但她也没有抱怨，因为她的卓然生意仍然很稳定。

卓然的同尺寸概念并不像一件适合所有人的超大T恤那么简单。他只有布裙是同一尺寸，其他的款式迎合了不同的体型，“紧身裤”（skinny pant）适合4～6码的尺寸，“常规裤”（regular pant）适合10码，“睡衣裤”（pajama pant）适合10～14码。他的“方形上衣”（square top）也是如此，有四五个不同的轮廓。

减少尺寸类型只是卓然简化业务并降低成本的一种方式。大多数时装公司花了数百万美元制作样品来准备每一个服装系列，卓然在这方面的花费是0。他的女裁缝们一直用着同样的图案设计图纸，有些因为太旧了，只能用发黄的胶带粘在一起。每当卓然有创意的时候，他就会想到新的形状和布料，并紧张地扭着自己的胡子。有一次他决定把袖子缩短几英寸，他直接走过去叫女裁缝按照他的要求进行更改。

卓然举着一款他1976年版的束腰上衣与旁边1995年的款式进行对比，两者看上去没有区别，他说“不同之处就是我关上了侧边的衣缝”。经过多年衣缝的开放和缝合以及在面料上的转变，卓然说他的服装系列提供了无限的样式，超过

25000个组合，足以让他的粉丝们着迷，并去收集他服装主题的最新变化。

但设计仍然面临着挑战和坎坷，具体来说，就是寻找能够提供卓然所需要珍贵面料的工厂，让他的简单外形流行起来。如今，很难找到他过去喜欢的100美元一码的布料，即便是巴黎顶级设计师也不再大量订购这种布料了。因此，在意大利和瑞士，卓然多年来所依赖的许多最好的工厂已经关闭，或者已经停止生产他需要的面料。

卓然不是纯粹时尚，他是在卖极好的面料，他的客户知道这一点。一些粉丝甚至把她们的旧卓然服装带到当地的裁缝店那里按样新裁。“但它们不一样，因为你买不到这些面料。”安·弗里（Ann Free）说。

退出12年后，卓然在1993年同意返回萨克斯第五大道百货店。萨克斯很快成为他最大的客户。萨克斯董事长菲利普·米勒（Philip Miller）指派资深买家琼·霍恩（June Horne）与卓然联系合作事宜。菲利普明确表示，他希望霍恩能与这位难缠的设计师达成合作，因为萨克斯规划了一个很大的卓然服装计划。霍恩回忆说她当时很焦虑：“我听说过他的所有故事。”

1995年，琼·霍恩第一次来到卓然位于钱伯斯街的总部，那是在位于12层的一个巨大阁楼里，是一个设计工作室和工厂。一堵长长的白墙把房间一分为二。工厂一侧塞满了布匹，一个长胶合板裁剪台，十几个裁缝用的缝纫机。另一边是一片空地，几乎空无一人，只有一排又一排的成衣按颜色排列，大多是黑色的。

琼在日落时就到了，当时卓然“正背靠墙坐着，看着他的轮廓和胡须，我想，天哪，他就像上帝一样坐在那里。他让我想起了美国著名歌星兼词作者杰里·加西亚（Jerry Garcia）”。她回忆道。

琼带着宝丽来（Polaroid）相机和订货单，准备好了与卓然谈生意。但是在五点钟的时候，卓然才刚刚坐下来吃了一顿三文鱼和意大利面午餐，后来就喝着斯托力伏特加（Stoli）和香槟。霍恩待了3个小时，除了卓然的服装以外，他们什么都讨论过了。琼说：“尽管他靠在那面墙上一直盯着我看，但我们的对话妙语如珠，很生动有趣。我们聊得很投机，我记得我们就政治问题还展开了一场激烈的争论。”

几周后，在三四次这样的聚会之后，琼终于抽出时间来写萨克斯的订单了。她起初的期望是与助理一起完成文书工作，但卓然却坐在她旁边告诉她应该买什么。“我从来没有见过任何一个设计师每天都如此关注这一行，他对每一个细节都了如指掌。”

当然，卓然的态度经常非常强硬，咄咄逼人。他坚持要在四月把羊驼毛服装送到萨克斯，尽管琼告诉他不要这么做。他寄给商店的每件价值 2000 美元的 20 件羊驼夹克“一下就卖光了”，她证实道。1997 年 12 月，卓然同意在棕榈海滩（Palm Beach）与萨克斯的购物者们见面，并将一些时尚建议分享给购物者，他平常都不会这样做。“如果你和顾客在一起的时间最多只有五分钟，那么你对客户毫无帮助。”他说。

卓然拒绝透露他的利润，但是考虑到他的低开销和节俭习惯，他显然赚了大钱。他的业务和他的时装一样都非常简单明了。所有的服装都是由在纽约和米兰的大约 30 名员工在公司内部生产的，只有毛衣是由米兰附近的外部承包商织的。不做裁缝的普通雇员会担任许多零工。以前在一家餐厅当过服务员的裘德·戈尔丁（Jude Goldin），现在是卓然纽约办事处的负责人。即使如此，戈尔丁仍然有时扮演服务员的角色，每次卓然粉丝前来的时候，他都会给大家端上斯托力酒和香槟。

卓然发现许多省钱的办法。1997 年，他离开钱伯斯街的阁楼，把工厂搬到了附近联排别墅的车库。所以，当女裁缝们在底层车库辛勤劳作时，卓然把二楼变成了他的陈列室，与粉丝交流，把第三层当作了他的私人住所。女裁缝们很是喜欢她们新的车库工厂，因为这里有空调，而钱伯斯街的工作室没有。卓然说：“我是欧洲人，有没有空调问题不大。”

确实，节俭是卓然的格言，他从来不会花钱享受。这位时尚大师自己剪自己的头发，每天都穿同一套衣服——一件在沃尔玛买的白色 T 恤，他自己工作室制作的黑色或土黄色裤子，还有科尔哈恩（Cole - Haan）黑色皮鞋，不穿袜子。有一次他在 Old Navy 商店看见一件 19 美元的黑色尼龙风衣，很是喜欢，便为自己买了一打。卓然平时不是在曼哈顿走路就是乘出租车，当他去米兰或佛罗里达旅行时，他总是乘坐长途汽车。

为了保持他对建筑的热爱，卓然多年来买卖过好几套房子。除了他的翠贝卡

（TriBeCa）联排别墅，他在南卡罗莱纳州的查尔斯顿拥有一栋1831年的种植庄园，还在佛罗里达州的那不勒斯拥有一处海景房。

没有秘书和设计助理，卓然可以很好地管理他的生意，但他明白他不能没有一位优秀的首席执行官。另一个显示他商业头脑的迹象是，卓然并没有在第七大道找到自己的首席执行官，而是在华尔街找到了，他就是加里·加列伯格（Gary Galleberg）。加里曾是华尔街顶级律师事务所克拉瓦斯（Cravath，Swaine & Moore）的律师兼并购助理。加里出生于1957年，他长相英俊且彬彬有礼，是那种能够成功经营任何类型生意的人。加里也很谦虚而朴素，而且是个谨慎的冒险家，他平常会穿着Polo衫和Zoran Chinos鞋，经常和他在一起的是他的一条名叫雷德（Red）的罗得西亚脊背犬（Rhodesian Ridgeback）。

卓然和加里是1985年在市中心的一家酒吧喝酒时偶然遇到的。在他们成为朋友后，卓然在1988年邀请加里为他工作。“我对经营小企业的挑战很感兴趣，”加里回忆道：“我对时尚一无所知，但这对我来说无所谓。我来的时候，公司的状况已经很好了。这是一家拥有良好品牌的公司，我认为参与其中会很有趣。”

加里就这样成为了卓然的第一任首席执行官。他把公司的账簿电子化了，并成为了股票市场的积极投资者，他掌管着自己和卓然的两份投资组合。到20世纪90年代末，加里已经有着相当于高级律师合伙人的薪水，但既不需要超时工作，也不用理会乏味的规章制度。

卓然为公司提供了创造性的大脑，而加里为公司提供了动力。他来得正是时候，在80年代末卓然生意的销量猛增，文书工作开始占用卓然太多的时间。加里喜欢公司严肃认真而利润丰厚的业务。“企业最困难的部分是控制增长。”加里说。1995～1997年，卓然与萨克斯的生意翻了一番。“公司的人手没有增加却做着比以前繁忙很多的工作，”加里说：“除了裁缝，我们没有增加任何高级助理，所以我们正在努力提高工作效率，这需要更多的协调。”

加里对自己不用费心协调卓然讨厌的时装秀感到欣慰，“我一直认为时装秀是在浪费时间，因为买家是在展示厅下订单，而不是在秀场上”。卓然说。

一年有那么一两次，卓然会有举办小型时尚晚会的冲动。他在陈列室里会举办大约100位客人的晚宴，他会让几位模特在现场展示服装。1995年3月，卓然在米兰时装周开始时在当地举办了这样的晚宴，当时乔治·阿玛尼和詹尼·范思哲等设计师正在进行自己的大型时装秀。卓然在比菲斯卡拉（Biffi Scala）举行的150人晚宴是为了他挑选的意大利富有客户举办的，这些客户包括他所称的“女伯爵（contessas）和女侯爵（marquessas）”，都是顶级客户以及一些时尚媒体和欧洲精品店的老板，包括米兰的玛丽莎（Marisa）和普皮·索拉里（Pupi Solari），都是他最大的客户。

卓然几乎不需要招募他那晚雇用的三个模特。他的客人们就是一个行走的卓然时装秀。雍容华贵的意大利女人身穿她们得意的卓然服装参加了晚会，以不同搭配展示出他设计的无穷尽，有人的着装是他喜欢的无任何其他配饰的方式，也有人还配饰了古董耳环和珍珠项链，这是大多数意大利人喜欢的方式。

帮助卓然主持晚宴的是米雷尔拉·佩蒂尼·哈吉格（Mirella Pettini Haggiag）——一位引人注目的意大利社交名媛，米雷尔拉穿着卓然服装并戴着华丽的配饰品。米雷尔拉是卓然的幸运发现之一，曾为瓦伦蒂诺（Valentino）工作过的米雷尔拉是意大利社交圈子里的常客。她的电影制作人丈夫罗伯特·哈格加（Roberto Haggiag）在罗马、米兰、威尼斯和纽约都有自己的公司。

晚饭前，卓然把一长排衣服拉了进来，并为模特们搭建了一个临时的更衣室——餐厅吧台前的一个折叠屏风。当客人们享用完提拉米苏（tiramisu）蛋糕和意式浓缩咖啡时，卓然从架子上拿下几样衣服并递给他的助手，他的助手让模特穿上那些衣服。卓然穿着一件宽松的黑色毛衣，护送每个模特穿过餐厅。著名的意大利建筑师帕瑞特·加埃·奥伦提（Purred Gae Aulenti）表示：“衣服剪裁太棒了。”晚餐结束时，客人们走向衣架，开始筛选衣服。卓然却赶走了他们，但邀请他们到他的米兰陈列室来，许多人在接下来的几周都应邀赴约。

卓然的小牛肉和意大利烩饭派对的费用约为1万美元，远低于设计师通常在时装秀上花费的50万美元。同一周晚些时候，阿玛尼和他的特许经营商花了近100万美元举办了一场正式的时尚秀晚宴和迪斯科舞会。

当卓然在春天去米兰旅行时，他通常会在3月7日生日那天待在米兰，他喜欢做一些小小的庆祝晚宴。在成功的晚宴过后，卓然决定在比菲斯卡拉（Biff Scala）餐馆与其他六个人开一个生日聚会。但是，他并没有在角落里预订一个舒适的长椅，因为在那里他很可能会被认出来，而是提出了一个特别的要求。“厨房可以吗？”他问经理。“厨房是餐馆里最时髦的地方。”他解释道。

20 世纪 70 年代末，厨房餐饮在意大利变得流行起来，当时针对超级英雄团队“红色旅”（Red Brigade）的恐怖行为十分普遍。当时，许多富人和政客都不喜欢在餐馆就餐，他们担心自己会像教父一样，在吃一盘意大利面时被枪杀。因此，几家意大利高级餐馆允许他们最特殊的顾客在厨房里隐身用餐。因此，餐厅厨房在意大利成了逆向时尚的高地，在那里不仅可以避开危险，而且刺激迷人。

卓然喜欢这种东西。比菲斯卡拉的厨房地下室里，这是一个舒适的地方，在那里，急匆匆的厨师们干活都能一览无余。一个侍者为卓然准备了一张桌子，桌子周围放着小凳子。在本周早些时候的豪华派对之后，卓然喝着他的伏特加，为不用扮演慷慨的招待人而松了一口气。

但不完全是这样。通心粉正吃了一半，一个当地电视台的摄制组和一个米兰的社会名流匆匆来找卓然。社会名流正好那个时候走了进来，并称赞了那个穿着深蓝色塔夫绸和天鹅绒卓然服装的女人。“你看起来很棒。”他说。

闪光灯突然亮了，摄像机开始转个不停。“我们就在楼下的比菲斯卡拉厨房里，和著名的卓然在一起，”记者用浓重口音开始采访，一个麦克风伸向卓然：“请告诉我们你平时做什么。”他问道。当时正在吸烟的卓然并没有退缩：“我平时做时尚。”然后，记者又问了加里同样的问题。“我为他工作。”加里面无表情地说。

## 3

1997 年的夏天，卓然感觉有点不安，但是他确实很想改变一下。他准备重新推出他的签名绒面皮鞋，这是几年前他已停止生产的产品。他还想设计他的第一款手袋。

但是卓然真正在想的是扩张他的品牌，甚至可能是购买一个现有的时尚品牌。他想不出比美国顶级时装品牌之一——比尔·布拉斯（Bill Blass）更合适的了。

温文尔雅的比尔这时 75 岁，他是第七大道最杰出的设计师兼政治家，也是一位慈善家，曾向纽约公共图书馆捐赠了 1000 万美元。比尔的高级定制时装系列大部分都是在大卖场销售的，而且多年来都没有盈利。但是布比尔有一棵摇钱树，一个非常有价值的由 40 个许可人组成的人际网络，这些人帮他制作了床单、香水、牛仔裤和男装。卓然说加里可能会进一步利用这些被许可方，而他将更新比尔的高级定制生产线。“比尔和我有同样的客户。”卓然说，他指的是他的一些社交名流客户。

1996 年一个寒冷的夜晚，在林肯中心举行的美国时尚设计师协会（CFDA）时尚颁奖典礼上，卓然遇到了比尔。卓然穿着一件尼龙风衣瑟瑟发抖，在外面站在曾跟踪过杰奎琳·奥纳西斯（Jacqueline Onassis）的著名跟踪者罗恩·加拉的边上，旁边还有其他记者。他们在等待米克·贾格尔（Mick Jagger）和其他名人离开派对。卓然差点被警察带走，因为他吸引了一群无家可归的人，他们看着卓然把 20 美元钞票分发给其他街头的人。一名警察试图阻止卓然，他们发生了争吵。

比尔这时突然出现了，手里拿着他一生在时尚界取得的成就——CFDA 颁发的银质奖杯。卓然走过去打招呼。比尔愣住了，咕哝了几句，然后赶紧跑到他的豪华轿车里。劳伦·赫顿（Lauren Hutton）这时也正要离开发布会，她认出了卓然并想知道当所有的时尚人士都在室内时卓然在外面做什么。卓然从来没有参加过这样的活动，但那天晚上他刚好在附近，便决定去林肯中心看看。卓然想起人们认出他时脸上的表情，不禁大笑起来：“他们都以为我喝醉了！”

几个月后，卓然打电话给比尔，邀请他去一家很受时尚人士欢迎的意大利餐厅吃午餐，比尔和卓然都喜欢抽烟和喝酒，在他们聊得很开心的时候，卓然终于打开了话题，告诉比尔他想买他的时装屋。比尔这时还不相信，他认为卓然只是在开玩笑——而且，卓然会从哪里得到数百万美元来购买他的生意呢？卓然坚持说他有能力买下比尔的生意，但是价格必须合适。他希望能以低价做成买卖。卓然告诉比尔他将派加里去谈价格并在比尔准备出售时随时达成协议。

比尔对卓然的提议并非有兴趣，只是好奇。这时的比尔还没准备退休，因为他在 1997 年的春季时装系列中获得了出色的销售成绩。所以卓然最初的追求没有结果。但卓然毫不气馁，发誓要再次说服比尔，并最终向他的伙伴们吐露：“比尔会卖给我的。”

令人难以置信的是，作为未来时尚的明星模范，卓然真的会对比尔和他的老式商业模式感兴趣吗？卓然有多认真？显然，卓然似乎在品味这一切的不可能——年轻人大卫（David）真的可以购买巨人歌利亚（Goliath）。卓然也许会通过对那些时尚达人竖中指而获得乐趣，他只能听到回响在第七大道上空的喘息声。

在1997年卓然给比尔的最初提议之后，1998年加里与比尔还进行了一次会面，但没有达成任何商业上的合作。于是卓然知难而退，将精力集中在自己的公司上，并且使得公司发展得相当出色。1999年秋天，卓然增加了一个主要的新客户——内曼·马库斯（Neiman Marcus）百货商店，他说这是他第一次以800万美元的价格批发订单。内曼的订单让卓然忙碌了一段时间。但这位总是吹嘘没有在15年内设计出任何新东西的时尚界“拉斯普丁”仍在寻找更多的事情去做。

# 结 语

## 1

1999 年 3 月 29 日，历史上持续时间最长的牛市跨越了一个巨大的门槛，那就是道琼斯工业平均指数突破 10000 点，这个事件孕育着美国一波惊人的经济重生。现代信息技术的繁荣，迫使各行各业学会更快、更便宜和更有效地进行运营。《华尔街日报》评论道："那些不会使用电脑的公司很可能会在市场中遭受灭顶之灾。"

这里有一个很好的例子：1996 年，世界上最大的服装制造商李维斯（Levi Strauss）公司的销售额达到了 70 亿美元的顶峰，但两年后却降到了 60 亿美元。李维斯是牛仔裤的发明者，在随后的 150 年，他一直是美国时尚界的名片，年轻人一直对李维斯的直筒 501 牛仔裤赞不绝口，认为它是地球上最酷的牛仔裤。但是近些年来，他在年轻人中逐渐失去了原有的影响力，到了 20 世纪 90 年代，那些穿着牛仔裤的青少年们已经开始去追其他时髦的品牌，他们更喜欢 Gap、Polo 和汤米·希尔菲格（Tommy Hilfiger）品牌的高档牛仔裤，以及西尔斯（Sears）和潘尼（Penney）品牌的廉价牛仔裤，这些品牌近年来都在蚕食李维斯的市场份额。

就像法国时装公司因脱离现实而逐渐失去原有的实力和影响力，李维斯也因太过于自信自满，而且行动迟缓，以至于不适应不断变化的时尚潮流和日益激烈的市场竞争。在时尚终结之际，即便是强大的李维斯也不能再想当然地将自己的统治地位视为理所当然。在当今世界，顾客在服装方面的要求变化无常，而且行动迅速。1997 年，这家总部位于旧金山的巨人公司在全球范围内进行了史无前例的 10 亿美元的重组，关闭了一半的美国服装厂，并解雇了数千名工人。

1999 年辞职的李维斯总裁兼首席运营官彼得·雅可比（Peter Jacobi）曾告诉一群纺织业高管："警报响起过好多次，但坦率地说，我们多次按下了阻止按钮。我们落后了，墨守成规，只将目光局限于内部产品，还在持续旧的商业模式，还在生产旧产品……在过去的几年里，制造商和营销者看到我们的权威在动摇。我们的顾客知道他们想要什么，不管我们是否愿意相信，在这件事上我们已经没有太多的选择了……不幸的是，顾客之间最普遍的是缺乏共同性。"

李维斯从外部招募了一位新的总裁兼首席执行官菲利普·马里诺（Philip Marineau），菲利普是百事公司北美分部的前总裁。2000 年 2 月 21 日，在李维斯公司工作了 5 个月后，菲利普承认让李维斯扭亏为盈的艰巨任务至少还需要几年时间。与此同时，李维斯 1999 年的销售额进一步下滑，降至 51 亿美元，不折不扣地将他推出了行业龙头老大的位置。目前，全球最大的服装制造商是威富公司（VF Corp.），它是李维斯公司的主要竞争对手，制造 Lee 和 Wrangler 牛仔裤，年销售额达 56 亿美元。

在整个 20 世纪 90 年代，运动衫和卡其裤取代了西装，成为必备的办公室制服。甚至在像高盛（Goldman Sachs）和摩根大通（JP Morgan）这种最传统的华尔街公司，在 2000 年也最终屈服于"所有时间都休闲"的法令，以便更好地适应新一代年轻的互联网企业家正在重写的美国商业文化。这种无处不在的休闲潮流使萨克斯第五大道（Saks Fifth Avenue）服装公司大吃一惊，它们承认出售其服装设计师设计的库存变得越来越困难。1999 年末，萨克斯表示将重新调整其商品结构，推出更多的"优雅休闲"服装以满足高端客户的需求。

## 2

巴黎和米兰的时装公司在 1999 年和 2000 年的时尚新闻中占据了主导地位，

但大标题并非来自T台上。如今，在贪婪的路易威登（LVMH）引领下的一波整合浪潮成为了当时的潮流，高端时尚业被卷入了企业收购潮之中。

经过一场旷日持久的战斗，路易威登（LVMH）成功购买了古驰34%的股份，并在1999年初似乎即将结束战斗。但古驰被强大的法国盟友弗朗索瓦·皮诺特（Francois Pinault）拯救，这位亿万富翁控制着欧洲最大的非食品零售集团Pinault－Printemps－Redoute，即后来的巴黎春天集团，而且他恰好是路易威登（LVMH）阿尔诺的主要竞争对手。皮诺特作为古驰的白马骑士，以30亿美元收购了新发行的古驰40%的股份。此前他还斥资10亿美元收购了赛诺菲（Sanofi）的美容产品部门，其中包括著名的伊夫·圣·罗兰（Yves Saint Laurent）家族。皮诺特将赛诺菲转手卖给了古驰，打造了一个由古驰首席执行官多米尼克·德·索尔（Dominico De Sole）和设计师汤姆·福特（Tom Ford）管理经营的多品牌的奢侈品牌集团。

具有讽刺意味的是，时尚的终结又回到了巴黎，为了保护法国时尚不受意大利人和美国人的侵犯而在十年前仓促建起的城墙现在已经倒塌。就在五年前，圣·罗兰还因为拉尔夫·劳伦（Ralph Lauren）脱下自己的高级定制服装而感到羞愧，而现在，圣·罗兰的商标成了两个美国人德索尔和福特的管辖区，他们掌管着一个新的意大利时尚集团。

美国投资银行家托马斯·卡姆（Thomas Kamm）在《华尔街日报》上这样写道：古驰之战是“新欧洲的象征，即随着共同货币的推出和行业的全球化，新欧洲正在成型：两名法国人为了争夺一家总部位于荷兰、由美国经营的意大利公司的控制权而战”。

与此同时，“手袋战争”的失败方拒绝退却。仍然是古驰第二大股东的路易威登（LVMH）像愤怒的公牛一样，发誓绝不会让古驰和普拉达（Prada）抢去风头。路易威登（LVMH）在收购吉尔·桑德（Jil Sander）和赫尔穆特·朗（Helmut Lang）的设计师业务的同时，也制定了自己的奢侈品议程，并加紧巩固其价值80亿美元的奢侈品帝国，专注于配饰，尤其是作为配饰的价格高昂的手袋取代了香水成为当时必不可少的设计师图腾。

那些从西装变换成卡其裤和羊绒衫服饰的女高管们现在更倾向于购买昂贵的配饰，如古驰（Gucci）、芬迪（Fendi）和普拉达（Prada）昂贵手袋。到1999

年，手袋已经替代时髦服装成为时尚界的新明星和利润的创造者，促使人们在高端时尚界进行新一轮交易，重新评估世界的穿衣风格。

第二轮的“手袋战争”以芬迪为中心。芬迪是位于罗马的一家时装公司，在20世纪90年代曾是一个无人问津的品牌，直到“长棍面包”手袋在时装秀上面世。这个手袋非常有趣，其背带很短，像法国人匆匆赶路时夹在腋下的长棍面包，配以双F水钻扣，特别显眼。路易威登（LVMH）与意大利合作伙伴普拉达（Prada）联手以9亿美元的惊人价格收购了芬迪品牌，在时尚界人士中引起轩然大波，同时也凸显了时尚界当时的困境，这是一种新型的时尚全球化的又一个明显标志。

潮流预测公司丹恩格集团（Doneger Group）的零售顾问大卫·沃尔夫（David Wolfe）表示：“媒体对时装秀的大肆宣传，完全是为了销售服装以外的产品。设计师们并没有做好他们自己的工作。”他说，时尚顾客们仍然对时尚感兴趣，他们“很有钱，渴望买些东西，但是T台的衣服是不可穿的。所以他们会去买一个800美元的古驰包”。

但是，就像时尚界争相追逐下一个大潮流时经常发生的情况那样，已经有迹象表明，时尚界正在走下坡路。设计师吉尔·桑达（Jil Sander）在普拉达（Prada）担任设计师仅5个月后就辞职，男装设计师艾迪·斯理曼（Hedi Slimane）也辞去在圣·罗兰（Saint Laurent）的职位。这两位设计师都不愿接受外界的命令——这对所有新成立的时尚集团来说是个令人担忧的预兆，他们认为自己收购的设计师公司应该按照要求行事。在通用汽车（General Motors）或宝洁（Procter & Gamble）的众多品牌中，节省成本和规模经济的协同效应非常出色地发挥了作用，但这种效应尚未在高端时尚界变幻莫测的热门领域得到检验，因为该行业的独立设计师的自负和随心所欲的做法是根深蒂固的。

等着轮到他与狼群赛跑的不是别人，正是乔治·阿玛尼（Giorgio Armani）。阿玛尼在2000年宣布，他准备与古驰（Gucci）或路易威登（LVMH）合作，因为集团风格的高端时尚正在书写新的篇章。

在大西洋彼岸的美国第七大道，设计公司也沉浸在收购热潮中，那些最受人尊敬的设计师们在新经济中试图重塑自己的形象。

1999 年 10 月，卡尔文·克莱恩（Calvin Klein）将他的牛仔裤和内衣帝国挂牌拍卖。他一心要把 CK 的商标留给路易威登（LVMH）或古驰（Gucci）等高档欧洲买家。但 8 个月后，克莱恩的公司却无人问津。路易威登（LVMH）和古驰等欧洲公司对卡尔文 10 亿美元的要价犹豫不决。CK 还收到了汤米·希尔费格公司（Tommy Hilfiger Corp.）和 Warnaco Group（CK 牛仔裤和内衣的制造商）的提议，但这些谈判也无果而终。

但是，如果意大利的芬迪（Fendi）能引发一场竞购战，并以 9 亿美元的价格卖出，那么美国的卡尔文·克莱恩为什么不能卖出至少 10 亿美元呢？现实是，CK 这个以其性感的广告和凯特·莫斯（Kate Moss）等超模的获奖时装系列而闻名的商标，正开始衰落。卡尔文帝国的大部分商品是牛仔裤、内衣和香水，在好市多（Costco）和沃尔玛（Walmart）的山姆（Sam）俱乐部的垃圾箱里，牛仔裤、内衣和香水随处可见，就像在布鲁明戴尔（Bloomingdale）的店里一样。

正是服装公司沃纳科集团（Warnaco）推动了 CK 的折扣分配。2000 年 1 月，沃纳科集团突然宣布 CK 内衣的最新零售合作伙伴不是别人，而是杰西潘尼（J. C. Penney）大型服装商场。百货公司当然不想和杰西潘尼分享他们的卡尔文内裤的市场份额，而且迪拉德（Dillard's）百货的关闭足以中止 CK 内衣的未来订单。与杰西潘尼的合作不可能出现在更糟的时候，因为它削弱了克莱恩推销他的时装品牌作为奢侈品牌的努力。

玛莎·斯图尔特（Martha Stewart）通过凯马特（Kmart）实现了一项令人印象深刻的 10 亿美元生意，她的床单、毛巾和墙面漆都以低价出售，堪称反潮流的巅峰。但卡尔文·克莱恩（Calvin Klein）并不打算与廉价服装联系在一起，为了挽回自己的高档形象，克莱恩在一份 64 页的诉讼中对沃纳科发起了猛烈的攻击，指控他最大的执照持有者违反了合同，并在没有得到克莱恩许可的情况下，将自己的 CK 品牌卖给了“便宜货”（cheapo）渠道。57 岁的克莱恩在接受《华尔街日报》（*The Wall Street Journal*）采访时怒气冲冲地说：“这就像有人拿着火把来到你家，威胁要把整个房子都烧掉一样。”

在反诉中，沃纳科极力否认上面的指控，并发誓要证明克莱恩公司一直都知道沃纳科在做什么。但第七大道的服装公司并不买沃纳科的账，他们知道，如果不讨好好市多（Costco）这样的公司，沃纳科不可能把 CK 牛仔裤和内衣的生意打造成10亿美元的生意，并且每年付给克莱恩6000万美元的费用。

但就在克莱恩公司起诉沃纳科几天后，专横的克莱恩在CNN的《拉里·金脱口秀》上花了1个小时为自己的行为辩护，声称他必须提起诉讼以保护自己的好名声。他一心要切断与沃纳科的联系，他的这个举动可能会导致没有服装制造商愿意为他生产赚钱的牛仔裤和内衣，但他愿意冒这个险。此外，收回自己的权利将使克莱恩公司的服装在未来更加畅销。

在后来的几个月，克莱恩和沃纳科之间的战斗注定要剥开外观，显示其全部真相，那就是时尚的终结的确已经抵达了大众市场的这一现实。

2000年对汤米希尔费格公司（Tommy Hilfiger Corp.）来说是一个惊人的逆转。20世纪90年代最光鲜的品牌如今成了时尚的牺牲品，因肯尼斯·科尔（Kenneth Cole）和富布（Fubu）等嬉皮品牌过度饱和以及竞争而受到了伤害。当华尔街投资者意识到他们最喜欢的赛马时尚不再是确定的赌注时，汤米希尔费格的股票在纽约证券交易所暴跌，从1999年8月的每股41美元跌至2000年春季的每股7美元左右，仅比唐纳·卡兰（Donna Karan）长期遭受重创的股票高出几美分。

两亿美元的汤米希尔费格公司仍然可以盈利但有很多东西需要证明。公司将主要精力侧重于公司内部的清理整顿，包括关闭位于弗利山庄和伦敦的开放了不到两年时间的著名零售业务。但华尔街却不为所动，汤米希尔菲格帝国非常需要一些新的技巧和方法，即可与汤米15年的特许经营权一起推广的新品牌。

拉尔夫·劳伦也开始重新审视他32年的商标的局限性。1999年，拉尔夫劳伦（Polo Ralph Lauren）收购了羽翼未丰但很前卫的加拿大时装连锁店摩纳哥会馆（Club Monaco），该时装连锁店以100美元的普拉达（Prada）和马克雅可布（Marc Jacobs）仿冒品而闻名。拉尔夫劳伦在致力于将摩纳哥会馆并入其业务的同时，还与美国国家广播公司（NBC）联手创建了一个网站，在互联网上销售其时装。这一全新的业务触动了拉尔夫·劳伦（Ralph Lauren）的所有灵感，随即他将他所有的业务，包括好莱坞业务、出版业、时尚和零售业融为一体。只有时间能证明拉尔夫是否能把他的最新梦想变成现金机器。

在公司进行重组的早期，拉尔夫肯定不会从华尔街得到任何鼓励。时尚从来没有这么过时过。拉尔夫劳伦、汤米希尔费格和其他时尚和零售服装在千禧年之际都在进行降价促销，而渴求利润的投资者纷纷从时尚股中撤资，买入更具投资价值的高科技和互联网公司的股票。唐纳卡兰国际公司（Donna Karan International）的股价很难达到每股 10 美元，首席执行官约翰·伊多尔（John Idol）曾透露，唐纳卡兰公司在 1998 年勉强获得 12.8 万美元的利润（相当于每股 1 美分）后，确实“扭转了局面”——扭亏为盈，但这家陷入困境的时装公司尚未获得新的动力。

唐纳·卡兰（Donna Karan）在麦迪逊大道（Madison Avenue）开设了第一家 DKNY 旗舰店，店里摆满了家居用品，还有一个果汁吧台。2001 年，唐纳卡兰的命运似乎很大程度上掌握在莉兹克莱本（Liz Claiborne）公司的手中。利兹克莱本公司一直忙于为 DKNY 牛仔裤业务和一款售价中端的 DKNY 女装系列进行营销。塔基海奥（Takihyo）的合伙人弗兰克·莫里（Frank Mori）拒绝放弃他帮助成名的商标，最终在 2000 年加入了唐纳卡兰的董事会。

在 2000 年 2 月的时装秀上，这位善变的设计师再次用新时代的音乐来表达自己的观点，并暴露了她对公关的敏感。和往常一样，唐纳邀请了几十位自由摄影师来采访她的展览，但这一次，他们拒绝被硬塞进她陈列室那不可思议的狭小空间，愤怒的摄影师们成群结队地走出了演出现场。与此同时，有十几位时尚达人在大楼的电梯里被困了 1 个多小时，也错过了演出。在后台，模特们注意到唐纳非常慌张，她大声喊道：“去你的摄影师!”

《女装日报》在评论中告诫这位设计师，要继续在她狭窄的陈列室里举办展示活动。《女装日报》写道：“无论人们的看法是公平还是不公平，唐纳的形象都是失控的。”

百货公司在塔吉特（Targets）折扣店和沃尔玛零售店的冲击下站稳了脚跟，与此同时，Banana Republic 和 Abercrombie & Fitch 等精明的专卖连锁店则继续展示自己的时尚权威。1999 年，马歇尔菲尔德（Marshall Field）不断努力，希望再次成为家乡最受欢迎的百货商店，而且不会给芝加哥带来另一个麻烦。1999 年 3 月，当芝加哥人得知在州街糖果房生产了 70 多年的当地著名的弗兰戈巧克力薄荷糖（Frango Chocolate Mints）就要离开芝加哥时，他们勃然大怒。代顿哈德森（Dayton Hudson）决定关闭菲尔德的糖果房，转而在匹兹堡制作弗兰戈薄荷糖，其在当地的一家糖果制造商将能更好地满足市场对弗兰戈薄荷糖的需求，在马歇尔菲尔德、代顿、哈德森和塔吉特等商店的销售额可达1700万美元。

回想代顿哈德森（Dayton Hudson）第一次接手菲尔德（Field）的那些年引起了不少麻烦，当他们试图赶走菲尔德标志性的绿色购物袋时，造成了一场喧闹。运送弗兰戈到芝加哥被认为是对公民自豪感的怠慢。《芝加哥论坛报》（*Chicago Tribune*）的头版头条都是关于弗朗戈的争吵，当时芝加哥市长理查德·M. 戴利（Richard M. Daley）在新闻发布会上抨击了代顿哈德森（Dayton Hudson）让芝加哥一家机构停办的无耻决定。"这是美国的糖果之都，"他宣称："你在这里找不到一家糖果公司来做弗兰戈薄荷糖吗？为什么一定要去别的地方？"

糖果争议平息后，菲尔德继续改善自己的时尚形象，而强大的塔吉特（Target）则继续发扬其大胆创新、重视价值的时尚传统，推出了15美元的迈克尔·格雷夫斯（Michael Graves）茶壶等畅销设计师产品。这家折扣店如今已是名副其实的时尚界权威，从而促使哈德森在2000年将其公司的名字改成了塔吉特集团。在时尚时代的尽头，许多顾客认为塔吉特的廉价时尚远比马歇尔菲尔德的汽车贸易更酷，时装业被迫采用新的标准和做法来维持新的秩序。不过，仍让人困惑的是路易威登（LVMH）等奢侈品时尚集团，他们花了一大笔钱在高级定制时装秀和格温妮丝·帕特洛（Gwyneth Paltrow）等名人吉祥物上，以打造售价1200美元的迪奥手袋市场。

在这个内在价值往往胜过设计师标志、没有人喜欢盛装打扮、每个人都喜欢讨价还价的年代，即便是这种奢侈的小饰物（迪奥手袋）在即使是富裕的购物者面前也会碰壁。社交名媛布兰·特朗普（Blaine Trump）也是如此，她是1987年克里斯蒂安·拉克鲁瓦（Christian Lacroix）在纽约举办的晚会的时尚代言人。1999年6月，特朗普在《华尔街日报》上发表了一篇题为《小气鬼时尚》（*Cheapskate Chic*）的文章，她向《华尔街日报》夸耀说，她的牛仔短裤是"在凯马特（Kmart）花9.99美元买的，便宜的让人不可思议"。

在时尚终结的年代，要想通过销售普通服装实现美好的梦想，需要大量巧妙的营销手段。

# 作者说明

我于1996年7月至1999年4月在纽约、芝加哥、洛杉矶、巴黎和米兰进行了140次采访，采访的内容就是每一章的主题和主要人物。我参加了所有的派对、时装表演和其他活动，这些都是我在书里所详细描述的。除了我自己在《华尔街日报》担任“时尚专栏”作家10年以来的文章，我还引用了相当多的来自书、报纸杂志和上市公司发行的金融文件中的二手材料。对书中使用匿名引用的几个例子，我都是检查了至少一个其他消息或证据来源来验证其可靠性。